YEZHU DAHUI
YEWU ZHIDAO SHOUCE

业主大会
业务指导手册

北京瀛和律师事务所 / 编
赵中华 / 主编

法律出版社 LAW PRESS · CHINA
北京

图书在版编目(CIP)数据

业主大会业务指导手册 / 北京瀛和律师事务所编 ;
赵中华主编. -- 北京 : 法律出版社, 2022(2023.12 重印)
ISBN 978-7-5197-6814-0

Ⅰ. ①业… Ⅱ. ①北… ②赵… Ⅲ. ①物业管理-法
规-汇编-中国 Ⅳ. ①D922.181.9

中国版本图书馆 CIP 数据核字(2022)第 100943 号

业主大会业务指导手册
YEZHU DAHUI YEWU ZHIDAO SHOUCE

北京瀛和律师事务所 编
赵中华 主编

责任编辑 李 群 翁潇潇
装帧设计 汪奇峰

出版发行 法律出版社
编辑统筹 法规出版分社
责任校对 王 丰 李景美
责任印制 耿润瑜
经 销 新华书店

开本 710 毫米×1000 毫米 1/16
印张 27.75 字数 481 千
版本 2022 年 7 月第 1 版
印次 2023 年 12 月第 2 次印刷
印刷 固安华明印业有限公司

地址:北京市丰台区莲花池西里 7 号(100073)
网址:www.lawpress.com.cn
投稿邮箱:info@lawpress.com.cn
举报盗版邮箱:jbwq@lawpress.com.cn

销售电话:010-83938349
客服电话:010-83938350
咨询电话:010-63939796

书号:ISBN 978-7-5197-6814-0
定价:88.00 元
凡购买本社图书,如有印装错误,我社负责退换。电话:010-83938349

编辑委员会

主　　编：赵中华
副 主 编：张文姬　庄宇聪
专家顾问：陈　鑫　董冬冬　王晓增
参编人员：刘　阳　许　飞

序一

恪守程序、尊重结果

自2007年《物权法》中规定建筑物区分所有权以来,城市商品房住宅小区的业主自治在规范层面的权利基础得以确立。2020年《民法典》在“物权编”中规定建筑物区分所有权的基础之上,在“合同编”中增设物业服务合同为典型合同之一。最高人民法院先后修正了《关于审理建筑物区分所有权纠纷案件适用法律若干问题的解释》和《关于审理物业服务纠纷案件适用法律若干问题的解释》,住房和城乡建设部出台了《业主大会和业主委员会指导规则》,各地陆续出台了物业管理地方性法规,进一步完善了物业小区相关法律规范体系。然而,即便在这样的规范体系背景之下,物业小区的实际运作在实践感受和理论视野中,仍然呈现出一副琐碎且不易的形貌。对于业主而言,如何去理解与运用相关的法律规范,如何合法合规地进行物业小区的自治管理,仍然是一项艰难的工作。根据《民法典》的规定,物业小区层面的治理采用业主共同决定、民主自治的形式,然而这种共同决策面临的具体困难也是显而易见的。同一个物业小区的业主群体并非天然地具有同质性,不同业主的家庭职业分化、收入水平、人口结构、价值倾向、利益诉求等都有较大差异。小区业主达成一致意见并付诸实施,这种自治的运行成本越来越高,效果却难以预测。此时,法律、财务等专业人士的参与介入就显得尤为重要。

赵中华律师以其法律专业背景、政府工作经历和律师执业经验所形成的独特视角,主编的这本《业主大会业务指导手册》立足于物业小区业主工作与生活实际,系统解读业主大会运行工作中的常见法律问题,普及物业小区实用知识,以文书范例的形式将法学理论知识与具体的生活场景紧密结合,针对《民法典》背景之下物业小区的业主自治提供了详尽且完备的文件支持。该书将高度抽象的法律规范和政策规定具体化,除第四编重要文件范例、第五编重要法律法规汇编之外,其余各编均包含简明的法理阐述与配套的实务范例文书,两者互为挹注,既可以供小区业主作为小区治理文件模板使用,也可为基层社区工作人员提供日常工作的范本与依据。

物业小区实践的重点,不在于强求业主的意见一致,而在于对于多元不一的业主利益诉求有容量之量,对于复杂繁琐的业主利益之争有消化之功。这种容量与消化能力不是依赖抹杀业主利益的差异性而完成的,而是依靠细致的程序性规定,充分保障业主的知情与诉求表达,使不同的利益主张能够进入业主共同决策的视线之中,并由业主投票表决共同决策出其"最终命运"。对于通过这道共同决策之门的决议,全体业主均有遵守之义务。这应该也正是《业主大会业务指导手册》一书异常重视程序、提供众多程序性文书的重要原因。这在本书的首编首章中表现得尤为突出:赵中华律师在15节内容中给出了多达64个文书范例,可谓列明了首次业主大会的全部细节工作。这使得本书成为目前不可多得的一本物业小区业主的"实战大全"。结合现行涉及物业小区的规范体系来看,该书所反映出来的物业小区的运作原则可以凝练为八个字:恪守程序、尊重结果。

对物业管理委员会的组建和运行进行详细介绍并给出文书范例是本书的另一特色。尽管理论上对物业管理委员会临时代替业主委员会的逻辑立脚点和法律地位有所争议,但在很多地区的物业小区实践中,在不具备成立业主大会、业主委员会的情况下,物业管理委员会正在实际代行业主委员会的职责。考虑到现有规范体系中,对于物业管理委员会究竟"临时"多久尚无明确规定,该书对于物业管理委员会的介绍侧重于组建及运行角度,对于基于政治体制安排的基层居民自治与基于所有权安排的基层业主自治在物业管理委员会这一领域的"交汇"关系并未过多涉及。或许,这一问题留给时间和实践来做出解答更为妥当。

是为序。

陈　鑫

中国社会科学院大学法学院教授

2022年7月

序二

业主委员会治理是法治中国的微结构

期待已久的《业主大会业务指导手册》要问世了，赵中华律师让我写一篇序，我非常荣幸。

业主大会与业主委员会是实现小区良好治理，保障业主权利的重要组织保障。但在过去很长一段时间里，业主大会与业主委员会的运行一直面临着种种困境，困扰着和谐小区的建设。比如业主大会、业主委员会的运行缺少专业能力支撑，在协调公共维修资金等事务、选聘物业管理公司，处理与居委会、业主等的关系问题上，成为不少矛盾纠纷的源头。

《民法典》颁布后，从立法层面，进一步保障了业主委员会参与小区治理的权利与义务，也在业主委员会的运行机制与决策机制方面，提供了上位法的支持。但是，业主委员会作为一个相对独立的主体机构，必须是一个具备独立的意思表达、执行、监督的组织结构。在有效地运行方面，细节上需要更多程序与规程，来实现“过程民主”、权利的平衡和效率的提升。

可以说，业主日益增长的物业美好空间建设的需求，与业主委员会的治理短板之间的矛盾，成为物业管理的核心问题之一。比如，业主有越来越强的自治需求，但是公共事务参与热情有限；热心业主有付出的意愿，却限于专业知识不足，业主委员会的运作缺乏一整套有效运行的机制；作为自治机构，在议事规则和管理规约上，需要依赖业主大会的授权和业主大会制定的各项议事规则及运作规则等。从权利平衡来看，根据《物业管理条例》的规定，业主在物业管理活动中，需要形成既支持又监督的互动关系，但现实情况差强人意。

所以，越来越多的地方政府或主管部门以及法律专家，都关注到目前业主委员会运行的现实困境，并参与到物业管理的立法咨询、实务支持等工作中，客观上加深了对业主委员会主体法律地位的认识，对业主委员会的运作积累了大量经验。

赵中华律师是律师行业内难得的兼具行业管理视角、学术理论涵养以及法律专长的复合型人才，先后就职于北京市住房和城乡建设委员会、住房和城乡建设部，担任多家地方政府部门、业主委员会和物业服务企业的法律顾问，积极投身于中国物业管理行业法治建设的工作，先后参与起草多部物业管理地方性法规，为行业发展贡献法律人的力量。目前，赵中华律师担任北京瀛和律师事务所的物业管理法律事务所主任，为律所的专业建设、学术建设探索了一条细分行业发展的路径，是青年律师突破专业瓶颈，找到业务蓝海的榜样。

本书是赵中华律师结合多年的经验，以问题为导向编写的一本实操手册，本书有以下两个突出的特点：

第一，本书作为一本工具书，内容翔实、实操，体例完备、系统。从主体资格的确认到组织架构设计，从业主大会到业主委员会会议的通知、召集，从会议的议程设定到表决程序，都作了详尽的描述。通过表单化、标准化与流程化的范例，将业主委员会的运行纳入依法、合规与专业的轨道。可以说，相关人员按图索骥，一板一眼地照做就会系统掌握“开会”的秘籍。

第二，本书是处理多方权利关系的一部程序法宝典。作为业主与业主委员会，这种在物业空间身份权、社员权与物权相交叉的领域，所呈现的利益、权益、立场必然是多元的，也是存在部分冲突的，多方权利既要相互博弈，又要和谐共处。

有一句著名的法律谚语：“法律不保护权利上的睡眠者。”这句话的意思是，享有权利的人应当积极行使权利，若权利人自己都怠于行使权利，则可能失去法律的保护。业主与业主委员会主体权利具有独立性、完整性、关联性的特点，业主委员会与物业、社区居民委员会、居民等小区物业相关利益主体之间，需要通过有效的程序，将各自权利边界予以划定，建立既相互制约又相互合作的新型社区关系。

专业表达与组织，本身就是影响力。业主委员会采用本书的原则与程序开展的工作，就能科学、周全、有效地安排好相关利益主体的结构，而结构决定功能，将矛盾与问题化解到可以容纳的框架内。

本人多年来因为创业的关系，一直研究公司治理方向，同时，作为生活社区的一名业主我发现了业主委员会治理与公司治理具有非常相似的地方，可有相互启发与借鉴的方向：

首先，主体一旦成立(业主委员会/公司)，就拥有独立于其他主体独立的人格利益，都是身份权与财产权的有效结合，要想实现良好的治理，必须拥有独立的权利机关、意思机关、执行机关与监督机关的结构安排。我认为，有效的公司治理有赖于公司的董事会，而在住宅小区中，业主委员会就是业主大会选举出来的中枢机关，必须赋予其相对独立的执行权利，既要保障中枢机关的诞生符合实体正义与程序正义，又要保障权利运行的高效与专业。

其次，利益相关者相对复杂，充满着平衡与博弈的关系。公司中的股东、债权人、员工、客户、社区、监管机构等，是一系列利益相关者，而公司自身又有独立的生存权与发展权，既要保持良好的公司治理，又要做好利益相关者的安排。而在业主委员会运行的过程，与业主、物业、居民委员会等利益主体形成代表、监督或协同关系，拿捏好利益相关者的关系，通过“议程设置权”来树立业主委员会的专业权威，弥补社区治理的缺陷。

当然，专业的事一定需要专业的人来做。在业主委员会的建设与运作过程中，物业管理方面的专业律师，可以成为组织的参谋、顾问，相信这也将成为业主委员会卓有成效开展工作的标配。

是为序。

董冬冬

北京瀛和律师事务所管理合伙人

2022年7月

目 录

第一编 业主大会

第二编　业主委员会

第四编　重要文件范例

第五编　重要法律法规汇编

第一编
业 主 大 会

第一章　首次业主大会会议

第一节　了解业主的基础资料

对于拟设立业主大会的小区而言，业主首先需要全面地了解小区的基本情况、与业主有关的概念以及与业主大会有关的基本法律概念。

一、小区的基本情况

小区的基本情况主要包括以下几个方面：

（一）小区建筑物的基本性质

一般而言，小区的建筑物主要是住宅和经营性用房。住宅的性质包括商品房、经济适用房、拆迁安置房、廉租房、房改房等。经营性用房主要是用于开展经营活动的建筑物。

（二）小区的物业管理区域

商品房小区的物业管理区域在商品房销售合同中有明确的约定，主要包括小区的四至、建筑总面积、公共分摊区域等内容。

如果小区住宅的产权性质覆盖面比较广，小区的四至、建筑总面积、公共分摊区域等资料内容比较复杂，建议通过查询规划设计、开发建设等资料予以确定。

小区内建筑物专有部分和共有部分的区分作为小区业主大会成立的基础数据，建议业主在早期进行全面的了解。

最为重要的是，对于分期开发的小区或者未完全交付的小区而言，业主需要了解在一个物业管理区域内，已交付业主的专有部分是否达到建筑物总面积 50% 以上。

（三）小区的开发建设单位或者产权单位

小区的开发建设单位（亦称开发商）在小区的开发建设完成并交付房屋之后，除在质保期内承担保修责任之外，在承接查验阶段应将小区的基本资料转交给前期物业服务企业，但是考虑到大量小区的前期物业服务企业均与开发建设单位存在较大的关联，因此有必要充分了解开发建设单位，从而进一步了解小区在管的物业公司。

对于住宅，包括房改房、拆迁安置房等房屋的小区，需要确定前述房屋的原产权单位。房改房主要是由产权单位将房屋按照房改政策出售给特定的购房人。对于产权单位而言，在某些特定条件中其与建设单位身份重合。

（四）物业服务企业或者其他管理人

小区在管的物业服务企业或者其他管理人对于小区的公共管理和服务具有重要的意义，通过物业服务企业可以对小区进行全面深入的了解。

有些小区的物业服务企业是由原产权单位的特定部门转制而来，与原产权单位有着更为紧密的联系。

综上可知，对于商品房小区而言，物业管理区域的确定比较容易，小区的基本资料通过商品房买卖合同文书范例或者规划资料能够予以确认。但是，对于房屋性质覆盖面广的小区而言就存在较多的障碍，如小区的四至范围、产权单位确定等方面，建议尽早查询资料予以确认。更甚者有些小区可能需要重新划分物业管理区域。[①]

二、业主[②]

业主，是指在区分所有建筑物内或者在一个建筑区划内拥有一个或者一个以上专有建筑物空间或者房屋的所有权人。业主可以是自然人、法人或非法人组织。业主是在区分所有权制度下的一个法律概念。

综合法律法规的规定，一般而言房屋的所有权人是业主，同时法律规定如下情况也可以认定为业主：

---

① 本书对于物业管理区域的划分不予赘述。有兴趣的读者可以援引《北京市物业管理条例》第17条的规定，向有关部门提出意见和建议。

② 关于业主的概念，笔者综合了《民法典》、《最高人民法院关于审理建筑物区分所有权纠纷案件适用法律若干问题的解释（2020年修正）》、国务院《物业管理条例》和《北京市物业管理条例》的相关规定。

1. 公房尚未出售的,产权单位是业主;已出售的,购房人是业主。

2. 尚未登记取得所有权,但是基于买卖、赠与、拆迁补偿等旨在转移所有权的行为已经合法占有建筑物专有部分的单位或者个人。

3. 因人民法院、仲裁机构的生效法律文书取得建筑物专有部分所有权的单位或者个人。

4. 因继承取得建筑物专有部分所有权的个人。

5. 因合法建造取得建筑物专有部分所有权的单位或者个人。

6. 其他符合法律法规规定的单位或者个人。

三、业主大会

业主大会由物业管理区域内的全体业主组成,代表和维护物业管理区域内全体业主在物业管理活动中的合法权益。一个物业管理区域成立一个业主大会。

业主大会在物业管理区域所在地的乡(镇)人民政府、街道办事处的指导下,对关系到整体业主利益的事宜进行决议。业主大会应当选举建立业主委员会,作为业主大会决议的执行机构。

第二节　业主的权利和义务

一、业主的权利

业主在物业管理活动中,享有下列权利:

1. 自行管理物业。经过业主共同决定,可自行对物业服务区域内的建筑物、构筑物及其配套的设施设备和相关场地进行维修、养护、管理,维护环境卫生和相关秩序的活动。

2. 要求物业服务人按照物业服务合同的约定提供服务。在物业服务人的物业服务不达标的情况下,业主有权要求提高物业服务水平或降低物业服务费。

3. 提议召开业主大会会议,并就物业管理的有关事项提出建议。业主有权提出召开业主大会会议,针对物业管理区域内的事宜可以向业主委员会或物业服务人提出建议。

4. 提出制定和修改临时管理规约、管理规约、业主大会议事规则的建议。

5. 参加业主大会会议,行使投票权。每位业主都具有投票权,可以参加业主大会定期会议或临时会议。

6. 选举业主委员会委员,并享有被选举权。在业主委员会委员候选人报名时,每位业主都可以参加报名,符合条件的可以成为业主委员会委员候选人。

7. 监督业主大会筹备组、业主委员会或者物业管理委员会的工作。全体业主组成业主大会,因此每位业主对业主大会的执行机构,即业主委员会、物业管理委员会和其筹备组的工作享有监督权。

8. 监督物业服务人履行物业服务合同。当物业服务人未按照物业服务合同的约定履行义务时,业主有权监督物业服务人严格履行物业服务合同。

9. 对共用部位、共用设施设备和相关场地使用享有知情权、监督权和收益权。物业管理区域内的共用部位、共用设备设施、公共区域(场地)属于全体业主所有,每位业主对其收益、使用情况等享有知情权、监督权和收益权。

10. 监督专项维修资金的管理和使用。住宅专项维修资金属于业主所有,业主对专项维修资金的使用过程、管理情况享有监督权。

11. 法律法规规定的其他权利。

业主行使权利不得危及物业的安全,不得损害其他业主的合法权益。

二、业主的义务

业主在物业管理活动中,应当履行下列义务:

1. 遵守临时管理规约、管理规约和业主大会议事规则。临时管理规约、管理规约和业主大会议事规则生效后,对物业管理区域内的全体业主及物业服务人生效,每位业主都应当遵守。

2. 遵守物业管理区域内共用部位和共用设施设备的使用、公共秩序和环境卫生的维护以及应对突发事件等方面的制度要求。物业管理区域的其他规则,如共用部位和共用设施设备的使用规则、公共秩序和环境卫生的维护规则以及应对突发事件的办法等,经过全体业主表决生效后,对物业管理区域内的全体业主及物业服务人生效,每位业主都应当遵守。

3. 执行业主大会的决定和业主大会授权业主委员会或者物业管理委员会作出的决定。业主大会的合法决定对小区内全体业主生效,业主不能以未参加业主大会为由不执行业主大会的决定。

4. 配合物业服务人实施物业管理。对物业服务人所实施的物业管理，业主有义务配合，业主不能以无须物业服务或未享受物业服务为由拒不配合物业服务人实施物业管理。

5. 按照国家和本地区有关规定交纳专项维修资金。交纳专项维修资金是业主的义务，当专项维修资金不足时，业主应当及时交纳专项维修资金，以防止小区缺少专项维修资金无法对损坏的公共部位或设施进行维修。

6. 按时足额交纳物业费。业主应当按照物业服务合同的约定按时足额交纳物业费。

7. 履行房屋安全使用责任。业主和物业使用人均应当安全使用房屋，不得影响他人正常使用房屋，即使是业主的专有部分，业主也应当按照安全规定使用。

8. 按照规定分类投放生活垃圾。业主应当按照规定进行垃圾分类，不得乱投乱放或污染公共环境。

9. 法律法规规定的其他义务。

业主对建筑物专有部分以外的共有部分，享有权利，承担义务；不得以放弃权利不履行义务。

三、注意事项

实践中常见的情形是物业使用人要求依据与业主的婚姻关系从而主张行使业主的权利。据此需要申明的是，法律法规明确业主是房屋的所有权人，房屋作为不动产，其所有权的确定依据不动产权属登记制度，其对外公示的文件为不动产权属登记证书。婚姻关系中的夫或妻一方基于共有关系要求行使业主权利的，建议其变更不动产权属登记证书登记资料，登记成为不动产的共有权人。否则，不能支持其行使业主权利。

第三节　确定物业管理区域

一、物业管理区域的确定

根据《北京市物业管理条例》的规定，物业管理区域的划分应当符合法律法规的规定,综合考虑建设用地宗地范围、共用设施设备、建筑物规模和类型、社区建设等因素,以利于服务便利、资源共享、协商议事。

已投入使用、尚未划分物业管理区域或者划分的物业管理区域确需调整的小区,业主需要在申请成立业主大会之前确定物业管理区域。

物业管理区域的确认需要依据如下文件:(1)物业管理区域划分相关文件;(2)竣工总平面图,单体建筑、结构、设备的竣工图,配套设施、地下管网工程竣工图等竣工验收资料;(3)分户验收表、房屋面积实测报告。

前述资料的取得,建议先咨询街道办事处、乡镇人民政府的城建部门或者规划部门。如对应部门未建立前述资料的台账,建议向城市建设档案馆或者区级档案部门申请公开。

二、注意事项

规划城市道路、城市公共绿地、城市河道等公共区域不得划入物业管理区域。

1. 对于新开发建设项目的土地使用权划拨、出让前,住房和城乡建设主管部门应当就物业管理区域的划分提出意见,纳入区域规划综合实施方案、土地出让合同或者划拨文件,并向社会公布。建设单位也应当在房屋买卖合同中明示核定的物业管理区域。新开发建设项目,一个物业管理区域内应当配建独立且相对集中的物业服务用房,满足物业管理设施设备、办公及值班需求,具体面积按照本地区公共服务设施配置指标执行。物业服务用房的面积、位置应当在规划许可证、房屋买卖合同中载明。

2. 对于已投入使用、尚未划分物业管理区域或者划分的物业管理区域确需调整的,物业所在地的街道办事处、乡镇人民政府会同区住房和城乡建设或者房屋主管等部门,结合物业管理实际需要,征求业主意见后确定物业管理区域并公告。已投入使用但是未配建物业服务用房的,建设单位或者产权单位应当通过提供其他用房、等值的资金等多种方式提供;建设单位和产权单位已不存在的,由街道办事处、乡镇人民政府统筹研究解决。

第四节 业主大会成立申请

一、申请成立业主大会的前提条件

从程序方面来说，申请设立业主大会需要达到如下条件[①]：

(一)已交付业主的专有部分面积和建筑总面积

关于已经交付的建筑物面积是否达到建筑物总面积50%以上，需要参考的基础数据资料有规划面积、竣工验收备案表等。

(二)申请主体

申请组织召开首次业主大会的主体包括开发建设单位、占业主总人数5%以上的业主、专有部分面积5%以上的业主。居民委员会、村民委员会也可以组织达到前述条件的业主或者建设单位提出成立业主大会的申请。

符合前述条件的，可以向街道办事处、乡镇人民政府书面提出成立业主大会的申请。

二、收集业主资料

建设单位提出设立业主大会的，不需要考虑其所占用的专有部分面积。但是，业主书面申请的，要求业主人数和专有部分面积之一达到5%以上。因此，需要征集业主的签名并提供能够证明业主身份的资料，主要是指业主身份证和不动产权属证书。

为了确保申请工作的有效性，5%的业主可以共同委托具体经办人。经办人需

---

① 《北京市物业管理条例》第30条规定："一个物业管理区域内，已交付业主的专有部分达到建筑物总面积百分之五十以上，百分之五以上的业主、专有部分占建筑物总面积百分之五以上的业主或者建设单位均可以向街道办事处、乡镇人民政府提出成立业主大会的申请，居民委员会、村民委员会也可以组织达到前述条件的业主或者建设单位提出成立业主大会的申请。"《北京市住宅区业主大会和业主委员会指导规则》第10条规定："物业管理区域内，已交付业主的专有部分面积达到建筑物总面积50%以上的，建设单位应当向物业所在地的街道办事处、乡镇人民政府报送筹备首次业主大会会议所需的业主名册、业主专有部分面积、建筑物总面积等资料，并同时推荐业主代表作为临时召集人，召集占总人数5%以上或者专有部分面积占建筑物总面积5%以上的业主，向物业所在地的街道办事处、乡镇人民政府书面申请成立业主大会。占总人数5%以上或者专有部分面积占建筑物总面积5%以上的业主也可以自行向物业所在地街道办事处、乡镇人民政府提出成立业主大会的书面申请。"

要声明保证申请资料的真实性并保证不泄露业主的个人信息。同时，建议业主在相关的证件上注明“仅限用于申请设立××小区业主大会之用”。

【文书范例1】 关于成立××小区业主大会的申请书（专有部分面积5%的业主）

关于成立××小区业主大会的申请书

××街道办事处/乡镇人民政府：

我们是××小区的业主，本小区物业管理区域交付的专有部分面积已经超过建筑物总面积的50%，现有专有部分占建筑物总面积5%以上的业主申请成立业主大会，请贵单位指定筹备组组长，组织、协调、指导我小区成立业主大会。

联系人：__________

联系方式：__________

××××年××月××日

<table>
<tr><td colspan="5">申请人联合签名</td></tr>
<tr><td rowspan="6">物业管理区域基本信息</td><td colspan="4">物业项目名称：××小区</td></tr>
<tr><td colspan="4">地址：北京市××区××路××号</td></tr>
<tr><td colspan="4">物业管理区域四至：</td></tr>
<tr><td colspan="4">物业管理区域包含以下楼栋：××路××号楼至××号楼</td></tr>
<tr><td colspan="4">建筑物总面积：　　平方米；业主总人数：　　人</td></tr>
<tr><td colspan="4">本次申请所占比例：　　%</td></tr>
<tr><td>申请人姓名</td><td>房屋坐落</td><td>专有部分面积</td><td>联系方式</td><td>本人签字</td></tr>
<tr><td></td><td>××楼××单元××室</td><td>m^2</td><td></td><td></td></tr>
<tr><td></td><td>××楼××单元××室</td><td>m^2</td><td></td><td></td></tr>
<tr><td></td><td>××楼××单元××室</td><td>m^2</td><td></td><td></td></tr>
<tr><td></td><td>××楼××单元××室</td><td>m^2</td><td></td><td></td></tr>
<tr><td></td><td>××楼××单元××室</td><td>m^2</td><td></td><td></td></tr>
<tr><td>……</td><td>……</td><td>……</td><td>……</td><td>……</td></tr>
</table>

附：申请人身份证与不动产权属证书复印件

【文书范例2】 关于成立××小区业主大会的申请书(5%的业主)

关于成立××小区业主大会的申请书

××街道办事处/乡镇人民政府：

我们是××小区的业主，本小区物业管理区域交付的专有部分面积已经超过建筑物总面积的50%，现有5%以上的业主申请成立业主大会，请贵单位指定筹备组组长，组织、协调、指导我小区成立业主大会。

联系人：__________

联系方式：__________

××××年××月××日

<table>
<tr><td colspan="4">申请人联合签名</td></tr>
<tr><td rowspan="6">物业管理区域基本信息</td><td colspan="3">物业项目名称：××小区</td></tr>
<tr><td colspan="3">地址：北京市××区××路××号</td></tr>
<tr><td colspan="3">物业管理区域四至：</td></tr>
<tr><td colspan="3">物业管理区域包含以下楼栋：××路××号楼至××号楼</td></tr>
<tr><td colspan="3">建筑物总面积：　　　平方米；业主总人数：　　人</td></tr>
<tr><td colspan="3">本次申请所占比例：　　　%</td></tr>
<tr><td>申请人姓名</td><td>房屋坐落</td><td>联系方式</td><td>本人签字</td></tr>
<tr><td></td><td>××楼××单元××室</td><td></td><td></td></tr>
<tr><td></td><td>××楼××单元××室</td><td></td><td></td></tr>
<tr><td></td><td>××楼××单元××室</td><td></td><td></td></tr>
<tr><td></td><td>××楼××单元××室</td><td></td><td></td></tr>
<tr><td></td><td>××楼××单元××室</td><td></td><td></td></tr>
<tr><td>……</td><td>……</td><td>……</td><td>……</td></tr>
</table>

附：申请人身份证与不动产权属证书复印件

【文书范例3】 **承诺书**

承诺书

本人系××小区成立业主大会申请活动的联络人,本人保证《关于成立××小区业主大会的申请书》中的签名真实有效,系业主真实意愿的表达,不动产权属证书等业主身份证明资料均由业主自愿提供。

本人保证在业主签名过程中获知的业主个人信息均被妥善保管,不存在泄露风险。

特此说明。

承诺人:______________

身份证号:______________

联系方式:______________

××××年××月××日

【文书范例4】 **关于成立××小区业主大会的申请书(建设单位)**

关于成立××小区业主大会的申请书

××街道办事处/乡镇人民政府:

我单位是××小区的开发建设单位,本小区物业管理区域交付的专有部分面积已经超过建筑物总面积的50%,现申请成立业主大会,请贵单位指定筹备组组长,组织、协调、指导××小区成立业主大会。随申请附上我单位指定联系人的授权委托书。

附:1. 授权委托书

2. ××小区《国有土地使用证》《建设用地规划许可证》《建设工程规划许可证》

3. ××小区《工程竣工验收备案表》《房屋面积实测报告》《业主清册》《房屋面积测算技术报告书》

4. ××小区基本情况表

建设单位名称(签章):______________

联系人:______________

联系方式:______________

××××年××月××日

××小区基本情况	
物业管理区域基本信息	物业项目名称:××小区
	地址:北京市××区××路××号
	物业管理区域四至:
	物业管理区域包含以下楼栋:××路××号楼至××号楼
	建筑物总面积:
	专有部分面积:
	……
	……

【文书范例 5】授权委托书(建设单位)

授权委托书

××街道办事处/乡镇人民政府:

我单位是××小区的开发建设单位,现委托×××(身份证号:××××××××××)作为我单位代表负责××小区首次业主大会筹备与组建工作。该受托人作出的所有行为,我单位均予以认可并承担全部责任。

附:受托人身份证复印件

委托人(签章):______________

受托人(签字):______________

××××年××月××日

第五节　提交申请资料及处理程序

一、提交申请资料

业主准备好申请资料之后,应当及时向街道办事处城乡建设办公室、乡镇人民政府的规划科室提交申请资料。街道办事处、乡镇人民政府的职能部门收到申请之后,一般会向申请人出具受理告知文件。同时,街道办事处、乡镇人民政府应当在接到成立业主大会书面申请后 30 日内,对提出申请的业主身份和申请进行审核。

【文书范例 6】 ××街道办事处/乡镇人民政府受理告知书

××街道办事处/乡镇人民政府受理告知书(存根)

××开发建设单位/×××先生/女士,您好:

您提交的《关于成立××小区业主大会的申请书》已经收悉,根据《北京市物业管理条例》第三十一条的规定,本机关将自受理之日起30日内作出答复。感谢您对社区建设和基层治理工作的理解和支持。

××街道办事处/乡镇人民政府

经办人:__________

批准人:__________

××××年××月××日

××街道办事处/乡镇人民政府受理告知书

××开发建设单位/×××先生/×××女士,您好:

您提交的《关于成立××小区业主大会的申请书》已经收悉,根据《北京市物业管理条例》第三十一条的规定,本机关将自受理之日起30日内作出答复。感谢您对社区建设和基层治理工作的理解和支持。

××街道办事处/乡镇人民政府

××××年××月××日

二、受理申请后的处理程序

1. 从街道办事处、乡镇人民政府有关部门的角度而言,在某些特定情况之下,申请设立业主大会的业主并不一定了解小区的基本情况,因此需要进一步核实小区的基本情况,与核实情况有关的部门包括社区居民委员会、在管物业服务企业、住房和城乡建设部门(区级房屋管理部门)、规划和自然资源部门等。因此,有可能超过30天的审核期限,对于无法核实或者无法在30天内核实清楚是否符合业主大会成立条件的,街道办事处、乡镇人民政府需要与申请人协商解决。

街道办事处、乡镇人民政府审核申请时,可以参照“北京业主”APP后台数据、建设开发单位或物业服务公司提供的数据或在街道办事处、乡镇人民政府处备案数据等确定该物业管理区域总人数与总面积。审核后申请业主不足5%的，可以要求业主补充申请，在补充申请提交后重新计算30日。

审核发现申请材料中存在虚假情况，影响核实的，建议将存在虚假信息的申请直接退回联系人，并向申请人指定的联系人说明情况，同时可以建议对方适时提交新的申请。

【文书范例7】××街道办事处业主申请核实情况表

××街道办事处业主申请核实情况表

××街道办事处于××××年××月××日收到××小区×××等×××名业主联名提出的成立业主大会的申请，××街道办事处工作人员×××对其中××名业主签名是否真实进行了抽查，现将核实情况记录如下：

序号	姓名	房号	联系电话	是否真实
1				是□　否□
2				是□　否□
3				是□　否□
4				是□　否□
5				是□　否□
6				是□　否□
7				是□　否□
8				是□　否□
9				是□　否□
10				是□　否□
……	……	……	……	……

抽查人：×××

××××年××月××日

【文书范例 8】 不予受理通知书

不予受理通知书(存根)

______同志:

你在××××年 ××月 ××日向我单位提交的《关于成立××小区业主大会的申请书》于××××年××月××日收悉。根据《北京市物业管理条例》有关规定,经我单位核实:

□××小区已经交付的建筑物面积未达到建筑物总面积 50%以上

□××小区业主总人数____人,申请人数未达到××小区业主总人数的 5%

□××小区建筑物总面积____平方米,申请面积未达到建筑物总面积的 5%

我单位决定不予受理申请。

××街道办事处/乡镇人民政府

经办人:__________

批准人:__________

××××年××月××日

不予受理通知书

______同志:

你在××××年××月××日向我单位提交的《关于成立××小区业主大会的申请书》于××××年××月××日收悉。根据《北京市物业管理条例》有关规定,经我单位核实:

□××小区已经交付的建筑物面积未达到建筑物总面积 50%以上

□××小区业主总人数____人,申请人数未达到××小区业主总人数的 5%

□××小区建筑物总面积____平方米,申请面积未达到建筑物总面积的 5%

我单位决定不予受理申请。

××街道办事处/乡镇人民政府

××××年××月××日

【文书范例 9】送达回执

送达回执

送达文书全称				
文号				
送达方式	邮递(EMS)	公告	当面	其他
受送达人意见				
受送达人签名	××××年××月××日			
代收人签名	××××年××月××日			
受送达人拒收理由及日期	××××年××月××日			
见证人签名	××××年××月××日			
经办人签字	××××年××月××日			

注:此表一式两份,一份交申请人,一份留存卷宗。

2. 如果申请的小区涉及老旧小区或者物业管理区域划分未明的小区,建议先明确物业管理区域再开展下一步的工作,必要情况下,建议进行现场踏勘。

3. 如果业主的申请符合《北京市物业管理条例》的规定,街道办事处、乡镇人民政府在指定首次业主大会筹备组组长之前应当与社区居民委员会沟通具体的人选,要确保拟定的人选熟悉业主大会筹备流程。如果条件允许,建议在指定前对筹备组组长进行筹备流程培训并提示其需要重点关注的问题。

三、注意事项

关于申请资料的退回问题，如涉及申请人申请资料的退回，建议经办人和申请人协商确定申请资料的保管问题，尤其是涉及业主个人信息的申请资料，其中应当明确资料的保管人所应承担的保密责任。

第六节　组建首次业主大会会议筹备组

一、指定筹备组组长并公告

（一）指定程序

在收到业主或建设单位申请后，街道办事处、乡镇人民政府应当在30日内对提出申请的业主身份和申请进行审核，对符合业主大会成立条件的，指定居民委员会、村民委员会工作人员担任筹备组组长①。

街道办事处、乡镇人民政府应当在收到书面申请后30日内完成审核及指定筹备组组长的工作。

街道办事处、乡镇人民政府指定的筹备组组长应当为社区居民委员会的工作人员，现有规定并未要求其必须是党员或者业主。关于筹备组组长的人选，街道办事处、乡镇人民政府应当和社区居民委员会协商确定。

在街道办事处、乡镇人民政府与社区居民委员会协商确定筹备组组长人选之后，街道办事处、乡镇人民政府应当在小区进行公示，公示时间不少于7天。

【文书范例10】关于指定×××担任××小区首次业主大会筹备组组长的通知

关于指定×××担任××小区首次业主大会筹备组组长的通知

××小区全体业主：

根据《北京市物业管理条例》第三十一条的规定，我单位在××××年××月××日接到×××等××位业主提交的成立业主大会的书面申请，在对提出申请的业主身份

---

① 《北京市物业管理条例》第31条第1款规定：“街道办事处、乡镇人民政府应当在接到成立业主大会书面申请后三十日内，对提出申请的业主身份和申请进行审核，对符合业主大会成立条件的，指定居民委员会、村民委员会工作人员担任筹备组组长。”

(建设单位身份)和申请进行了审核后,我处确认××小区的交付面积已超过50%,提交申请的业主人数占比超过业主总人数的5%,确定符合业主大会成立条件。经研究,我单位现指定×××担任××小区首次业主大会会议筹备组组长,组织、协助、指导××小区业主大会相关工作。

特此公告。

××街道办事处/乡镇人民政府

××××年××月××日

附件:筹备组组长简介

<table>
<tr><td>姓名</td><td></td><td>性别</td><td></td><td rowspan="3"></td></tr>
<tr><td>工作单位</td><td></td><td>政治面貌</td><td></td></tr>
<tr><td>联系电话</td><td></td><td>邮箱</td><td></td></tr>
<tr><td colspan="5">个人简介</td></tr>
</table>

(二)注意事项

关于筹备组名称,需要特别注意名称一定要准确,建议使用不动产权属证书载明的小区名称。

关于公示地点,建议通过小区公示栏、单元门口、电梯轿厢、小区微信群等多种渠道进行,并录像或者拍照留存公示记录备查。

二、发布筹备组成员中业主代表报名的公告

(一)发布程序

筹备组组长应当在指定后的30日内组织业主代表、建设单位、产权单位、街道办事处、乡镇人民政府、社区党组织、居民委员会、村民委员会代表召开首次筹备组会议,成立筹备组。因此,筹备组组长需要发布招募筹备组中业主代表的公告。建议公告的公示日期不小于7日。

考虑到筹备组组长的指定较少被质疑,因此在物业管理区域内的显著位置公

示指定筹备组组长的公告及筹备组成员中业主代表报名的公告,可以一并发布。

【文书范例11】关于组建××小区首次业主大会会议筹备组并接受业主报名参选筹备组业主代表的通知

关于组建××小区首次业主大会会议筹备组
并接受业主报名参选筹备组业主代表的通知

××小区全体业主:

××××年××月××日,××小区×××等业主提出成立业主大会的申请,根据《北京市物业管理条例》第三十一条的规定,××街道办事处/乡镇人民政府接到成立业主大会书面申请后30日内,对提出申请的业主身份(建设单位身份)和申请进行了审核,符合首次业主大会申请条件。××街道办事处/乡镇人民政府于××月××日指定×××担任筹备组组长,负责指导、组织××小区首次业主大会会议相关工作。经研究决定,筹备组共××人,其中需业主代表××人(注:业主代表不少于筹备组总人数的1/2)。请自愿参加筹备组工作且符合条件的业主于××××年××月××日至××月××日携带本人身份证件、不动产权属证书进行报名登记,逾期不再接受报名。报名的业主可以自荐或者由其他业主联名推荐。

业主是自然人的,业主代表应当具备以下条件:

(一)遵纪守法、热心公益事业、责任心强、具有一定组织能力;

(二)具有完全民事行为能力;

(三)以业主身份在本物业管理区域中居住满一年以上(亦可约定其他时间);

(四)按时足额交纳物业费、不存在欠缴专项维修资金及其他需要业主共同分担费用的情况;

(五)本人、配偶及其直系亲属与物业服务人无直接的利益关系;

(六)未被列为失信被执行人;

(七)未有《北京市物业管理条例》第七十八条规定的房屋使用禁止规定的行为;

(八)未有法律法规规定的其他不宜担任业主委员会委员的情形。

业主是法人或者非法人组织的,应当具备上述第(四)、(六)、(七)、(八)项条件的要求。

如果筹备组业主代表报名人数过多，由符合报名条件的业主通过内部互选确定最终进入筹备组的成员。

报名时间：××××年××月××日（星期×）至××月××日（星期×）每天9:00至18:00（周六、日不休息）

报名地点：__________

咨询电话：__________

××小区首次业主大会会议筹备组组长（签字）：__________

××××年××月××日

【文书范例12】 致××小区/楼产权单位参与筹备组组建工作的函

致××小区/楼产权单位参与筹备组组建工作的函

__________：

《北京市物业管理条例》已于2020年5月1日起正式施行。条例明确物业管理纳入社区治理体系，同时逐步推动社区物业全覆盖，有序稳妥成立业主大会或物业管理委员会。

为建设和谐宜居社区，规范物业管理，按照条例有关要求，根据××区实际情况，拟推动××小区成立业主大会。

现特邀请各产权单位派代表参与首次业主大会会议筹备组组建工作。请贵单位务必于____个工作日内（或者××××年××月××日前）书面回复并签字盖章确认：是否派代表参与首次业主大会会议筹备组组建工作。如____个工作日内未收到贵单位书面回复，则视为自动放弃参加筹备组组建工作。

联系人：__________

联系电话：__________

邮箱：__________

××社区居民委员会

××小区首次业主大会会议筹备组组长（签字）：______

××××年××月××日

（二）注意事项

在发布筹备组成员中业主代表报名的公告时，应当注意以下事项：

1. 指定筹备组组长的公告落款为街道办事处,筹备组成员中业主代表报名公告落款为筹备组组长。

2. 招募筹备组成员中业主代表时,若招募的业主代表人数不足,可在保障30日内召开首次筹备组会议的前提下,适时延长报名期限。

3. 筹备组成员中业主代表报名时,自荐或者居民委员会、村民委员会推荐的业主具有平等性,无优先考虑的问题。

4. 筹备组成员中业主代表报名时,即应该告知其需准备的材料清单和提交材料的时间,预留充足的资料审核时间。资料审核的时间和机构应该由街道办事处尽早地向筹备组组长明确。

三、审核业主代表报名情况并公示

(一)审核程序

筹备组组长在报名结束后汇总报名资料,根据《北京市物业管理条例》第39条和第78条以及“五好”“十不能”的规定对报名人员资格进行审核。审核完成后,将筹备组成员中业主代表报名及审核情况公示于物业管理区域内显著位置,公示期不少于7天。

【文书范例13】 ××小区首次业主大会会议筹备组业主代表推荐表

××小区首次业主大会会议筹备组业主代表推荐表

填表日期:××××年××月××日

<table>
<tr><td rowspan="5">被推荐人基本情况</td><td colspan="2">姓名</td><td colspan="2"></td><td colspan="2">性别</td><td colspan="2"></td><td colspan="2">楼号房号</td><td colspan="2"></td></tr>
<tr><td colspan="2">出生年月</td><td colspan="2"></td><td colspan="2">政治面貌</td><td colspan="2"></td><td colspan="2">文化程度</td><td colspan="2"></td></tr>
<tr><td colspan="3">工作单位</td><td colspan="3"></td><td colspan="3">联系电话</td><td colspan="3"></td></tr>
<tr><td colspan="12">个人简历</td></tr>
<tr><td colspan="12">被推荐人(签章):____________</td></tr>
</table>

续表

<table>
<tr><td>推荐单位推荐意见</td><td>1. 被推荐人具有完全民事行为能力。
2. 被推荐人提交的材料真实、有效。
3. 被推荐人自愿担任××小区业主大会会议筹备组业主代表。
4. 被推荐人保证积极履行业主大会会议筹备组业主代表职责，遵守《北京市物业管理条例》的相关规定。
5. 被推荐人符合《北京市物业管理条例》关于业主大会会议筹备组业主代表相关任职资格。如不符合，自愿退出业主大会会议筹备组。
居民委员会/村民委员会(签章)：</td></tr>
</table>

附：被推荐人本人身份证和不动产权属证书复印件

【文书范例 14】 ××小区首次业主大会会议筹备组业主代表自荐表

××小区首次业主大会会议筹备组业主代表自荐表

填表日期：______年____月____日

<table>
<tr><td rowspan="5">自荐人基本情况</td><td>姓名</td><td></td><td>性别</td><td></td><td>楼号房号</td><td></td></tr>
<tr><td>出生年月</td><td></td><td>政治面貌</td><td></td><td>文化程度</td><td></td></tr>
<tr><td colspan="2">工作单位</td><td colspan="2"></td><td>联系电话</td><td></td></tr>
<tr><td colspan="6">个人简历</td></tr>
<tr><td colspan="6">(填表说明：如果是自然人业主，建议主要阐述何时入住本小区、主要参与的小区公共事务、是否有足够的时间参与筹备组工作等；如果是法人或者非法人业主，建议介绍单位情况和业主在本小区物业的基本情况)
自荐人(签章)：____________</td></tr>
<tr><td>承诺</td><td colspan="6">1. 本人具有完全民事行为能力。
2. 本人承诺提交的材料真实、有效。
3. 本人自愿申请担任××小区业主大会会议筹备组业主代表。
4. 本人保证积极履行业主大会会议筹备组业主代表职责，遵守《北京市物业管理条例》的相关规定。
5. 本人承诺符合《北京市物业管理条例》关于业主大会会议筹备组业主代表相关任职资格。如不符合，自愿退出业主大会会议筹备组。
承诺人(签章)：____________</td></tr>
</table>

附:自荐人本人身份证和不动产权属证书复印件

【文书范例 15】关于组建××小区首次业主大会会议筹备组业主代表物业费交费等情况的核实函

关于组建××小区首次业主大会会议筹备组业主代表物业费交费等情况的核实函

××物业管理有限责任公司:

现就××小区组建首次业主大会会议筹备组事宜,需贵公司协助核实贵公司为××小区提供物业管理服务期间以下人员的相关交费情况。需要协助查询人员:

1. ×××

2. ×××

3. ×××

请确认以上业主在贵公司为××小区提供物业管理服务期间是否做到以下几点:

1. 按时足额交纳物业费;

2. 不存在其他需要业主共同分担费用的欠费情况;

3. 未有《北京市物业管理条例》规定的房屋使用禁止规定的行为(违法建设);

4. 本人、配偶及其直系亲属与物业管理人无直接的利益关系。

请提供上述业主的物业服务合同和缴纳物业费收据复印件并加盖贵单位公章。如有相关情况说明,请一并附上。

请贵公司于××月××日前书面回复核实情况。

情况核实表					
序号	姓名	是否欠缴物业费	是否欠缴其他需要业主共同分担费用	是否存在违法建设	是否与物业管理人有直接的利益关系

××社区居民委员会党委

××小区首次业主大会会议筹备组组长(签字):________

××××年××月××日

【文书范例16】 关于××小区首次业主大会会议筹备组业主代表报名情况的公告

关于××小区首次业主大会会议筹备组业主代表报名情况的公告

××小区全体业主：

我们于××××年××月××日至××月××日共收到××位业主代表报名申请参加首次业主大会会议筹备组，其中××位符合《关于组建××小区首次业主大会会议筹备组并接受业主报名参选筹备组业主代表的通知》中要求的业主代表应具备的条件，现将名单公示如下：

序号	姓名	性别	年龄	政治面貌	工作单位	房号
1						
2						
3						

如对以上公示名单有异议，请于××月××日至××月××日向筹备组组长提出。

筹备组组长将结合小区实际情况，按照业主代表名额确定筹备组业主代表初步名单，报社区党组织和街道办事处确定后在小区物业管理区域内显著位置公示。

××小区首次业主大会会议筹备组组长（签字）：________

××××年××月××日

（二）注意事项

审核筹备组中业主代表报名情况并公示时，应注意如下事项：

1. 筹备组成员中业主代表报名人员资格审核没有时间限制，一般为3～7日，同时注意保证30日内召开首次筹备组会议。报名情况要求公示7日以上。

2. 关于法律法规中要求的居住期限，法律法规并未明确规定，需要由筹备组组长决定，并在张贴报名公告时写明，一般应为“以业主身份在本物业管理区域中居住满1年以上或者其他时间”。建议居住时间在1年以上，确保业主对小区情况的了解比较全面。

3. 关于按时足额交纳物业费认定的标准，无论是《北京市物业管理条例》实施前还是实施后，均应当按照物业服务合同约定的时间交纳物业费，现主要以物业服务公司出具的盖章文件为准。物业服务合同没有明确约定的，可以按照物业服务费当年交纳的标准,不欠缴即可。

如果业主认为自己按时足额交纳物业费,或不认可物业服务公司出具的欠缴说明,则可以提供相应的物业服务合同、物业服务费发票、收据等加以证明,证据真实、充分的,应当认定业主按时足额交纳物业费。

4. 根据《北京市物业管理条例》第1条、第3条和北京市委组织部《关于党建引领服务企业和业主委员会建设的指导意见》(京组通37号)的规定,筹备组筹备工作应当坚持党建引领并进行相关活动,比如将"五好""十不能"列入报名条件。

5. 关于产权车位的业主(仅有车位的不动产权属证书,不具备房屋的不动产权属证书)是否可以参加筹备组作为业主代表或者业主委员会候选人,现阶段可以报名筹备组业主代表或业主委员会委员候选人,车位业主可以投票,享有选举权和被选举权。

四、确定筹备组成员并公示

(一)确定程序

筹备组成员中业主代表报名情况公示后,如果业主无异议或根据异议调整人选后,召开筹备组成员确定会议,会议上确定筹备组成员名单后,还应当报社区党组织并记入社区党委会会议纪要。筹备组组长最终确定筹备组成员名单后,应当将筹备组成员名单书面上报街道办事处、乡镇人民政府。街道办事处、乡镇人民政府对此名单予以确认,具体采用口头还是书面通知的方式未有明确规定。

【文书范例17】 关于采用推选方式确定首次业主大会会议筹备组业主代表的通知

关于采用推选方式确定首次业主大会会议筹备组业主代表的通知

××小区全体业主:

因自荐和推荐业主大会会议筹备组业主代表的业主较多,筹备组业主代表名额有限,现定于××××年××月××日(星期×)××:00至××:00在____召开会议,通过推选方式,按照得票数顺序,从最后确定的××名自荐和推荐的业主当中选出×位业主代表。届时请自荐和推荐业主携带本人身份证、不动产权属证书参加推选会议。

××小区首次业主大会会议筹备组组长(签字):__________

××××年××月××日

附件:筹备组业主代表推选选票样式

序号	1	2	3	4	5	6	7	8	9					
候选人姓名														
符号标记														

说明:1. 本选票应选业主代表人数为×人,按照得票数排名确认获选成员名单。

2. 投赞成票的在候选人姓名对应的空格处打“√”,其他符号均视为不同意。

3. 选票用签字笔填写,字迹清楚,符号准确。

××××年××月××日

(二)注意事项

确定筹备组成员并公示时,应注意如下事项:

1. 若报名的业主合格人数较多,既可以由合格的业主互相推荐产生业主代表,业主代表最终名单按照推荐票数顺序确定,也可以采用其他可行的民主方式。

2. 筹备组中的业主代表可以由业主自荐或者居民委员会、村民委员会推荐产生,由街道办事处、乡镇人民政府确定。

五、召开筹备组第一次会议并公示

在指定筹备组组长后30日内,召开第一次筹备组会议,第一次筹备组会议标志着筹备组的正式成立。会议内容为:

1. 宣告筹备组成立。

【文书范例18】 关于成立××小区业主大会会议筹备组的公告

关于成立××小区业主大会会议筹备组的公告

××小区全体业主:

按照《北京市物业管理条例》第三十一条的规定,××小区业主大会会议筹备组组长×××按照法定时限,组织业主代表、建设单位(产权单位)代表、街道办事处(乡镇人民政府)代表、社区党组织代表、居民委员会(村民委员会)代表××于××××年××月××日召开首次筹备组会议,成立××小区业主大会会议筹备组,现将筹备组成员公告如下:

××小区业主大会会议筹备组共××人,其中筹备组组长1人、业主代表×人、建设单位代表×人、街道办事处/乡镇人民政府代表×人、社区党组织代表×人、居民委员会(村民委员会)代表×人,符合法定人数。具体名单如下:

职务	姓名	性别	年龄	政治面貌	工作单位	住址	联系方式
筹备组组长							
业主代表							
建设单位(产权单位)代表							
街道办事处(乡镇人民政府)代表							
社区党组织代表							
居民委员会(村民委员会)代表							
……							

筹备组联系人:__________

联系电话:__________

××小区首次业主大会会议筹备组全体成员(签字):________

××××年××月××日

2. 明确筹备组内部分工。分工内容为:

(1)确认业主身份、人数及所拥有的专有部分面积;

(2)制定首次业主大会会议召开方案;

(3)拟订管理规约和业主大会议事规则草案;

(4)制定业主委员会委员候选人产生办法,确定业主委员会委员候选人名单;

(5)制定业主委员会选举办法;

(6)完成召开首次业主大会会议的其他准备工作。

【文书范例19】 ××小区首次业主大会会议筹备组分工公告

××小区首次业主大会会议筹备组分工公告

××小区全体业主:

经筹备组研究决定,筹备组工作拟分工如下表,筹备组成员将根据分工相互协作配合,按时完成首次业主大会会议筹备工作。

序号	事项	负责人	联系方式
1	确认业主身份、人数及所拥有的专有部分面积		
2	制定首次业主大会会议召开方案		
3	拟订管理规约和业主大会议事规则草案		
4	制定业主委员会委员候选人产生办法,确定业主委员会委员候选人名单		
5	制定业主委员会选举办法		
6	完成召开首次业主大会会议的其他准备工作		
……			

特此公告!

××小区首次业主大会会议筹备组全体成员(签字):__________

××××年××月××日

3. 向筹备组全员明确筹备组应当于成立后60日内组织召开首次业主大会会议。

【文书范例20】 筹备组成员保密协议

保密协议

为共同推进×××社区居民委员会××小区首次业主大会会议的筹备工作,×××社区居民委员会党委(注意准确名称)根据《北京市物业管理条例》第一条和第八条的规定与××小区首次业主大会会议筹备组全体成员(业主代表)为保密之目的,签署本协议。

一、保密的内容和范围、泄密的界定

1. 本协议所称保密信息,是指首次业主大会会议的筹备过程中,筹备组成员掌握的××小区业主信息,包括但不限于业主姓名,房屋/车库坐落、面积与数量,业主联系方式(包括但不限于手机号、固定电话、微信号或者其他任何社交媒体信息),物业服务费交纳情况,业主违法搭建建筑物、构筑物、障碍物或者私挖地下空间等信息。

2. ××小区首次业主大会会议筹备组全体成员知悉的业主信息均不得直接或

间接地以任何方式提供、披露或转让给任何第三方,或许可第三方使用,或以保密信息为任何第三方提供任何意见或建议。在本条中,“第三方”是指除××小区首次业主大会会议筹备组全体成员以外的任何自然人、法人或非法人组织。

二、保密义务

1. 筹备组成员须严格遵守本协议。

2. 筹备组成员不得泄露任何业主信息资料。

3. 业主个人信息受法律保护。筹备组成员未经允许泄露其掌握的信息,给业主造成损失,一经查实,由当事人独立承担相关的法律责任。

三、在任何情形下,本协议所规定的保密义务应永久持续有效。

四、当××小区首次业主大会会议筹备工作终止时,筹备组成员应立即停止使用且不得许可第三方使用业主信息,同时,筹备组成员应将工作过程中获知的保密信息退还×××社区居民委员会党委(注意准确名称)或予以删除或销毁,不得以任何形式留存。

×××社区居民委员会党委(注意准确名称): 筹备组成员:__________

日期:__________ 日期:__________

为了确保筹备组工作内容的翔实、全面且可查,制作并签署筹备组会议记录。

【文书范例21】 ××小区首次业主大会会议筹备组会议决议/纪要

××小区首次业主大会会议筹备组会议决议/纪要

时间:××××年××月××日

地点:××社区居民委员会××楼会议室

参会人员:____________________

记录人:____________________

会议议题:

一、______:

……

二、______:

……

三、______：

……

(以下为首次业主大会会议筹备组成员签字部分,无正文)

同意(签字):____

____

反对(签字):____

弃权(签字):____

××小区首次业主大会会议筹备组组长(签字):__________

××××年××月××日

第七节　筹备首次业主大会会议

一、确认业主身份、人数及所拥有的专有部分面积

(一)具体程序

筹备组成立后,首要任务是需要确认业主身份、人数及所拥有的专有部分面积等资料,前述资料的相关数据信息应更新至筹备组成立之日。《北京市住宅区业主大会和业主委员会指导规则》第15条规定,建设单位应自筹备组成立之日起7日内向筹备组提供业主名册、业主专有部分面积、建筑物总面积等资料。因此,筹备组应尽早向开发建设单位发函要求其提供前述资料。

【文书范例22】关于提供××小区业主名册与专有部分面积的函

关于提供××小区业主名册与专有部分面积的函

××房地产有限公司:

贵公司是××小区的开发建设单位,现××小区正在筹备首次业主大会会议,根据《北京市物业管理条例》的规定,请贵公司自收到本函之日起__日内向我处提供如下文件:

1. 业主名册;

2. 物业管理区域划分相关文件;

3. 小区单体建筑、结构、设备的竣工图,配套设施、地下管网工程竣工图等竣工

验收资料；

4. 分户验收表、房屋面积实测报告。

特此函知，请予协助办理为盼。

××小区首次业主大会会议筹备组全体成员

××××年××月××日

开发商未在合理时间提供的，可以通过"北京业主"APP 导出小区的建筑物总面积或者业主人数等资料或向物业服务公司致函请求其协助或提供。

（二）注意事项

确认业主身份、人数及所拥有的专有部分面积时，应注意如下问题：

1. 开发建设单位未及时或者拒绝提供业主名册、建筑物总面积的，筹备组可以请求物业服务公司协助提供，或者请求街道办事处、乡镇人民政府致函开发商。

2. 开发建设单位或物业服务公司提供的上述文件，必须加盖公章和骑缝章。

3. 筹备组获得开发建设单位或物业服务公司提供的上述文件后，应当由筹备组将之与"北京业主"APP 的数据进行比对，从而最终确定小区业主总人数与建筑物总面积。

4. 如果开发建设单位已经注销或者失去了提供资料的能力，或者小区交付时间太久且房屋交易频繁导致原有业主数据失真，或者涉及原有规划不健全的老旧小区，在管的服务物业公司可能是拥有业主名册信息最为全面准确的组织，但是目前没有法律规范明确可以要求物业服务公司提供业主名册等资料。

5. 可以申请街道办事处、乡镇人民政府向规划和自然资源委员会发函请求提供与小区规划相关的文件。

二、制定《××小区管理规约（征求意见稿）》《××小区业主大会议事规则（征求意见稿）》《××小区首次业主大会会议召开方案（征求意见稿）》《××小区业主委员会委员候选人产生办法（征求意见稿）》等文件

（一）制定规范

筹备组成员应该根据分工起草《××小区管理规约（征求意见稿）》《××小区业主大会议事规则（征求意见稿）》《××小区首次业主大会会议召开方案（征求意见稿）》《业主委员会委员候选人产生办法（征求意见稿）》《××小区业主委员会选举

办法》等文件。初步稿件起草完成后，筹备组应该召开第二次筹备组会议，确定上述文件并在文件上签字，对于会议内容进行记录并签署会议纪要。

1. 小区管理规约制定规范

小区管理规约的制定可以参照各个地区的示范文本并结合小区的实际情况，包含以下若干方面的内容。

【文书范例23】管理规约制定规范

管理规约制定规范

一、管理规约是首次业主大会会议筹备组拟订的，由本物业管理区域业主大会会议通过的对物业的使用、维护和管理，业主的共同权益的维护，物业共有部分的经营和收益分配等公共管理权的行使，物业管理区域内的应急预案，业主应当履行的义务，违反管理规约应当承担的责任等事项依法作出的约定。

二、首次业主大会会议筹备组应当自成立之日起60日内拟定管理规约草案。

三、管理规约草案应当以书面形式在物业管理区域内显著位置公示7天。公示期间，筹备组应当记录业主提出的修改意见和建议。公示期满后7日内，筹备组应当参考业主提出的意见和建议，确定正式的管理规约草案。

管理规约草案与现行法律、法规、规章等相抵触的，筹备组应当及时修改，并将修改后的管理规约草案在物业管理区域内显著位置重新公示。

四、管理规约草案应当在首次业主大会会议上进行表决。业主大会的表决应当由专有部分面积占比三分之二以上的业主且人数占比三分之二以上的业主参与表决。决定管理规约事项，应当经参与表决专有部分面积过半数的业主且参与表决人数过半数的业主同意，管理规约草案经表决通过后在本物业管理区域内生效。

管理规约应当尊重社会公德，不得违反法律、法规、规章或者损害社会公共利益。

管理规约对业主及物业使用人具有约束力。业主或者物业使用人违反管理规约，损害其他业主和物业使用人合法权益的，受损害人可以依法提起诉讼。

五、管理规约的基本内容应当包括九部分内容，分别为物业基本情况，物业管理方式，业主共同管理的权利和责任，物业共有部分的经营和收益分配，物业的使用、维护和管理，物业管理区域内的应急预案，违反管理规约应当承担的责任，争议解决方式和附则。

1. 物业基本情况:包括物业管理区域划分及调整、物业服务用房的基本情况和物业共有部分。

2. 物业管理方式:按照《中华人民共和国民法典》《北京市物业管理条例》的规定,业主大会可以决定本物业管理区域内实行自行管理、委托物业服务企业或者专业性服务企业管理、委托其他管理人管理。

3. 业主共同管理的权利和责任:业主按照《中华人民共和国民法典》《物业管理条例》《北京市物业管理条例》《北京市住宅区业主大会和业主委员会指导规则》等相关法律、法规、规章和规范性文件的规定对物业管理区域共有部分享有共同管理权利并承担共同管理责任。

4. 物业共有部分的经营和收益分配:物业管理区域内的业主共有部分的经营和收益可以分为属于全体业主的经营及收益和属于相关业主的经营及收益。

属于全体业主或者相关业主的共有部分,禁止任何单位、个人侵占、处分或者改作他用;利用物业共有部分经营的,应当符合法律、法规的规定和本规约的约定,并经业主大会或者相关业主共同决定。委托物业服务企业或者其他管理人实施物业管理的,按照物业服务合同约定可以委托物业服务企业或者其他管理人统一实施。

利用物业共有部分经营所得收益,属于全体业主或者相关业主共有,按照相关法律法规的规定和全体业主或者相关业主的约定进行分配,但全体业主或者相关业主约定的分配方式不得违反相关法律、法规和规章的禁止性规定。

利用物业共有部分经营所得收益,一般按照业主专有部分占建筑物总面积的比例分配,全体业主或者相关业主另有约定的除外。

业主委员会、相关业主应当至少每半年在物业管理区域内公布全体业主共有部分、部分业主共有部分物业经营所得收益的收支情况,接受业主大会、业主的监督。

业主转让建筑物内的专有部分,其对共有部分享有的共有和共同管理的权利一并转让。

5. 物业的使用、维护和管理:包括物业使用的注意事项和禁止行为;物业的装饰装修;物业的维修、更新和改造;专项维修资金的筹集和使用;物业服务费用的交纳和监督;水、电、气等费用的交纳及相关设施设备的维修责任。

6. 物业管理区域内的应急预案:管理规约中应当约定物业管理区域内发生下列紧急情形之一的,授权相关主体采取紧急措施的应急预案:

(1)物业服务企业突然停止提供物业服务;

(2)紧急情况下需要维修建筑物及其附属设施的,业主大会或者业主委员会可以依法申请使用建筑物及其附属设施的维修资金。

7. 违反管理规约应当承担的责任:业主、使用人违反管理规约约定,侵害他人合法权益的,业主大会、业主委员会、物业服务企业或者其他管理人有权要求其改正;业主大会或者业主委员会对任意弃置垃圾、排放污染物或者噪声、违反规定饲养动物、违章搭建、侵占通道、拒付物业费等损害他人合法权益的行为,有权依照法律、法规以及管理规约,请求行为人停止侵害、排除妨碍、消除危险、恢复原状、赔偿损失。

业主或者其他行为人拒不履行相关义务的,有关当事人可以向有关行政主管部门报告或者投诉,有关行政主管部门应当依法处理。

管理规约中可以对业主不交存专项维修资金、拒付或者不按时交纳物业服务费用和其他应当分摊的费用等损害业主共同权益的行为,约定不得行使以下共同管理权:

(1)选举权和被选举权;

(2)不得参与经营物业共有部分业主所得收益的分配;

(3)限制共同管理权的时限应当在管理规约中予以明确;

(4)物业使用人违反本规约的,相关业主承担连带责任。

8. 争议解决方式:业主之间在本规约实施中发生的纠纷,可以协商解决。协商不成的,由业主委员会、物业所在地街道办事处、乡镇人民政府、社区居民委员会或者物业管理纠纷调解组织进行调解;也可以申请仲裁或者向人民法院提起诉讼。

因物业管理纠纷而引起的民事诉讼,其费用由参加诉讼的业主依法承担;属共同诉讼的,经业主授权,推荐诉讼代表人具体实施,诉讼费用由参加共同诉讼的业主依法共同承担。

9. 附则:对管理规约的生效时间等事项作出约定。

六、物业服务企业或者其他管理人应当执行政府依法实施的应急处置措施和其他管理措施,积极配合开展相关工作。

2. 小区业主大会议事规则制定规范

小区业主大会议事规则的制定可以参照各个地区的示范文本并结合小区的实

际情况,包含以下若干方面的内容。

【文书范例24】业主大会议事规则制定规范

业主大会议事规则制定规范

一、业主大会议事规则是全体业主关于业主大会组织架构与活动规范的约定。

二、根据《中华人民共和国民法典》、《物业管理条例》、《北京市物业管理条例》、住房和城乡建设部《业主大会和业主委员会指导规则》和《北京市住宅区业主大会和业主委员会指导规则》,结合本物业管理区域实际,制定业主大会议事规则。

三、首次业主大会会议筹备组应当自成立之日起60日内拟定业主大会议事规则草案。

业主大会议事规则草案应当以书面形式在物业管理区域内显著位置公示7天。公示期间,筹备组应当记录业主提出的修改意见和建议。公示期满后7日内,筹备组应当参考业主提出的意见和建议进行修订,确定正式的业主大会议事规则草案。

业主大会议事规则草案与现行法律、法规、规章等相抵触的,筹备组应当及时修改,并将修改后的业主大会议事规则草案在物业管理区域内显著位置重新公示。

四、业主大会由物业管理区域内的全体业主组成,在物业管理活动中,业主基于建筑物区分所有权,依据法律、法规、规章的规定和管理规约、业主大会议事规则的约定行使共同管理权利并承担共同管理责任。

五、业主大会、业主委员会应当依据法律、法规、规章的规定和管理规约、业主大会议事规则的约定行使共同管理权、履行职责。

业主大会、业主委员会依法行使共同管理权不受任何组织和个人的非法干涉。

业主大会、业主委员会不得作出与物业管理无关的决定,不得从事与物业管理无关的活动。

六、业主大会选举产生业主委员会,业主大会可以设立监事会,聘任财务人员、秘书等人员。

监事会是业主大会下设的监督机构,由业主大会选举产生,对业主大会负责,依业主大会授权开展工作,对业主大会决定的执行和财务活动进行监督,监事会作出的决定经业主大会通过后生效。监事会可根据需要组建专门工作小组,开展专项工作。

业主大会设立监事会的,议事规则中应对监事会成员产生方式、职责范围等内容明确规定。

财务人员和秘书由业主委员会公开招聘,秘书和财务人员的设置、职责和任免由业主委员会决定,决定结果在小区内公示,公示时间不少于7日。

七、业主大会议事规则应当包含下列内容:

1. 业主大会会议种类:业主大会会议分为定期会议和临时会议,有下列情形之一的,业主委员会应当自业主提议和情形发生之日起45日内组织召开业主大会临时会议:

(1)20%以上业主就物业管理共同事项提议的;

(2)经业主委员会半数(含半数)以上委员提议变更业主委员会委员的;

(3)业主委员会委员空缺达半数以上的;

(4)业主委员会认为业主小组决定的事项,与业主大会或业主委员会作出的决定有抵触,提议召开业主大会临时会议的;

(5)管理规约、业主大会议事规则规定的其他情形。

2. 业主大会会议召开的形式、程序、议事和表决。

(1)会议召开的形式:业主大会会议可以采用集体讨论的形式,也可以采用书面征求意见的形式。

(2)会议召开的程序:业主大会会议召开的程序包括形成业主大会会议议案、发布公告、会议召开、表决和公告业主大会会议决议(含决议被通过或被否决)。业主大会会议召开前15日,业主委员会应当将会议的时间、地点、内容等主要事项以书面形式向物业管理区域内全体业主公告。业主大会会议应当自召开之日起若干时间内完成。

(3)表决方式:业主大会会议可以书面表决或互联网表决。

(4)业主大会决议、决定的效力:业主大会形成的决议、决定,对本物业管理区域内的全体业主具有约束力,业主必须共同遵守。持不同意见的业主不得抵制业主大会决议、决定的执行,不得干扰业主大会的正常工作。

业主大会形成的决议、决定违反法律、法规和规章的,业主可以向物业所在地街道办事处、乡镇人民政府举报,由受理单位及时责令限期改正或者撤销其决定,并通告全体业主;业主大会形成的决议、决定侵害业主合法权益的,受侵害的业主可以依法请求人民法院予以撤销。

3. 业主可以幢、单元为单位设立业主小组，业主小组由该幢、单元的全体业主组成，讨论、决定本幢、本单元物业共用部分的经营、收益分配及维修等事项，根据该幢、单元的全体业主约定，业主小组还可以履行下列职责：

(1)讨论业主大会拟讨论的事项；

(2)推选业主代表出席业主大会会议。

业主小组通过召开业主小组会议履行上述职责。业主小组会议的召集人由该小组业主推选的具有业主身份的人士担任，会议议事程序参照业主大会会议程序执行。

业主小组依法履行上述职责作出的决定，应当及时告知相关业主和业主委员会。业主小组决定的事项，与业主大会作出的决定有抵触的，业主委员会应当及时告知；业主小组未及时改正的，业主委员会应当组织召开业主大会临时会议予以讨论，并作出决议。

4. 推选业主代表参加业主大会会议的，业主代表应当于参加会议前3日，就业主大会会议表决的事项书面征求其所代表业主的意见，业主代表不能代替业主本人作出决定。表决书应当经业主本人签字后，由业主代表送达业主大会会议投票表决。

5. 业主可以委托代理人参加业主大会会议、业主小组会议，代理人应当持业主书面委托书并根据委托内容投票表决。

6. 业主大会发生下列情形之一的，应当由业主委员会向社会公告，并向物业所在地的街道办事处、乡镇人民政府做书面报告，在街道办事处、乡镇人民政府的指导下，做好财务清算工作：

(1)建筑物灭失的；

(2)物业管理区域发生变化的；

(3)其他原因导致业主大会事实灭失的。

财务清算结束后30日内，业主委员会应按规定向有关部门办理业主大会注销以及业主大会、业主委员会印章注销等手续，因为物业管理区域合并导致业主大会解散的，业主委员会将保管的其他档案资料移交给调整后物业管理区域内的业主委员会，建筑物灭失的或其他原因导致业主大会事实灭失的，业主大会将保管的其他档案资料移交给当地街道办事处、乡镇人民政府。

7. 业主委员会委员资格、人数、任期、更换、候补及补选办法、会议形式、议事规则和工作制度。

(1)业主委员会的产生:业主委员会由业主大会会议选举产生,向业主大会负责并报告工作,受业主监督。

(2)业主委员会主任、副主任的产生:业主委员会主任和副主任在全体委员中推举或选举产生,业主委员会主任或者副主任委员资格终止的,业主委员会应及时召开会议,重新选举产生业主委员会主任或者副主任。

(3)业主委员会会议种类:业主委员会会议分为定期会议和临时会议。

有下列情形之一的,业主委员会应当自业主提议和情形发生之日起7日内组织召开业主委员会临时会议:

①经三分之一以上业主委员会委员提议;

②业主委员会主任认为有必要的;

③业主委员会就业主提议形成议案的。

业主委员会委员不得委托他人出席业主委员会会议。

(4)业主委员会议事规则和工作制度:业主委员会会议由业主委员会主任或其委托的副主任负责召集和主持,业主委员会应当做好会议的书面记录。业主委员会作出决议或决定应至少有超过备案全体委员半数以上的委员的同意且书面签署。

业主可以查阅、抄录和复制业主委员会所有会议资料,并有权就涉及自身利益的事项向业主委员会提出询问,业主委员会应当在接受询问之日起7日内予以答复。涉及业主个人隐私的,应当征得相关业主本人同意。

(5)业主委员会决定的效力:业主委员会作出的决定,对业主委员会委员和业主具有约束力,业主委员会委员和业主必须共同遵守;持不同意见的委员、业主不得抵制业主委员会决定的贯彻执行,不得干扰业主委员会的正常工作。

业主委员会作出的决定违反法律、法规和规章的,业主可以向物业所在地的街道办事处、乡镇人民政府举报,由受理单位依法处理;业主委员会作出的决定侵害业主合法权益的,受侵害的业主可以依法请求人民法院予以撤销。

8. 业主大会、业主委员会等业主大会其他执行机构经费的筹集、使用和管理制度。

业主大会和业主委员会等业主大会其他执行机构的工作经费由全体业主分摊

或者从经营物业共用部分收益中提取,归全体业主共有,不得强制要求物业服务企业或其他管理人承担。

业主大会的财务管理由业主委员会负责,财务管理人员由负责人、会计和出纳组成,负责人由业主委员会推选的一名委员担任。财务管理人员不能继续履行职责时,业主委员会应及时确定接管人员。

9. 业主大会、业主委员会印章和档案等管理制度。业主大会和业主委员会依据各自的职责范围使用印章。每次印章使用应当有记录,记录内容包括申请使用人姓名、用途、盖章人姓名。记录应当存档,供业主查阅。

【文书范例 25】 ××小区首次业主大会会议召开方案(纸质投票)

××小区首次业主大会会议召开方案

根据《中华人民共和国民法典》《物业管理条例》《北京市物业管理条例》及相关法律、法规的规定,结合本物业管理区域内的实际情况,在____区____街道办事处的指导下,由业主代表、建设单位、社区党组织、居民委员会共____人,于____年____月____日成立××小区首次业主大会会议筹备组(以下简称筹备组),经筹备组研究决定,制定本工作方案:

一、首次业主大会会议召开方式

筹备组决定以书面征求意见形式召开首次业主大会会议。

二、首次业主大会会议表决方式

筹备组决定采取收发纸质表决票的形式表决首次业主大会相关议题。

以纸质投票召开首次业主大会会议的,由筹备组派_名工作人员将业主大会议事规则(草案)、管理规约(草案)、首次业主大会会议召开方案(本方案)、业主委员会委员候选人简历以及《本物业管理区域首次业主大会会议表决票》等文件公示。

业主本人应当按照《本物业管理区域首次业主大会会议表决票》中的要求和形式进行表决。首次业主大会会议投票开始后,经业主本人签字后投放到××小区________(具体位置)。业主授权其他业主或者物业使用人投票的,应当出具书面授权委托书。

三、首次业主大会会议召开时间

筹备组决定于××××年××月××日至××××年××月××日,在本物业管理区域内召开首次业主大会会议。首次业主大会会议会期为____天。因故无法按期完成会议投票的,筹备组将讨论在物业管理区域内公告相关情况及延长期限,但延长期限最长不得超过15日。

四、首次业主大会会议文件收发地点

筹备组决定在××小区______(地点)收发《本物业管理区域首次业主大会会议表决票》,并于××××年××月××日举行开票活动。

五、首次业主大会会议决议事项

1.《××小区管理规约》;

2.《××小区业主大会议事规则》;

3.选举产生业主委员会委员和候补委员;

4.其他事项。(如解聘、续聘物业管理公司等事宜,若无,请删除)

六、首次业主大会会议表决规则

决议以上事项,应当由专有部分面积占比2/3以上的业主且人数占比2/3以上的业主参与表决。决定前款事项,应当经参与表决专有部分面积过半数的业主且参与表决人数过半数的业主同意。

业主的表决权按照面积和人数计算。

(一)业主的面积表决权数按照下列方法认定:

1.专有部分面积,按照不动产登记簿记载的面积计算;尚未进行不动产登记的,暂按测绘机构的实测面积计算;尚未进行实测的,暂按房屋买卖合同记载的面积计算。

2.建筑物总面积,按照前项的统计总和计算。

(二)业主的人数表决权数按照下列方法认定:

1.业主人数,按照专有部分的数量计算,一个专有部分按一人计算。但建设单位尚未出售和虽已出售但尚未交付的部分,以及同一买受人拥有一个以上专有部分的,按一人计算。

2.总人数,按照前项的统计总和计算。

按照规划建设的已经办理了不动产登记的车库、车位,按照不动产登记簿记载的面积计算;尚未进行不动产登记但是具有销售(预售)许可证的车库、车位,按测绘机构的实测面积计算;尚未进行实测的,暂按买卖合同记载的面积计算。按照规划建设的人防工程面积不计算投票权。

根据以上表决规则和本物业管理区域内业主及其专有部分面积明细表(见附件)确立各业主的表决权。

七、筹备及召开首次业主大会会议费用预算明细及费用结算方案

按照《北京市物业管理条例》和《北京市住宅区业主大会和业主委员会指导规则》的规定,建设单位应当承担筹备及召开首次业主大会会议所需费用。结合本小区物业管理的实际情况,筹备组将与建设单位友好协商共同确定首次业主大会会议所需要的费用。

如建设单位拒不履行承担筹备及召开首次业主大会会议所需费用义务的,不影响筹备及召开首次业主大会会议的活动。

八、筹备组的解散

筹备组成员辞职或者其他原因造成筹备组不能履行职责的或者逾期未完成筹备工作的,筹备组应当在物业管理区域内显著位置公告并说明理由,筹备组自公告之日起自动解散,符合《北京市住宅区业主大会和业主委员会指导规则》第十条规定的,业主可以重新申请成立业主大会。

业主大会成立,业主委员会备案完成后,筹备组应当解散并将相关资料移交给业主委员会。

附件:本物业管理区域内业主及其专有部分面积明细表(略)

××小区首次业主大会会议筹备组全体成员(签字):__________

××××年××月××日

【文书范例26】 ××小区首次业主大会会议召开方案(互联网投票)

××小区首次业主大会会议召开方案

根据《中华人民共和国民法典》《物业管理条例》《北京市物业管理条例》及相关法律、法规的规定,结合本物业管理区域内的实际情况,在____区____街道办事处的指导下,由业主代表、建设单位、社区党组织、居民委员会共____人,于____年____月____日成立××小区首次业主大会会议筹备组(以下简称筹备组),经筹备组

研究决定,制定本工作方案:

一、首次业主大会会议召开方式

筹备组决定以互联网表决形式召开首次业主大会会议。

二、首次业主大会会议表决方式

筹备组决定采用“北京业主”APP 投票的形式表决首次业主大会相关议题。

三、首次业主大会会议召开时间

筹备组决定于××××年××月××日至××××年××月××日,在本物业管理区域内召开首次业主大会会议。首次业主大会会议会期为____天。因故无法按期完成会议投票的,筹备组将讨论在物业管理区域内公告相关情况及延长期限,但延长期限最长不得超过 15 日。

四、首次业主大会会议文件获取方式

筹备组将在会前将会议文件上传至“北京业主”APP,全体业主均可通过“北京业主”APP 进行查询。如业主需要纸质版本,请联系筹备组获取相关文件。

五、首次业主大会会议决议事项

1.《××小区管理规约》;

2.《××小区业主大会议事规则》;

3. 选举产生业主委员会委员和候补委员;

4. 其他事项。(如解聘、续聘物业管理公司等事宜,若无,请删除)

六、首次业主大会会议表决规则

决议以上事项,应当由专有部分面积占比 2/3 以上的业主且人数占比 2/3 以上的业主参与表决。决定前款事项,应当经参与表决专有部分面积过半数的业主且参与表决人数过半数的业主同意。

业主的表决权按照面积和人数计算。

(一)业主的面积表决权数按照下列方法认定:

1. 专有部分面积,按照不动产登记簿记载的面积计算;尚未进行不动产登记的,暂按测绘机构的实测面积计算;尚未进行实测的,暂按房屋买卖合同记载的面积计算。

2. 建筑物总面积,按照前项的统计总和计算。

(二)业主的人数表决权数按照下列方法认定:

1. 业主人数,按照专有部分的数量计算,一个专有部分按一人计算。但建设单位尚未出售和虽已出售但尚未交付的部分，以及同一买受人拥有一个以上专有部分的，按一人计算。

2. 总人数，按照前项的统计总和计算。

按照规划建设的已经办理了不动产登记的车库、车位，按照不动产登记簿记载的面积计算；尚未进行不动产登记但是具有销售（预售）许可证的车库、车位，按测绘机构的实测面积计算；尚未进行实测的，暂按买卖合同记载的面积计算。按照规划建设的人防工程面积不计算投票权。

根据以上表决规则和本物业管理区域内业主及其专有部分面积明细表（见附件）确立各业主的表决权。

七、筹备及召开首次业主大会会议费用预算明细及费用结算方案

按照《北京市物业管理条例》和《北京市住宅区业主大会和业主委员会指导规则》的规定，建设单位应当承担筹备及召开首次业主大会会议所需费用。结合本小区物业管理的实际情况，筹备组将与建设单位友好协商共同确定首次业主大会会议所需要的费用。

如建设单位拒不履行承担筹备及召开首次业主大会会议所需费用义务的，不影响筹备及召开首次业主大会会议的活动。

八、筹备组的解散

筹备组成员辞职或者其他原因造成筹备组不能履行职责的或者逾期未完成筹备工作的，筹备组应当在物业管理区域内显著位置公告并说明理由，筹备组自公告之日起自动解散，符合《北京市住宅区业主大会和业主委员会指导规则》第十条规定的，业主可以重新申请成立业主大会。

业主大会成立，业主委员会备案完成后，筹备组应当解散并将相关资料移交给业主委员会。

附件：本物业管理区域内业主及其专有部分面积明细表（略）

××小区业主大会会议筹备组全体成员（签字）：__________

××××年××月××日

【文书范例 27】××小区业主委员会委员候选人、监事会监事候选人条件及产生办法

××小区业主委员会委员候选人、监事会监事候选人条件及产生办法

依据《北京市物业管理条例》第三十二条的规定，筹备组应当开展以下工作，并就其确定的事项在首次业主大会会议召开15日前在物业管理区域内显著位置公示：

（一）确认业主身份、人数及所拥有的专有部分面积；

（二）制定首次业主大会会议召开方案；

（三）拟订管理规约和业主大会议事规则草案；

（四）制定业主委员会委员候选人产生办法，确定业主委员会委员候选人、监事会监事候选人名单；

（五）制定业主委员会选举办法；

（六）完成召开首次业主大会会议的其他准备工作。

为了公正、公平、公开选出业主委员会委员候选人、监事会监事候选人，筹备组按照法规要求，结合小区实际情况，制定本办法。

一、业主委员会委员候选人、监事会监事候选人报名的基本条件

（一）遵纪守法、热心公益事业、责任心强、具有一定组织能力；

（二）具有完全民事行为能力；

（三）符合业主委员会委员候选人、监事会监事候选人产生办法中关于居住期限的要求；

（四）按时足额交纳物业费、不存在欠缴专项维修资金及其他需要业主共同分担费用的情况；

（五）本人、配偶及其直系亲属与物业服务人无直接的利益关系；

（六）未被列为失信被执行人；

（七）未有《北京市物业管理条例》规定的房屋使用禁止规定的行为；

（八）未有法律法规规定的其他不宜担任业主委员会委员、监事会监事的情形。

二、业主委员会委员候选人、监事会监事候选人报名的禁止性条件

（一）损坏、擅自拆改建筑物承重结构、主体结构；

（二）擅自利用共用部位、共用设施设备进行经营；

（三）违法搭建建筑物、构筑物、障碍物或者私挖地下空间；

（四）违反国家规定，制造、储存、使用、处置爆炸性、毒害性、放射性、腐蚀性物质或者传染病病原体等危险物质；

（五）违规私拉电线、电缆为电动汽车、电动自行车、电动摩托车和电动三轮车等充电；

（六）擅自拆改供水、排水、再生水等管线；

（七）从建筑物中抛掷物品；

（八）制造超标噪声；

（九）侵占绿地、毁坏绿化植物和绿化设施；

（十）擅自通过设置地锁、石墩、栅栏等障碍物和乱堆乱放杂物等方式，占用、堵塞、封闭消防通道、疏散通道等共用部位，或者损坏消防设施等共用设施设备；

（十一）擅自改变物业规划用途；

（十二）违反规定饲养动物；

（十三）违反规定出租房屋。

三、业主委员会委员候选人、监事会监事候选人报名的优先条件

业主或业主代表在以上条件都满足的基础上，符合以下条件的优先考虑：

（一）拥护中国共产党领导；

（二）人大代表、政协委员、自管党员、在职党员；

（三）符合“五好”“十不能”；

（四）热心小区公益事业，支持社区党委、居民委员会的各项工作；

（五）身体健康，有必要的工作时间。

四、业主委员会委员候选人、监事会监事候选人产生方式

（一）社区党组织推荐；

（二）居民委员会、村民委员会推荐；

（三）业主自荐或者联名推荐。

五、业主委员会委员候选人、监事会监事候选人产生流程

业主决定参选业主委员会委员、监事会监事可以自荐，也可以由__名以上的业主联名推荐产生。业主联名推荐的，应同时提交被推荐人的同意参选书面证明。

本物业管理区域内业主可以凭房屋权属证书和身份证于××××年××月××日至

××××年××月××日到______小区__________(具体位置)领取《业主委员会委员候选人自荐表》《业主委员会委员候选人推荐表》《监事会监事候选人自荐表》《监事会监事候选人推荐表》,并于××××年××月××日____时前将《业主委员会委员候选人自荐表》《业主委员会委员候选人推荐表》《监事会监事候选人自荐表》《监事会监事候选人推荐表》交回____社区居民委员会,过期不予登记。

业主委员会委员候选人、监事会监事候选人产生后,筹备组将于××××年××月××日至××××年××月××日在本物业管理区域内公示候选人名单和简历。

本物业管理区域内拟定业主委员会委员名额为____名,候补委员为____名,监事会监事____名。

业主是法人或者非法人组织的,可以授权自然人参加业主委员会委员候选人、监事会监事候选人的推荐。一个物业管理区域内,一名自然人只能代表一个法人或者非法人组织。

筹备组将根据业主委员会委员候选人、监事会监事候选人产生办法在按照前款方式推荐的人员中确定业主委员会委员候选人、监事会监事候选人名单,报社区党组织。

社区党组织引导和支持业主中的党员积极参选业主委员会委员、监事会监事,通过法定程序担任业主委员会委员、监事会监事。

××小区首次业主大会会议筹备组全体成员(签字):__________

××××年××月××日

【文书范例28】 ××小区业主委员会选举办法(纸质投票)

××小区业主委员会选举办法

第一条 根据国务院《物业管理条例》《北京市物业管理条例》相关规定,结合××地区××小区业主大会成立工作实际,特制定本办法。

第二条 北京市××地区××小区业主大会选举业主委员会委员××人,候补××人,共计××人。

第三条 选举由××小区首次业主大会会议筹备组主持。

第四条 本次会议选举的业主委员会委员候选人,由社区党组织推荐,居民委员会、村民委员会推荐和业主自荐或者联名推荐的方式产生。××小区首次业主大会会议筹备组依据《××小区业主委员会候选人条件及产生办法》确定业主委员会委员候选人名单，在首次业主大会召开前15日内在小区公示。

第五条 本次会议选举的业主委员会委员实行等额/差额选举。

第六条 业主大会选举采取无记名投票的方式进行。

第七条 业主对选票上的候选人可以投赞成票，可以投反对票或者弃权。

投赞成票的，在候选人姓名上方/下方的空格内画"√"，投反对票的，在候选人姓名上方的空格内画"×"，既不画"√"又不画"×"的为弃权票。

每一选票所选的人数，等于或少于应选人数的为有效票，多于应选人数的为无效票。

填写选票应当用钢笔或签字笔，字迹要清楚，符号要准确。如因填写模糊，无法辨认，属于全票模糊的全票作废，部分模糊的部分作废。

第八条 选票由业主本人投入票箱，业主需携带业主本人身份证和不动产权属证书原件。

业主因故不能参加业主大会会议的，可以书面委托代理人参加业主大会会议。代理人需携带代理人本人身份证、业主本人身份证、不动产权属证书原件及复印件和业主签名的书面委托书。

第九条 投票结束后，由首次业主大会筹备组招募的监票、计票人员或者筹备组的人员将投票人数和票数加以核对，作出记录，并由监票人签字。

第十条 候选人经专有部分占建筑物总面积过半数的业主且占总人数过半数的业主赞成的，始得当选。

如遇票数相等不能确定当选人时，应当就票数相等的候选人再次投票，以得票多者当选。

第十一条 选举结果当场宣布，所有选票应当保留备查。

第十二条 本选举办法未尽事宜按我国法律、法规和相关物业管理规定执行。

【文书范例29】 ××小区业主委员会选举办法(互联网投票)

××小区业主委员会选举办法

第一条 根据《中华人民共和国民法典》《物业管理条例》《北京市物业管理条

例》《北京市住宅区业主大会和业主委员会指导规则》等法律法规关于物业管理的相关规定，制定本办法。

第二条　业主委员会由首次业主大会筹备组在相关政府部门的指导下，按本办法选举产生。

第三条　业主委员会的委员由业主大会选举产生。业主委员会委员每届任期五年，可以连选连任。业主委员会委员的人数为____名，候补委员____名，业主委员会选举产生主任1名和副主任1名。

第四条　业主委员会委员、候补委员应当为本物业管理区域的自然人业主或者单位业主授权的自然人代表。

业主是自然人的，应当符合下列条件：

（一）遵纪守法、热心公益事业、责任心强、具有一定组织能力；

（二）具有完全民事行为能力；

（三）符合业主委员会委员候选人产生办法中关于居住期限的要求；

（四）按时足额交纳物业费、不存在欠缴专项维修资金及其他需要业主共同分担费用的情况；

（五）本人、配偶及其直系亲属与物业服务人无直接的利益关系；

（六）未被列为失信被执行人；

（七）未有《北京市物业管理条例》规定的房屋使用禁止规定的行为；

（八）未有法律法规规定的其他不宜担任业主委员会委员的情形。

为推动在业主委员会中建立党组织，发挥党建引领作用，本办法内同等条件下党员优先。

第五条　业主委员会委员候选人可由社区党组织推荐、居民委员会或村民委员会推荐和业主自荐或者联名推荐等方式产生。

业主自荐或者被推荐人数较多的，由筹备组进行表决。并由业主大会筹备组进行最后资格确认，报社区党组织。

业主委员会委员候选人产生后公示时间不得少于7天。

第六条　业主委员会选举，由业主大会筹备组自成立之日起60日内，组织召开首次业主大会选举产生。

第七条　业主委员会委员的选举，以采用互联网投票（“北京业主”APP）形式表决，业主对于委员候选人可以投赞成票、反对票，也可以弃权。

第八条 投票结束后，业主投票结果在投票截止日期后一个工作日内，由“北京业主”APP系统根据票权计算规则算出投票范围内的总票权（作为分母），以及各选项的分票权（作为分子），计算出各选项的票权投票率。同时计算投票范围内的房屋总面积（作为分母），各选项投票的分面积（作为分子），计算出各选项的面积投票率。

第九条 业主委员会选举应当由专有部分面积占比三分之二以上的业主且人数占比三分之二以上的业主参与表决，并经参与表决专有部分面积过半数的业主且参与表决人数过半数的业主同意的，选举有效。

第十条 业主委员会委员选举采取差额选举办法，差额人数不超过____人。依据得票数顺序产生委员和候补委员。

第十一条 如遇票数相等不能确定当选人时，应当计算票数相等的候选人所获选票对应的专有部门面积，以面积数多的当选。

第十二条 选举结果应当自投票结果产生之日起3日内在物业管理区域内显著位置公示。业主委员会应当自选举之日起7日内召开首次会议，在业主委员会委员中推选业主委员会主任和副主任，并在推选完成之日起3日内，在物业管理区域内显著位置公示业主委员会主任、副主任和其他委员的名单。

第十三条 首次业主大会选举产生的业主委员会，应当自选举产生之日起30日内，向所在区物业管理行政主管部门申请登记备案。同意备案日期为业主委员会成立日期。

第十四条 业主委员会成立时，业主大会筹备组的工作职责终止，宣布解散。

第十五条 本选举办法未尽事宜按我国法律、法规和相关物业管理规定执行。若与国家法律、法规相抵触，按国家法律、法规执行。

（二）注意事项

制定《××小区管理规约（征求意见稿）》《××小区业主大会议事规则（征求意见稿）》《××小区首次业主大会会议召开方案（征求意见稿）》《业主委员会委员候选人产生办法（征求意见稿）》等文件时，应当注意如下事项：

1.《××小区管理规约（征求意见稿）》《××小区业主大会议事规则（征求意见稿）》《××小区首次业主大会会议召开方案（征求意见稿）》《业主委员会委员候选人产生办法（征求意见稿）》可以在不违反法律法规的强制性规定的前提下作出变化，文件内容与现行法律法规有冲突的，仍应当以法律法规为准。

2. 每个小区的具体情况不一致,筹备组应该根据实际情况拟写前述文稿,尤其是《××小区管理规约(征求意见稿)》和《××小区业主大会议事规则(征求意见稿)》。

3. 在某些老旧小区或者分批开发交付的小区,小区四至的确定存在现实障碍,建议筹备组对此问题予以关注。

4. 在某些拆迁安置房、廉租房、经济适用房或商品房混杂的小区,业主之间的诉求差距非常明显,建议筹备组对此问题予以高度关注。

5. 筹备组确定上述四个文件时,应当在每一份文件的每一页上签字。

6. 首次业主大会会议筹备组可能还需要制定解聘或者选聘物业服务公司的方案或议题、《小区车位使用和管理规范》或者《公共收益使用和管理规范》等文件。

根据每个小区的不同情况,部分小区在物业服务公司或者公共收益等方面诉求强烈,可能需要制定相关议案交全体业主表决。

三、发布筹备组制定的文件并接受业主的意见和建议

(一)具体程序

《××小区管理规约(征求意见稿)》《××小区业主大会议事规则(征求意见稿)》《××小区首次业主大会会议召开方案(征求意见稿)》《业主委员会委员候选人产生办法(征求意见稿)》等文件制定完成后,筹备组应该及时公示前述文件,公示时间不少于7日。公示期间,筹备组应该接受业主问询并收集业主修改意见。

【文书范例30】 关于发布《××小区管理规约(征求意见稿)》《××小区业主大会议事规则(征求意见稿)》《××小区首次业主大会会议召开方案(征求意见稿)》《业主委员会委员候选人产生办法(征求意见稿)》的通知

关于发布《××小区管理规约(征求意见稿)》《××小区业主大会议事规则(征求意见稿)》《××小区首次业主大会会议召开方案(征求意见稿)》《业主委员会委员候选人产生办法(征求意见稿)》的通知

××小区全体业主:

××小区首次业主大会会议筹备组根据《北京市物业管理条例》《北京市住宅区业主大会和业主委员会指导规则》,参照示范文本,结合本小区实际情况,研究拟定

了关于发布《××小区管理规约(征求意见稿)》《××小区业主大会议事规则(征求意见稿)》《××小区首次业主大会会议召开方案(征求意见稿)》《业主委员会委员候选人产生办法(征求意见稿)》的通知。

现向全体业主公开征求意见,各位业主可以通过××小区公告栏、××小区业主微信群和本通知等了解相关内容,并于××××年××月××日前以书面方式通过信件或者电子邮件将意见反馈给筹备组。

特此通知。

附件:1.《××小区管理规约(征求意见稿)》

2.《××小区业主大会议事规则(征求意见稿)》

3.《××小区首次业主大会会议召开方案(征求意见稿)》

4.《业主委员会委员候选人产生办法(征求意见稿)》

联系人:__________

联系电话:__________

电子邮箱:__________

××小区首次业主大会会议筹备组(签字):__________

××××年××月××日

(二)注意事项

发布筹备组制定的文件并接受业主的意见和建议时,应当注意如下事项:

1. 如业主对上述《××小区管理规约(征求意见稿)》《××小区业主大会议事规则(征求意见稿)》《××小区首次业主大会会议召开方案(征求意见稿)》的内容有异议,应当向筹备组提出书面异议。

2.《业主委员会委员候选人产生办法》中应当规定等额选举/差额选举,采用差额选举方式的,应当规定差额人数,以上规定应形成书面的会议纪要并由筹备组半数以上成员签名。

3.《××小区首次业主大会会议召开方案(征求意见稿)》应该明确业主大会的投票方式,现阶段建议采用“北京业主”APP 投票。

四、发布正式的《业主委员会委员候选人产生办法》《××地区××小区业主委员会选举办法》并接受业主报名

（一）具体程序

公示期满之后，筹备组应该及时发布《业主委员会委员候选人产生办法》和《××地区××小区业主委员会选举办法》并接受业主的报名。如果在公示期间，筹备组收到修改意见和建议，那么，筹备组应该召开会议讨论意见和建议的合理性和合法性，吸收合理合法的意见，并再次公示经修改的《业主委员会委员候选人产生办法》。如果业主意见不予接受，建议筹备组与业主沟通，避免产生矛盾和冲突。

【文书范例 31】 关于发布《××小区业主委员会委员候选人产生办法》《××小区业主委员会选举办法》并接受业主报名的通知

关于发布《××小区业主委员会委员候选人产生办法》
《××小区业主委员会选举办法》并接受业主报名的通知

××小区全体业主：

××小区首次业主大会会议筹备组根据《北京市物业管理条例》《北京市住宅区业主大会和业主委员会指导规则》《××小区首次业主大会会议召开方案》，参照示范文本，结合本小区实际情况，研究拟定了《××小区业主委员会委员候选人产生办法》（征求意见稿）和《××小区业主委员会选举办法（征求意见稿）》，并于××××年××月××日向全体业主公开征求意见。××小区首次业主大会会议筹备组根据公示期间收到的意见和建议修改了《××小区业主委员会委员候选人产生办法》（征求意见稿）等文件，现将《××小区业主委员会委员候选人产生办法》和《××小区业主委员会选举办法》正式发布并自××××年××月××日至 ××××年××月××日正式接受业主报名。

一、拟报名业主到社区________（地点）领取自荐表，并按照要求将自荐及全部相关材料在截止时间前交到××社区居民委员会。逾期视为无效。

报名日期：××××年××月××日至××月××日

报名时间：9：00~11：00　14：00~17：00　（周六、日不休息）

报名地点：××社区居民委员会××办公室

二、报名提交资料

1. 业主自荐资料：填写完全且本人签名的业主自荐表、本人业主身份证明（不动产权属证书和身份证复印件）；

2. 法人单位业主委托代表资料：填写完全且经法人单位盖章的业主自荐表、授权委托书、法人单位业主身份证明；

3. 社区居民委员会推荐资料：填写完全并经被推荐人签名同意加盖社区居民委员会公章的组织推荐表、被推荐人的业主身份证明。

三、人员确定

报名截止后，首次业主大会会议筹备组将汇总人员自荐、推荐情况，核实业主代表有关条件要求，结合小区实际情况，确定业主委员会委员候选人初步名单，报社区党组织和街道办事处确定后在小区物业管理区域内显著位置公示。

特此公告。

附件：《××小区业主委员会委员候选人产生办法》

联系人：__________

联系电话：__________

××小区首次业主大会会议筹备组

××××年××月××日

【文书范例32】××小区业主委员会委员候选人推荐表

××小区业主委员会委员候选人推荐表

填表日期：______年____月____日

<table>
<tr><td rowspan="5">被推荐人基本情况</td><td colspan="2">姓名</td><td colspan="2"></td><td colspan="2">性别</td><td colspan="2"></td><td colspan="2">楼号房号</td><td colspan="2"></td></tr>
<tr><td colspan="2">出生年月</td><td colspan="2"></td><td colspan="2">政治面貌</td><td colspan="2"></td><td colspan="2">文化程度</td><td colspan="2"></td></tr>
<tr><td colspan="3">工作单位</td><td colspan="3"></td><td colspan="3">联系电话</td><td colspan="3"></td></tr>
<tr><td colspan="12">个人简历</td></tr>
<tr><td colspan="12">

被推荐人（签章）：__________</td></tr>
</table>

续表

推荐单位推荐意见	居民委员会/村民委员会(签章):__________

附:被推荐人本人身份证和不动产权属证书复印件

【文书范例33】 ××小区业主委员会委员候选人自荐表

××小区业主委员会委员候选人自荐表

填表日期:______年____月____日

自荐人基本情况	姓名		性别		楼号房号	
	出生年月		政治面貌		文化程度	
	工作单位		联系电话			
	个人简历					
	(填表说明:如果是自然人业主,建议主要阐述何时入住本小区、主要参与的小区公共事务、是否有足够的时间参与筹备组工作等;如果是法人或者非法人业主,建议介绍单位情况和业主在本小区物业的基本情况) 自荐人(签章):__________					
承诺	1. 本人具有完全民事行为能力。 2. 本人承诺提交的材料真实、有效。 3. 本人自愿参选××小区业主委员会委员。 4. 本人保证积极履行业主职责,遵守《北京市物业管理条例》的相关规定。 5. 本人承诺符合《北京市物业管理条例》关于业主委员会委员的相关任职资格。如不符合,自愿退出业主委员会委员选举工作。 承诺人(签章):__________					

附:自荐人本人身份证和不动产权属证书复印件

（二）注意事项

发布正式的《业主委员会委员候选人产生办法》并接受业主报名时，应当注意如下事项：

1. 业主委员会委员候选人报名时业主携带的材料与筹备组成员中业主代表报名时携带的材料相同，法律法规依据也相同。筹备组可以边接受报名边审核报名人员资格，以便如期召开首次业主大会会议。

2. 此阶段是矛盾非常集中的时期，筹备组需要关注业主的报名情况并及时沟通。

五、修改《××小区管理规约（征求意见稿）》《××小区业主大会议事规则（征求意见稿）》《××小区首次业主大会会议召开方案（征求意见稿）》，审核报名业主委员会委员候选人的任职的资格

（一）修改程序

根据业主书面提出的异议，筹备组修改《××小区管理规约（征求意见稿）》《××小区业主大会议事规则（征求意见稿）》《××小区首次业主大会会议召开方案（征求意见稿）》《业主委员会委员候选人产生办法（征求意见稿）》并签字。同时汇总报名业主委员会委员候选人提供的报名资料，向其他部门核实报名业主的具体情况，审核其资格。会议上筹备组应确定报名情况公告并签字，在物业管理区域内公示，公告期不少于7日。

【文书范例34】 关于××小区业主委员会委员候选人报名情况的通告

关于××小区业主委员会委员候选人报名情况的通告

××小区全体业主：

筹备组自××××年××月××日至××月××日共收到××位报名业主委员会委员候选人，具体名单如下：

姓名	性别	年龄	政治面貌	工作单位	住址	备注

如对以上报名人员参选业主委员会委员有异议的，请于××××年××月 ××日前向筹备组提出。

联系人：________________

联系电话：________________

××小区首次业主大会会议筹备组

××××年××月××日

【文书范例35】关于××小区报名业主委员会委员候选人物业费交费等情况的核实函

关于××小区报名业主委员会委员候选人物业费交费等情况的核实函

××物业管理有限责任公司：

现就××小区业主报名委员会委员候选人事宜，需贵公司协助核实贵公司为××小区提供物业管理服务期间以下人员的相关交费情况。需要协助查询人员：

1. ×××

2. ×××

3. ×××

……

请确认以上业主在贵公司为××小区提供物业管理服务期间是否做到以下几点：

1. 按时足额交纳物业费；

2. 不存在其他需要业主共同分担费用的欠费情况；

3. 未有《北京市物业管理条例》规定的房屋使用禁止规定的行为(违法建设);

4. 本人、配偶及其直系亲属与物业管理人无直接的利益关系。

请提供上述业主的物业服务合同和交纳物业费收据复印件并加盖单位公章。如有相关情况说明,请一并附上。

请贵公司于××月××日前书面回复核实情况。

情况核实表					
序号	姓名	是否欠缴物业费	是否欠缴其他需要业主共同分担费用	是否存在违法建设	是否与物业管理人有直接的利益关系

××社区居民委员会党委

××小区首次业主大会会议筹备组组长(签字):______

××××年××月××日

(二)注意事项

修改《××小区管理规约(征求意见稿)》《××小区业主大会议事规则(征求意见稿)》《××小区首次业主大会会议召开方案(征求意见稿)》,审核报名业主委员会委员候选人的任职的资格时,要注意如下事项:

1. 筹备组认为业主书面异议成立的,应当根据异议修改文件内容;业主书面异议不成立的或违反法律法规强制性规定的,筹备组出具异议答复信,说明不予修改的理由。

2. 上述三文件征求意见稿修改后为定稿、表决稿,仍由筹备组成员在每一份文件的每一页上签字。如无业主提出书面异议,则征求意见稿变为定稿、表决稿,由筹备组出具情况说明即可。

六、公示《××小区管理规约(表决稿)》《××小区业主大会议事规则(表决稿)》《××小区首次业主大会会议召开方案(定稿)》,确定合格的业主委员会委员候选人名单

筹备组会议确定的《××小区管理规约(表决稿)》《××小区业主大会议事规则

(表决稿)》《××小区首次业主大会会议召开方案(定稿)》应当及时公示。根据相关部门核实的情况,筹备组应该讨论决定符合任职资格的业主委员会委员候选人。

七、上报社区党委符合任职资格的业主委员会委员候选人,由社区党委确定业主委员会委员候选人名单并公示

(一)具体程序

筹备组将符合任职资格的业主委员会委员候选人报名情况上报社区党委。社区党委可以通过召集党委成员、党支部书记、居民代表(业主身份)、居民监督委员会成员等多方参加会议的方式,依照《业主委员会委员候选人产生办法》规定的候选人人数确定候选人名单,也可以通过合格的业主互相推荐的方式产生候选人,候选人最终名单按照推荐票数顺序确定。

社区党组织应该引导和支持业主中的党员积极参选业主委员会委员,通过法定程序担任业主委员会委员。

社区党委确定业主委员会委员候选人名单后,筹备组应将名单公示 7 日以上,期间业主可以对候选人书面提出异议,筹备组应当审查被质疑的候选人资料并及时作出情况说明,确有问题的,应当及时召开筹备组会议并更换人选。

【文书范例 36】 **关于××小区业主委员会委员候选人名单的公告**

关于××小区业主委员会委员候选人名单的公告

××小区全体业主:

筹备组共接到××位业主报名本小区业主委员会委员候选人,于 ××××年××月××日至××月××日向全体业主进行公示,其中××人符合业主委员会委员任职资格。

经××社区党委通过××××方式最终确定候选人名单,现将名单进行公告,公示时间为 7 日。业主可以登录“北京业主”APP、通过小区公告栏和××小区业主微信群了解候选人详细信息,并于首次业主大会会议期间对其进行投票表决。

姓名	性别	年龄	工作单位	住址	备注

××小区首次业主大会会议筹备组全体成员(签字):__________

××××年××月××日

(二)注意事项

1. 社区党组织可以向筹备组推荐候选人。筹备组确定候选人后最终候选人名单由社区党委确定。

2. 社区党委可以采用与每位候选人座谈等方式了解候选人,最终候选人确定的会议应当形成会议纪要并说明选出、落选的理由。

3. 业主对候选人有异议的,应当书面提出异议,对于筹备组不掌握的资料,业主应当提供相应的书面证据。筹备组应当在公示期结束前核实相关情况并作出及时回复。

4. 依据北京市委组织部《关于党建引领物业服务企业和业主委员会建设的指导意见》(京组通〔2019〕37 号)的相关规定,召开方案中应当载明业主委员会委员中党员比例高于 50%。

第八节　发布会议通知

一、发布召开首次业主大会会议的通知,公示《××小区管理规约(表决稿)》《××小区业主大会议事规则(表决稿)》《××小区首次业主大会会议召开方案(定稿)》和业主委员会委员候选人名单

筹备组召开会议确定召开首次业主大会会议的通知,会议通知包括首次业主大会会议议题和需要业主表决的内容。该通知应该在首次业主大会会议召开 15

日前在物业管理区域内显著位置公示。

【文书范例37】关于召开××小区首次业主大会会议的通知(纸质投票)

关于召开××小区首次业主大会会议的通知

根据《中华人民共和国民法典》《北京市物业管理条例》等相关法律法规的规定,××小区首次业主大会会议筹备组将组织召开首次业主大会会议,请各位业主依照《北京市物业管理条例》积极行使业主合法权利。

一、业主大会会议安排

1. ××××年××月××日至××××年××月××日,在小区内依法公示《××小区业主大会议事规则》《××小区管理规约》以及业主委员会委员候选人名单等。

2. 本次业主大会以书面征求意见方式召开。

3. ××××年××月××日至××××年××月××日向小区业主公布本次业主大会会议表决结果。

二、业主大会拟表决议题

1.《××小区业主大会议事规则》;

2.《××小区管理规约》;

3. 业主委员会委员及候补委员;

4. 其他需要表决的事项。

三、表决方式

1. 首次业主大会的表决采用纸质投票的方式进行。投票时间:××××年××月××日至××××年××月××日。(以下方式二选一或者全选)

(1)固定投票方式:固定票箱设置在______(地点),业主可携带身份证与不动产权属证书前往投票。

(2)流动投票方式:小区业主代表(志愿者)和××物业工作人员将协助筹备组采用持封闭选票箱上门书面征求意见,入户发放、回收"表决票"的形式。

2. 业主可在规定的时间内委托代理人参加业主大会会议表决,委托方式为书面委托,并提供业主身份证明和不动产权属证明。

3. 因故不能按上述方式表决的业主,由××小区首次业主大会会议筹备组按照业主提供的联系地址、通讯方式,通过邮件快递将"表决票"寄送给业主,征求业主的表决意见。

4. ××××年××月××日××:00,在小区______(地点)举行“开箱、验票、唱票、计票”等现场表决仪式,筹备组现场宣布表决结果。

因本次会议拟表决的文件较多,特在小区公告栏公示,请业主朋友亲往查看。

筹备组咨询电话:010-××××××××。

××小区首次业主大会会议筹备组

××××年××月××日

【文书范例38】 投票授权委托书

投票授权委托书

本人系××小区××号楼××门××室业主×××(身份证号:××××××××××××),现委托×××(身份证号:××××××××××××)代为参与首次业主大会会议投票,本人对投票的真实性负责,表决内容是本人真实意思表示。

附:本人身份证复印件,本人产权证书复印件,受托人身份证复印件。

委托人:__________

受托人:__________

××××年××月××日

【文书范例39】 关于召开××小区首次业主大会会议的通知(互联网投票)

关于召开××小区首次业主大会会议的通知

根据《中华人民共和国民法典》《北京市物业管理条例》等相关法律法规的规定,××小区首次业主大会会议筹备组将组织召开首次业主大会会议,请各位业主依照《北京市物业管理条例》积极行使业主合法权利。

一、业主大会会议安排

1. ××××年××月××日至××××年××月××日,在小区内依法公示《××小区业主大会议事规则》《××小区管理规约》以及业主委员会委员候选人名单等。

2. 本次业主大会以互联网投票方式召开。

3. ××××年××月××日至××××年××月××日向小区业主公布本次业主大会会议

表决结果。

二、业主大会拟表决议题

1.《××小区业主大会议事规则》;

2.《××小区管理规约》;

3. 业主委员会委员及候补委员;

4. 其他需要表决的事项。

三、表决方式

1. 首次业主大会会议的表决采用互联网投票("北京业主"APP)的方式进行,投票时间:××××年××月××日至××××年××月××日。

2. 业主可在规定的时间内通过"北京业主"APP 进行投票。"北京业主"APP 的使用方式参见《关于采用"北京业主"APP 进行投票的公告》。

3. ××××年××月××日××:00,在小区______(地点)宣布表决结果。

因本次会议拟表决的文件较多,特在小区公告栏公示,请业主朋友亲往查看。

同时完成认证的业主亦可在"北京业主"APP 查看会议相关文件。

筹备组咨询电话:010-××××××××。

××小区首次业主大会会议筹备组

××××年××月××日

二、公示本物业管理区域的业主总人数和建筑物总面积、业主清册

筹备组应该将确定的物业管理区域的业主总人数和建筑物总面积予以公示。

【文书范例40】关于确定业主身份、人数、专有部分面积的公告

关于确定业主身份、人数、专有部分面积的公告

根据《中华人民共和国民法典》、《物业管理条例》、《北京市物业管理条例》、住房和城乡建设部《业主大会和业主委员会指导规则》的相关规定,××小区首次业主大会会议筹备组对本物业管理区域内业主身份、人数、专有部分面积进行了确认,现公告如下:

一、业主身份的确定

房屋(包含车位与车库)的所有权人为业主。公房尚未出售的,产权单位是业

主;已出售的,购房人是业主。

业主还包括:(1)尚未登记取得所有权,但是基于买卖、赠与、拆迁补偿等旨在转移所有权的行为已经合法占有建筑物专有部分的单位或者个人;(2)因人民法院、仲裁机构的生效法律文书取得建筑物专有部分所有权的单位或者个人;(3)因继承取得建筑物专有部分所有权的个人;(4)因合法建造取得建筑物专有部分所有权的单位或者个人。

二、业主人数的确定

业主人数按照专有部分的数量计算,一个专有部分按一人计算,但建设单位尚未出售和虽已出售但尚未交付的部分,以及同一买受人拥有一个以上专有部分的,按一人计算。

上述统计规则包含车位、车库业主。车位、车库业主与住宅房屋业主为同一人的,按一人计算。

业主总人数,按照上述统计总和计算。

本物业管理区域的业主总人数为______________。

三、业主专有部分面积的确定

专有部分面积按照不动产登记簿记载的面积计算;尚未进行不动产登记的,按照测绘机构的实测面积计算;尚未进行实测的,按照房屋买卖合同记载的面积计算;没有房屋买卖合同的,按照建设工程规划许可证上载明的面积计算。

按照规划建设的已经办理了不动产登记的车库、车位,按照不动产登记簿记载的面积计算;尚未进行不动产登记但是具有销售(预售)许可证的车库、车位,按测绘机构的实测面积计算;尚未进行实测的,暂按买卖合同记载的面积计算。

按照规划建设的人防工程面积不计算投票权。

专有部分建筑物总面积,按照上述统计总和计算。

本物业管理区域的专有部分建筑物总面积为______________。

特此公告。

××小区首次业主大会会议筹备组全体成员(签字):__________

××××年××月××日

【文书范例 41】××小区首次业主大会会议业主清册

××小区首次业主大会会议业主清册

序号	房间号	面积/m^2	姓名(为保护业主隐私，姓名或者单位名称隐去一字)
1			
2			
……			
总计			
业主人数			
专有部分总面积			

说明：前述业主名册中相应的房间号业主姓名为原产权人的，现产权人可向筹备组说明。

三、采用纸质投票的特别安排

如果业主大会采用纸质投票方式的，筹备组还应当确定其他投票相关事宜，如投票过程志愿者的招募、投票分工、投票工作人员及监票人员的培训、选票票样、选票印号等事宜。此次筹备组会议一般为首次业主大会会议召开前最后一次会议，首次业主大会会议召开时间距离筹备组成立时间不超过 60 日。

【文书范例 42】××小区首次业主大会会议表决票一

××小区首次业主大会会议表决票

房号：____专有部分面积：____m^2　是否委托投票：是□　否□(请在方框内打"√")

业主姓名：________　　业主联系电话：__________

业主委托投票的代理人：________　代理人联系电话：________

填写时间：××××年××月××日

议题	征求意见内容					表决意见		
一	表决《××小区管理规约（表决稿）》					同意	反对	弃权
二	表决《××小区业主大会议事规则（表决稿）》					同意	反对	弃权
三	选举业主委员会委员（候选人详细介绍请见《会议手册》）					最多同意××名		
序号	候选人	产权位置	年龄	性别	学历	表决意见		
1						同意	反对	弃权
2						同意	反对	弃权
3						同意	反对	弃权
4						同意	反对	弃权
5						同意	反对	弃权
6						同意	反对	弃权
7						同意	反对	弃权
8						同意	反对	弃权
四	选举监事会监事（候选人详细介绍请见《会议手册》）					最多同意××名		
序号	候选人	产权位置	年龄	性别	学历	表决意见		
1						同意	反对	弃权
2						同意	反对	弃权
3						同意	反对	弃权
4						同意	反对	弃权
5						同意	反对	弃权

投票注意事项：

1. 本表决票请业主本人用黑色、蓝色钢笔、签字笔填写，用铅笔填写为废票。

2. 请在“同意”“反对”“弃权”栏内打“√”，一项表决内容只能选“同意”“反对”“弃权”之一，多选或涂改均视为该表决项无效。

3. 收到此表决票时，业主应认真核对业主身份及其投票权数，由业主本人按投票要求投票。业主委托他人投票的，被委托人应出具身份证和授权委托书原件、委托人身份证和不动产权属证书复印件等有关证明文件。

4. 投票人应从业主委员会委员候选人中最多选取__人，大于____人的为无效票，小于或等于____人的为有效票。

5. 投票人应从业主委员会委员候选人中选取至少____名中共党员，符合党建引领的要求。

××小区首次业主大会会议筹备组

××××年××月××日

业主大会会议表决票签收票根

业主姓名：______　房号：______　领票时间：______年______月______日

领票人签名：__________________　领票人与业主关系：__________________

【文书范例 43】××小区首次业主大会会议表决票二

××小区首次业主大会会议表决票

<table>
<tr><td colspan="9">××小区首次业主大会会议表决票（第一页/总页数）</td></tr>
<tr><td colspan="2">表决人签字</td><td colspan="2"></td><td colspan="2">签字日期</td><td colspan="3">××××年××月××日</td></tr>
<tr><td colspan="2">产权位置</td><td colspan="7"></td></tr>
<tr><td colspan="9">请您在填写前仔细阅读填写说明，根据已公示的内容和《首次业主大会会议手册》（以下简称《会议手册》）进行表决：
1. 请表决人针对下述表决议题，在后面的表决意见栏选择与您的表决意见对应内容，在其下方，画“○”。
2. 产权位置，请写房间号。如在本小区持有多套房产，尽量全部写明；未写全的，除非特别声明否则全部产权面积均计入相应意见的统计结果。
3. 各表决项中的具体内容，均请阅读本次业主大会会议的《会议手册》。
4. 筹备组联系电话：</td></tr>
<tr><td>议题</td><td colspan="5">征求意见内容</td><td colspan="3">表决意见</td></tr>
<tr><td>一</td><td colspan="5">表决《××小区管理规约（表决稿）》</td><td>同意</td><td>反对</td><td>弃权</td></tr>
<tr><td>二</td><td colspan="5">表决《××小区业主大会议事规则（表决稿）》</td><td>同意</td><td>反对</td><td>弃权</td></tr>
<tr><td>三</td><td colspan="5">选举业主委员会委员（候选人详细介绍请见《会议手册》）</td><td colspan="3">最多同意××名</td></tr>
<tr><td>序号</td><td>候选人</td><td>产权位置</td><td>年龄</td><td>性别</td><td>学历</td><td colspan="3">表决意见</td></tr>
<tr><td>1</td><td></td><td></td><td></td><td></td><td></td><td>同意</td><td>反对</td><td>弃权</td></tr>
</table>

续表

序号	候选人	产权位置	年龄	性别	学历	表决意见		
2						同意	反对	弃权
3						同意	反对	弃权
4						同意	反对	弃权
5						同意	反对	弃权
6						同意	反对	弃权
7						同意	反对	弃权
8						同意	反对	弃权
四	选举监事会监事(候选人详细介绍请见《会议手册》)					最多同意××名		
序号	候选人	产权位置	年龄	性别	学历	表决意见		
1						同意	反对	弃权
2						同意	反对	弃权
3						同意	反对	弃权
4						同意	反对	弃权
5						同意	反对	弃权

【文书范例44】 ××小区首次业主大会会议投票工作手册

××小区首次业主大会会议投票工作手册

致××小区全体业主：

××小区首次业主大会会议将于××××年××月××日至××××年××月××日在本物业管理区域内召开，为了最大限度提高本次投票的参与率，筹备组经讨论后决定，以固定票箱为主要投票形式，同时增设2个流动票箱为补充形式。

筹备组殷切盼望业主们积极参与，投出您神圣的一票。

一、组织机构

××小区筹备组发起本次选举投票活动；

具体投票活动的实施由××小区筹备组、××社区居民委员会负责；

北京市____区人民政府____街道办事处、××社区居民委员会全程参与监督与指导；

整个选举投票活动接受业主的质疑和问询，也邀请业主代表全程见证本次选举投票活动。

二、实施原则

坚持客观公正、科学严谨、事实充分的原则。

三、投票方式

本次业主大会会议采用收发纸质表决票的形式表决，每名业主只可领取一张选票，业主拥有一个以上专有部分的，按一人计算，一个专有部分有两个以上所有权人的，应当推选一人行使表决权，但共有人所代表的业主人数为一人，每张选票具有唯一性（带编码），请勿重复领票、投票，填写选票须认真谨慎，避免出现无效选票。

1. 固定票箱投票

固定投票箱设在××社区居民委员会办公室内，投票期间周一至周五 9:00~11:00、14:00~16:30 启用，业主或受委托人出示能够证明业主身份的相关证明（不动产权属证书复印件或原件、身份证原件）后领票，按照规定填写表决票内容后将填写完整无误的表决票投入票箱。相关事宜请按照《××小区首次业主大会会议召开方案》中的规定执行。

2. 流动票箱投票

流动票箱为固定票箱投票的补充形式，于××××年××月××日起在业主大会会议期间周六、周日 9:00~11:00、14:00~16:30 采用。

根据业主参与度、投票实际情况，筹备组将有特殊情况的业主问题汇总后，再另行确定是否启用夜间流动票箱。

筹备组成员、××社区居民委员会工作人员、业主代表志愿者组成工作小组，在上述时间段内筹备组成员携带选票、投票箱，社区居民委员会工作人员携带业主清册等资料，进行入户投票，由工作人员甄别投票人资格后，投票资格人遵循本人意愿自行填选，并签字将选票投入票箱，他人不得代写、代投。

四、监票方式

1. 固定票箱监票

固定票箱设置在××社区居民委员会办公室内，由社区居民委员会工作人员指导并监督投票，自愿监督投票的业主可在投票时间内到现场进行监票，但监票人员同时不超过2名，监票人员应当遵守规定，不发表任何意见，如有违反立即停止监票工作。同时，固定票箱应当全程录音录像。

2. 流动票箱监票

由1名筹备组成员携带选票、投票箱，1名社区居民委员会工作人员携带业主清册等资料，1名业主志愿者进行监督，共同在设置流动票箱的时间内进行入户。筹备组成员为工作人员，负责对业主资格进行审核并指导业主进行投票，社区居民委员会与业主志愿者为监票人员，负责对流动票箱投票过程进行监督，监票人员全程负责录音录像。

五、其他规定

1. 每个选票都有唯一的编码，一个业主对应一个编码。

2. 选票不允许有任何多选或涂改，如出现上述情况，则该选票作废，在监票人员监督下由业主自行标记作废并由业主当场销毁，同时启动备用票，由业主手写原选票编号并签字。工作人员应当将此情况记入工作记录。

3. 选票发给业主后，他人不得围观业主填写选票，工作人员应主动回避，以保证业主在秘密状态下填写。

4. 固定票箱投票以及流动票箱的工作人员与监票人员在入户时应当尊重业主的意愿，不准提示或进行诱导选票的填写，要给予业主足够的时间独立思考、独立填写选票，如发现工作人员与监票人员有上述行为，将取消参加此项工作的资格。

5. 固定票箱与流动票箱的工作人员、监票人员如果是有投票资格的业主，不得在投票工作与监票期间进行投票。

6. 所有固定票箱与流动票箱集中统一进行封箱、开箱、计票。

7. 如无法按期完成会议投票的，由筹备组研究决定延长投票期限，在物业管理区域内公告相关情况及延长期限，延长期限最长不得超过15日。

本次业主大会会议召开的相关事务除需遵守以上要求外，还应按照《北京市物业管理条例》《北京市住宅区业主大会和业主委员会指导规则》等相关规定和《××小区业主大会议事规则》《××小区业主大会会议召开方案》的有关规定，本着公开、公平和公正的原则执行。

××小区首次业主大会会议筹备组

××××年××月××日

【文书范例45】 业主大会定期/临时会议投票细则

业主大会定期/临时会议投票细则

致××小区全体业主：

××小区业主大会定期/临时会议将于××××年××月××日至××××年××月××日在本物业管理区域内召开，为了最大限度提高本次投票的参与率，筹备组/换届小组经讨论后决定，以固定票箱为主要投票形式，同时增设2个流动票箱以及通过"北京业主"APP投票为补充投票形式。希望业主们积极参与，投出您神圣的一票。

一、组织机构

××小区首次业主大会会议筹备组/业主委员会/换届小组发起本次选举投票活动；

具体投票活动的实施由筹备组/换届小组、××社区居民委员会负责（或全程委托第三方机构进行）；

××街道办事处、××社区居民委员会全程参与监督与指导；

整个选举投票活动接受业主的质疑和问询，也邀请业主代表全程见证本次选举投票活动。

二、实施原则

坚持客观公正、科学严谨、事实充分的原则。

三、投票方式

本次业主大会定期/临时会议采用收发纸质表决票/"北京业主"APP线上投票的形式表决，采用收发纸质表决票形式的，每名业主只可领取一张选票，业主拥有一个以上专有部分的，按一人计算，一个专有部分有两个以上所有权人的，应当推选一人行使表决权，但共有人所代表的业主人数为一人。对于长期不在小区内居住的业主，采用音像、影像和授权委托等补充形式（具体由筹备组/换届小组讨论决定）开展投票。每张选票具有唯一性（带编码），请勿重复领票、投票，填写选票须认真谨慎，避免出现无效选票！

1. 固定票箱投票

固定投票箱设在××社区居民委员会内，业主或受委托人出示能够证明业主身份的相关证明后领票,按照规定填写表决票内容后将填写完整无误的表决票投入票箱。相关事宜请按照《××小区业主大会定期/临时会议召开方案》中的规定执行。

2. 流动票箱投票

流动票箱投票为固定票箱投票的补充形式,于业主大会定期/临时会议的周六、周日 9:30~11:30、14:00~17:00 采用。(工作日晚上是否采用由筹备组/换届小组共同讨论后决定)

流动票箱由工作人员与监票人员共同携带进行入户,由工作人员甄别投票人资格后,投票人遵循本人意愿自行填选,并签字将选票投入票箱,他人不得代写、代投。

3. “北京业主”APP 投票

采用“北京业主”APP 方式投票的,应当采用在物业管理区域内张贴公告、在微信公众号发布公告、在显著位置悬挂条幅等方式进行投票宣传。投票期间,在××社区居民委员会安排 2 名工作人员进行“北京业主”APP 注册、投票指导。根据投票的参与度情况,可由筹备组/换届小组成员、社区居民委员会工作人员、业主志愿者共同上门进行投票宣传、指导。

四、监票方式

1. 固定票箱监票

固定票箱设置在××社区居民委员会内,由 2 名社区居民委员会工作人员指导并监督投票,可由 2 名业主在社区居民委员会工作时间内到现场进行监票(监票业主可按当日到监票地点先后顺序确定,亦可招募后安排监票时间,具体由筹备组/换届小组确定)。同时,固定票箱应当全程录音录像。

2. 流动票箱监票

由 1 名筹备组/换届小组成员、1 名社区居民委员会工作人员、1 名业主志愿者共同携带选票、投票箱、业主清册等资料,在设置流动票箱的时间内进行入户。筹备组/换届小组成员为工作人员,负责对业主资格进行审核并指导业主进行投票,社区居民委员会与业主志愿者为监票人员,负责对流动票箱投票过程进行监督,监票人员全程负责录音录像。业主志愿者通过招募的形式产生,招募公告另行张贴。

上述投票监票过程中,业主委员会委员候选人均应当回避,如果筹备组/换届小组成员均为候选人,其工作应当由另一名社区居民委员会工作人员进行代替。

五、其他规定

1. 每个选票都有唯一的编码,一个业主对应一个编码。

2. 选票不允许有任何多选、不选或涂改，如出现上述情况，则将该选票作废，选票均由业主自行标记作废，并签名，同时仍要将选票放入票箱内。

3. 选票发给业主后，他人不得围观业主填写选票，工作人员应主动回避，以保证业主在秘密状态下画票。

4. 流动票箱的工作人员与监票人员在入户时应当尊重业主的意愿，不准提示或进行诱导选票的填写，要给予业主足够的时间独立思考、独立填写选票，如发现工作人员与监票人员有上述行为，将取消参加此项工作的资格。

5. 固定票箱与流动票箱的工作人员、监票人员如果是有投票资格的业主，不得在投票工作与监票期间进行投票。

6. 所有固定票箱与流动票箱集中统一进行封箱、开箱、计票。

7. 如因故无法按期完成会议投票的，由筹备组/换届小组研究决定是否延长投票期限，决定延长投票期限的，应当在物业管理区域内公告相关情况及延长期限，但延长期限最长不得超过 15 日。

本次业主大会会议召开的相关事务除需遵守以上要求外，还应按照《北京市物业管理条例》《北京市住宅区业主大会和业主委员会指导规则》等北京市的相关规定和《××小区业主大会议事规则》《××小区业主大会定期/临时会议召开方案》的有关规定，本着公开、公平和公正的原则执行。

××小区首次业主大会会议筹备组/业主委员会换届小组

××××年××月××日

四、采用“北京业主”APP 投票的特别安排

采用“北京业主”APP 投票的，筹备组需要大力宣传，呼吁业主进行认证。

【文书范例 46】 关于采用“北京业主”APP 进行投票的公告

关于采用“北京业主”APP 进行投票的公告

尊敬的××小区广大业主：

经本小区 5%以上的业主联名申请，×××街道办事处指定×××担任××小区首次业主大会筹备组组长，现筹备组已经组建完成。为方便广大业主进行投票，筹备组决议采用互联网投票（“北京业主”APP）方式进行表决。该项工作的顺利推进，离

不开每位业主的参与，因此须请您配合开展下列工作：

第一，下载“北京业主”APP

请您在手机或其他智能终端上下载“北京业主”APP，该 APP 依托北京市住建委房屋全生命周期平台，通过输入姓名和身份证号码实现业主实名认证，只有完成实名认证的客户端才能具备在本小区进行投票的资格，投票结束后系统自动计算结果。其功能包括：投票表决、评价物业、投诉报修、通知公告。

下载方式为：

1. 在智能设备终端应用商店中搜索“北京业主”，进行下载安装即可；

2. 扫描下方二维码进行安装。

第二，在 APP 内进行业主认证

业主可根据实际情况在 APP 内选择“身份证认证”“其他认证”。当业主提交的信息与系统不一致时，根据页面提示可进行人工认证。人工认证时为确保业主信息真实，请务必提供业主身份证明信息和不动产证明信息。建议提供不动产权证书的坐落页及与不动产权证书上权利人姓名相同的身份证件。

注：本 APP 所有上传的照片信息都经过严格保密程序，上传的信息直接进入到北京市住建委的服务器上，请放心使用。

如果您在认证工作中出现任何问题，请联系筹备组工作人员及志愿者：

×号楼负责人：×××，联系方式：××××××

×号楼负责人：×××，联系方式：××××××

×号楼负责人：×××，联系方式：××××××

×号楼负责人：×××，联系方式：××××××

×号楼负责人：×××，联系方式：××××××

××小区首次业主大会会议筹备组

××××年××月××日

五、注意事项

发布会议通知时,应当注意如下事项:

1. 本物业管理区域的总人数、专有部分总面积应当在筹备组组建之日起就开始核实,这个过程可能包含开发商和物业服务公司不予配合、重复人数过多、数据之间有矛盾等问题,所以不能临近业主大会会议召开时再审核。

2. 首次业主大会会议通知应当在首次业主大会会议召开前15日公示。

3. 法律法规对投票过程中监票志愿者没有限制,其身份最好是业主,数量可以由筹备组根据实际情况自行确定。

4. 筹备组成员为候选人的,应当在投票过程中回避,其不得作为投票工作人员及监票人员。在召开与投票相关的筹备组会议时,为候选人的筹备组成员可以投弃权票或不参与筹备组会议,除非业主代表人数不足难以形成决议。

5. 业主对公示内容有异议的,筹备组应当研究处理并在首次业主大会会议召开前作出答复。

第九节　开展投票活动

一、投票活动

在业主投票的过程中,筹备组需要开展如下工作:

1. 监督指导投票工作志愿者的工作。

2. 广泛发动业主参与投票工作。

3. 及时发现并劝阻干扰投票的活动。

4. 接受业主的监督,及时回复业主的疑问。

5. 采用"北京业主"APP投票的,应当及时发布投票数据;采用纸质投票的,应当按照周期汇总投票情况,并适时启动流动票箱或者根据业主的情况采用合适的投票方式。

6. 采用纸质投票的,如果存在委托投票的,应当核验授权委托书和相关证件。

【文书范例 47】投票授权委托书

投票授权委托书

本人系××小区××号楼××门××室业主×××(身份证号:××××××××××××),现委托×××(身份证号:××××××××××××)代为参与首次业主大会会议投票,本人对投票的真实性负责,表决内容是本人真实意思表示。

附:本人身份证复印件,本人产权证书复印件,受托人身份证复印件。

委托人:________

受托人:________

××××年××月××日

【文书范例 48】关于××小区延长首次业主大会会议投票期的通知

关于××小区延长首次业主大会会议投票期的通知

致××小区全体业主:

××小区首次业主大会会议投票期从 ××××年××月××日起至 ××××年××月××日止。为了使广大业主积极参与投票,最大限度保证本次投票的参与率,筹备组经讨论后决定,将本次会议投票期延长 15 日。××小区首次业主大会会议投票日期延长至 ××××年××月××日。

特此公告。

××小区首次业主大会会议筹备组

××××年××月××日

二、及时封存票箱

筹备组在投票结束后,应该及时封存票箱,保障票箱封闭完好。一般可采用张贴加盖社区印章的封条、票箱与开箱钥匙分别存放、对存放地进行视频监控的方式保障封闭的严谨性,直至正式开票为止。

三、决定是否延长投票的期限

1. 筹备组根据情况召开会议决定是否延长首次业主大会会议的会期,决定延长的，最多延长一次，延长时间不超过15日。

2. 决定延长会期决议应当于首次业主大会原会议结束日期前作出并公示，公示时间不少于7日。

第十节 组织开票

一、开票程序

筹备组在首次业主大会会议投票结束前（有延期的可在延期后结束日期前）召开会议确定开票时间、开票地点、开票工作人员等，并公示相关信息不少于7日。

【文书范例49】 ××小区首次业主大会会议开票公告

××小区首次业主大会会议开票公告

××小区全体业主：

××小区首次业主大会投票将于××××年××月××日结束，首次业主大会会议筹备组决定在××××年××月××日在××社区居民委员会______（地点）进行开票工作。

一、开票流程

1. 启封票箱：拟定2人，由社区居民委员会工作人员1名和筹备组业主代表1名组成。

2. 选票清点和按照楼号分类：拟定____人（按照票箱的数量确定），由业主代表和筹备组代表组成。

3. 唱票：拟定____组，每组3人，其中唱票1人、计票1人、监票1人，各组成员全部由业主代表组成（或者根据实际情况调整）。

4. 公布唱票结果：唱票结束当场公布计票结果。

5. 选票封存：选举结束后，由唱票人、计票人和监票人将全部选票整理封存。

二、首次业主大会会议开票业主的产生

1. 本次业主大会会议开票过程拟招募业主代表____名作为开票过程的计票人、监票人和唱票人。

（下述方式二选一，或者全选）

2. 小区业主可在××××年××月××日17:00之前向首次业主大会会议筹备组报

名参加开票工作。

3. 开票业主代表由××社区居民委员会向首次业主大会会议筹备组推荐产生。

三、开票纪律

1. 业主委员会委员候选人及其配偶、父母、子女、兄弟姐妹不得担任监票人、计票人和唱票人。

2. 本小区业主包括业主委员会委员候选人可现场观摩首次业主大会会议开票过程。现场观摩业主人数限定在____名,按照业主到场的先后顺序进入会场。

特此公告。

××小区首次业主大会会议筹备组

××××年××月××日

【文书范例 50】 ××小区首次业主大会会议开票业主代表报名表

××小区首次业主大会会议开票业主代表报名表

序号	姓名	性别	房屋坐落	联系方式	是否知悉开票纪律	签名
……						

【文书范例 51】 ××小区首次业主大会会议开票活动主持词

××小区首次业主大会会议开票活动主持词

各位业主、××街道、××社区居民委员会:

××小区首次业主大会会议的投票工作已经于××××年××月××日结束,现筹备组根据《××小区首次业主大会会议召开方案》组织开票活动。

下面宣读本次开票活动的计票、唱票和监票成员名单:

……

请监票人员检查票箱。(向现场出席业主和其他参加人展示票箱的完整性)

请计票人员在监票人监督下开封票箱并清点选票。现在暂时休会,请大家保持安静,原地休息。

……

各位业主，现在复会。

据监票人报告，本次业主大会会议发出选票××张，收回选票××张。收回的选票票数等于(少于)发出的选票票数，投票有效。

现在在监票人的监督下计票、唱票。

……

下面请监票人报告计票结果。

议题××，获××票赞成，对应建筑物专有部分面积××平方米，占建筑物总面积的××%，业主人数××人，占业主总人数的××%。

议题××，获××票赞成，对应建筑物专有部分面积××平方米，占建筑物总面积的××%，业主人数××人，占业主总人数的××%。

业主委员会委员候选人×××，获××票赞成，对应建筑物专有部分面积××平方米，占建筑物总面积的××%，业主人数××人，占业主总人数的××%。

业主委员会委员候选人×××，获××票赞成，对应建筑物专有部分面积××平方米，占建筑物总面积的××%，业主人数××人，占业主总人数的××%。

业主委员会委员候选人×××，获××票赞成，对应建筑物专有部分面积××平方米，占建筑物总面积的××%，业主人数××人，占业主总人数的××%。

……

以上是本次业主大会会议的投票结果，根据《××小区首次业主大会会议召开方案》规定和计票情况，本次业主大会会议议题通过情况如下：

议题××通过/不通过

议题××通过/不通过

业主委员会委员候选人得票顺序如下：

×××当选/不当选

×××当选/不当选

……

根据规定，上述选举结果将在 3 日内通过公告的方式在本小区公告栏和业主微信群发布，请广大业主关注。

散会。

二、注意事项

筹备组组织开票时，应当注意如下事项：

1. 开票时间应为业主大会会议结束后3日内，建议在投票结束后的第一天即开票。

2. 开票过程中应当有业主监督并全程录音录像，建议筹备组、社区居民委员会工作人员为开票工作人员。建议三方人员组成开票小组。

3. 有条件的可以聘请第三方组织开票工作，并由业主监督。

4. 采用纸质投票的，应当明确选票的存档地点、方式和保存期限。

第十一节　公布投票结果

开票结束后，筹备组召开筹备组会议，确定首次业主大会会议结果并公示7日以上。

【文书范例52】 关于××小区首次业主大会会议议题表决结果的公示

关于××小区首次业主大会会议议题表决结果的公示

××小区全体业主：

××××年××月××日，××小区首次业主大会会议召开。会议就各项议题进行了审议和表决，现将会议表决结果公示如下：

1. 表决通过《××小区业主大会议事规则》；

2. 表决通过《××小区管理规约》；

3. 选举产生×名业主委员会委员和×名业主委员会候补委员，名单如下：

序号	姓名	身份	住址	联系方式
1		委员		
2		候补委员		

4. 表决通过其他议题。

特此公告。

××小区首次业主大会会议筹备组

××××年××月××日

【文书范例 53】首次业主大会会议决议

首次业主大会会议决议

根据《中华人民共和国民法典》《物业管理条例》《北京市物业管理条例》《北京市住宅区业主大会和业主委员会指导规则》及相关法律、法规、规章的规定，××××年××月××日至××××年××月××日，××小区首次采用□互联网□书面征求意见方式召开首次业主大会会议。本物业管理区域建筑物总面积共××平方米，业主总人数是××人。首次业主大会会议表决票共发放和送达××份，实收反馈意见××份，对应建筑物专有部分面积××平方米，占建筑物总面积的××%，业主人数××人，占业主总人数的××%。本次会议真实有效。会议表决通过以下事项：

1. 以××票赞成______，对应建筑物专有部分面积××平方米，占建筑物总面积的××%，业主人数××人，占业主总人数的××%，通过××。

2. 以××票赞成______，对应建筑物专有部分面积××平方米，占建筑物总面积的××%，业主人数××人，占业主总人数的××%，通过××。

3. 以××票赞成______，对应建筑物专有部分面积××平方米，占建筑物总面积的××%，业主人数××人，占业主总人数的××%，确定××。

4. ……

××小区首次业主大会会议筹备组

××××年××月××日

第十二节　召开业主委员会首次会议

一、召开业主委员会首次会议

1. 首次业主大会会议结束后 7 日以内召开首次业主委员会会议，推选主任和副主任。

2. 业主委员会确定的事项应当经过半数委员签字同意。推选完成之日起3日内，在物业管理区域内显著位置公示业主委员会主任、副主任和其他委员的名单。

3. 业主委员会委员具有同等表决权。

4. 业主委员会会议应当有过半数委员参加，委员不得委托他人参会。

5. 业主委员会应当在会议召开5日前将会议议题告知物业所在地的居民委员会、村民委员会，并听取意见和建议。居民委员会、村民委员会可以根据情况派代表参加。

【文书范例54】 关于召开××小区业主委员会首次会议的通知

关于召开××小区业主委员会首次会议的通知

各位业主委员会委员：

业主委员会将于××××年××月××日以现场方式召开首次会议。讨论审议如下议案：

1. 讨论审议……

2. 讨论审议……

3. 讨论审议……

本次会议拟采用现场表决的方式进行。现将会议讨论审议议题和会议决议文本随同本通知一并发往各位委员，请各位委员认真审议。

会议联系方式：

××小区业主委员会秘书处

联系人：________ 联系电话：______

××小区业主委员会

××××年××月××日

报送：××街道办事处

××社区居民委员会

【文书范例55】 关于召开××小区业主委员会首次会议征集业主代表列席的通知

关于召开××小区业主委员会首次会议征集业主代表列席的通知

各位业主：

××小区业主委员会将于××××年××月××日在××(地点)以现场方式召开业主委员会首次会议。讨论审议如下议案：

1. 讨论审议……

2. 讨论审议……

3. 讨论审议……

本次会议拟采用现场表决的方式进行。现将会议讨论审议议题、时间和地点通知全体业主。

如您希望列席本次业主委员会会议，请于××××年××月××日前向业主委员会秘书处报名。本次会议征集××位业主列席，按照报名先后顺序确认列席会议的业主名单并在本小区公告栏/微信群发布公告。

会议联系方式：

××小区业主委员会秘书处

联系人：________　联系电话：________

××小区业主委员会

××××年××月××日

【文书范例56】 关于××小区业主委员会首次会议签到表

关于××小区业主委员会首次会议签到表

序号	姓名	签 名
业主委员会委员		
1		
2		
3		

续表

序号	姓名	签 名
4		
5		
6		
7		
监事会监事		
1		
2		
3		
4		
5		

××××年××月××日

【文书范例 57】关于××小区业主委员会首次会议列席业主签到表

关于××小区业主委员会首次会议列席业主签到表

序号	姓名	房屋坐落	签名
1			
2			
3			
4			
5			
6			
7			
8			
9			

续表

序号	姓名	房屋坐落	签名
10			
……			

××××年××月××日

【文书范例58】　关于××小区业主委员会首次会议决议公告

关于××小区业主委员会首次会议决议公告

××小区业主委员会首次会议于××××年××月××日以电话方式通知全体委员，会议于××××年××月××日以现场方式召开，应参加表决的委员××人，实际参加表决的委员××人。本次会议的通知、召开和表决程序符合法律法规、规范性文件、《北京××小区业主大会议事规则》和《北京××小区管理规约》的规定。

本次会议由业主委员会××先生/女士主持，经与会委员审议现场表决方式形成以下决议：

一、审议通过《关于……的议案/议题》

表决结果：××票同意，××票反对，××票弃权。

二、审议通过《关于……的议案/议题》

表决结果：××票同意，××票反对，××票弃权。

三、审议通过《关于……的议案/议题》

表决结果：××票同意，××票反对，××票弃权。

特此公告。

××小区业主委员会

××××年××月××日

报送：××街道办事处

××社区居民委员会

二、注意事项

1. 首次业主委员会会议的召集人与主持人可以为筹备组组长，也可以由当选的业主委员会委员组织，推选出业主委员会主任和副主任后，业主委员会正式运行。

2. 业主委员会应当自选举产生之日起 7 日内召开首次会议。

第十三节　提交备案材料

一、备案

首次业主大会会议结束后 30 日内，业主委员会向街道办事处、乡镇人民政府备案，并持备案证明和印章刻制证明向公安机关申请刻制印章。

【文书范例 59】 **业主委员会成立/换届备案单**

业主委员会成立/换届备案单

××[区县]业备[年度]第××号

<table>
<tr><td>名称</td><td colspan="4">××区县××××物业区域业主委员会</td></tr>
<tr><td>物业类型</td><td colspan="2">普通住宅区□公寓□
别墅□商住楼□其他□</td><td>建筑物总面积</td><td>××××平方米</td></tr>
<tr><td>总户数</td><td colspan="2"></td><td>业主人数</td><td></td></tr>
<tr><td>物业区域
（四至）</td><td colspan="4"></td></tr>
<tr><td>业主大会会议召开时间</td><td>××××年××月××日
至 ××××年 ××月××日</td><td>业主大会会议召开形式</td><td colspan="2">互联网投票□
书面征求意见□</td></tr>
<tr><td>业主委员会备案材料清单</td><td colspan="3">1. 业主大会议事规则□
2. 管理规约□
3. 业主大会决议（附业主及其专有部分面积明细表）□
4. 业主委员会决定□</td><td>备注</td></tr>
</table>

续表

业主委员会委员简要情况	业主委员会共××人,委员如下:							
	职务	姓名	性别	职业	户籍所在地	身份证号码	专有部分所在地址	联系电话
业主委员会声明	本业主委员会现郑重声明,一致同意委托________(姓名),身份证号________________________,到你单位办理业主委员会备案手续,并保证填报的《业主委员会备案单》及相关材料真实。如有隐瞒、提供材料不真实等行为,本业主委员会将承担由此引发的后果。 业主委员会全体委员签字: ××××年××月××日							
街道办事处备案意见	该业主委员会提交的材料齐全,符合______次业主大会会议召开、决议的法定程序,符合成立备案要件,有效期为××××年××月××日至××××年××月××日。 受理人(签字): 负责人(签字): ××××年××月××日(盖章)							

说明:本备案单一式四份,业主委员会、街道办事处、区/县建设局、区/县房管局、公安分局各一份。

【文书范例 60】 业主委员会备案单填写说明

1.【编号】"[街道(地区)办事处/乡镇人民政府]"横线处填写街道(地区)办事处、乡镇人民政府名称。

"业备______年第______号",第一个横线处填写年度,如"2010";第二个横线处使用两位阿拉伯数字编号填写,如“01”。

2.【名称】填写区县名称和业主委员会名称。

3.【物业项目基本信息】

(1)物业项目名称、类型应当与前期物业服务合同名称一致。

(2)建筑物总面积和业主总人数应当按照《中华人民共和国民法典》、《最高人民法院关于审理建筑物区分所有权纠纷案件适用法律若干问题的解释(2020修正)》(法释〔2020〕17号)、《北京市物业管理条例》的规定进行计算。

4.【备案材料清单】

(1)已提交相应材料的,在相应材料名称后面“□”内打“√”。

(2)备注:备案受理人可以对已提供的备案材料的有关情况进行补充说明。

5.【业主委员会委员情况】

(1)在“任期”栏内填写业主委员会委员的任期时限或者起止时间,如“4年”或者“2020年12月31日至2026年12月31日”。填写任期时限的,时限自备案之日起计算。

(2)在“职务”栏内填写委员担任的相应职务,如“主任委员”“副主任委员”。

6.【备案事项变更】

备案事项发生变更的,业主委员会应当及时办理变更备案,并按以下说明填写《备案事项变更单》:

(1)【变更事项】按照实际变更事项在“□”内打“√”。

(2)【备案材料清单】

①修改管理规约、业主大会议事规则的,应当提供变更后的文本;选举新的业主委员会委员的,应当提供新的业主委员会委员名单。

②变更情况说明:包括变更事项的全部内容、基本程序、相关的业主委员会决定、业主大会决定等。

③备注:备案受理人可以对已提供的备案材料的有关情况进行补充说明。

(3)【变更事项简要情况】包括变更事项的类别、主要内容、变更程序等。

(4)【备案声明】由现任业主委员会全体委员签字。

【文书范例 61】 **印章刻制证明**

印章刻制证明

北京市公安局____分局：

北京市____区/县____小区业主委员会已完成备案，受业主委员会委托，____(姓名)________________(身份证号)现到你局办理印章刻制手续，有效期为________年____月____日至________年____月____日。印章名称为：______。印章刻制后，业主委员会应当将印鉴留存原备案部门。

特此证明。

街道办事处/乡镇人民政府(盖章)

××××年××月××日

二、注意事项

业主委员会备案前，应当注意：业主委员会在公章刻制成功之前，建议谨慎开展对外工作。

第十四节 解散筹备组

筹备组将首次业主大会会议所有工作汇总完成工作报告，将工作报告书面提交给街道办事处、乡镇人民政府。汇报完工作后，筹备组召开最后一次筹备组会议，确定并公示筹备组解散公告。至此，筹备组完成所有工作。

【文书范例 62】 **首次业主大会会议筹备组工作报告**

北京市住宅区首次业主大会会议筹备组工作报告撰写规范

1.［筹备组工作报告］首次业主大会会议筹备组工作报告是首次业主大会会议筹备组关于其在存续期间开展筹备工作有关情况的说明，是对整个筹备工作和首次业主大会会议情况的总结，是业主委员会备案的重要材料之一。

首次业主大会会议筹备组工作报告对象是全体业主。

2.［撰写主体和时间］筹备组工作报告由筹备组集体讨论撰写，筹备组组长签字确认。业主委员会备案时,应当将筹备组工作报告作为备案材料之一提交给街道办事处、乡镇人民政府。

3.［撰写报告要求］筹备组应当及时记录筹备工作有关情况,如实撰写筹备组工作报告,并接受业主的询问和监督。

首次业主大会会议筹备组应当自撰写完成工作报告之日起3日内,将报告内容在物业管理区域内显著位置公告,公告时间不少于7日。

4.［基本内容］筹备组工作报告主要包括以下内容:

4.1　筹备组成立情况:包括筹备组成立的时间、筹备组人员组成情况等。

4.2　筹备组工作基本原则:包括筹备组如何形成有效决议、筹备工作时限等内容。

4.3　筹备组开展筹备工作情况:包括筹备组工作议事日程表,业主表决权数情况,拟定的首次业主大会会议召开方案、管理规约(草案)、业主大会议事规则(草案)的征求意见及修改情况,业主委员会委员候选人及候补委员产生情况,筹备组各次会议情况,管理规约、业主大会议事规则、表决票样本、业主委员会委员候选人简历等相关文本,筹备组决议的公示、公告情况,筹备组发布的公示、公告的全部文本,街道办事处、乡镇人民政府的指导和监督情况,首次业主大会会议费用情况以及其他需要说明的情况。

4.4　首次业主大会会议召开的有关情况:包括首次业主大会会议议题,收发选票和计票、验票情况等。

4.5　筹备组组长声明:由筹备组组长根据筹备工作的实际情况如实填写,对筹备工作的各项文本内容、相关程序是否符合相关法律、法规、规章和政策,附件内容是否齐备等予以说明。

5.［行政指导］物业项目所在地的街道办事处、乡镇人民政府应当协助、指导和监督首次业主大会会议筹备工作。

6.［格式及填写说明］筹备组工作报告正文应当用A4纸打印,空格部分应当用钢笔(黑色墨水、蓝黑墨水)、签字笔或者打印填写,空格部分若不填写内容,应当用“×”划掉。

北京市住宅区首次业主大会会议筹备组工作报告
（示范文本）
使用说明

一、本筹备组工作报告文本为示范文本，北京市住宅区首次业主大会会议筹备组应当遵守首次业主大会会议筹备组工作报告撰写规范，结合物业项目的实际情况并参照本示范文本撰写工作报告。

二、首次业主大会会议筹备组工作报告应当自撰写完成之日起3日内，将报告内容在物业管理区域内显著位置公告，公告时间不少于7日。

三、非住宅区可以参照使用本示范文本。

首次业主大会会议筹备组工作报告
（名称应当与前期物业服务合同一致）

________（物业项目名称）全体业主：

________（物业项目名称）首次业主大会会议筹备组按照《中华人民共和国民法典》、《北京市物业管理条例》和《北京市住宅区业主大会和业主委员会指导规则》等有关法律、法规、规章和政策的规定，进行首次业主大会会议筹备和召开工作，现将有关情况报告如下：

一、筹备组成立情况

（一）________街道办事处/乡镇人民政府于______年____月____日指定__________（姓名）担任本物业项目首次业主大会会议筹备组组长。

（二）筹备组组长于______年____月____日在物业管理区域内发布筹备组成员招募公告，在报名日期内共接到______名业主报名，经条件核实以及________（推选方式：如集体讨论、民主选举等），确定业主代表____名、建设单位代表____名、__________（其他单位代表）____名，共____名人员组成首次业主大会会议筹备组。（筹备组成员详细名单及公告情况见文书范例）

筹备组成立时间为______年____月____日。

二、筹备组工作原则

（一）筹备组组长召集和主持筹备组会议。

（二）筹备组作出决定应当经筹备组中具有表决权的过半数成员同意；成员进行表决时应当在决议上签字，注明同意、反对或者弃权。持保留意见的成员不签字的，不影响决议的效力。

（三）筹备组应当对会议进行书面记录，筹备组组长应当对会议记录签字确认。

（四）筹备组的成员不能委托代理人参加会议，但成员是法人或者非法人组织的除外。

（五）筹备组应当自成立之日起3个月内完成筹备工作，组织召开首次业主大会会议。

（六）业主大会成立后，筹备组应当将相关资料移交给业主委员会。

筹备组成员辞职或者其他原因造成筹备组不能履行职责或者逾期未完成筹备工作的，筹备组应当在物业管理区域内显著位置公告并说明理由，筹备组自公告之日起自动解散，符合《北京市住宅区业主大会和业主委员会指导规则》第十条规定的，业主可以重新申请成立业主大会。

三、筹备组工作日程表

时间	讨论内容	决议情况	公示、公告时间
××××年××月××日	首次业主大会会议召开方案（草案）及征求意见	全体通过/未通过/过半数通过	××××年××月××日至××××年 ××月××日
××××年××月××日	管理规约（草案）及征求意见	全体通过/未通过/过半数通过	××××年××月××日至××××年××月××日
××××年××月××日	发布业主委员会委员候选人及候补委员招募公告	全体通过/未通过/过半数通过	××××年 ××月××日至××××年××月××日
××××年××月××日	公告业主委员会委员候选人名单及简历	全体通过/未通过/过半数通过	××××年××月××日至××××年××月××日
××××年××月××日	首次业主大会会议召开方案征求意见情况总结、首次业主大会会议召开方案（表决稿）	全体通过/未通过/过半数通过	××××年××月××日至××××年××月××日
××××年××月××日	业主大会议事规则征求意见情况总结、拟定业主大会议事规则（表决稿）	全体通过/未通过/过半数通过	××××年 ××月××日至××××年××月××日
××××年××月××日			

注：该表格内容可根据实际工作情况进行调整。会议记录、决议记录和公示、公告具体内容见文书范例。

四、首次业主大会会议召开情况

(一)首次业主大会会议召开时间为______年____月____日至______年____月____日。

(二)首次业主大会会议结果为:

1. 管理规约:____________________________

2. 业主大会议事规则:____________________

3. 业主委员会委员:______________________

4. 解除前期物业服务合同并确定物业管理方式:______

5. ___________:_____________

(三)首次业主委员会会议召开时间为______年____月____日,推选______(姓名)为主任委员,______、______(姓名)为副主任委员,__________。

五、首次业主大会会议费用情况

(一)首次业主大会会议费用预算总额为______(大写),实际使用总额为____(大写),具体明细见文书范例。

(二)费用来源为建设单位提供/业主垫付/业主捐赠/其他:________。

业主垫付的,按照____元/每户或者____元/每平方米计算。

(三)首次业主大会会议结余为______(大写),经协商,结余费用按照退回建设单位/转为业主大会活动经费/其他:________方式处理。

附件:1. 筹备组成员名单(略)

2. 首次业主大会会议召开方案(略)

3. 业主表决权数确定办法(略)

4. 首次业主大会会议工作人员产生办法(略)

5. 业主委员会委员候选人及候补委员产生办法(略)

6. 筹备组会议记录及决议情况(略)

7. 各项工作征求意见情况汇总(略)

8. 街道办事处、乡镇人民政府指导意见(略)

9. 各项工作公示、公告情况汇总(略)

10. 首次业主大会会议费用使用明细(略)

11. ____________________________

筹备组组长声明

本人受________街道办事处/乡镇人民政府指定，参与指导监督本小区首次业主大会会议筹备、会议召开、业主委员会选举的全过程。筹备组全体成员共同完成此工作报告，并将此报告于______年____月____日至______年____月____日在物业管理区域内显著位置向全体业主进行公告。筹备组保证上述报告记载的情况内容真实、程序规范，符合法律、法规、规章和相关政策的规定和要求。如有隐瞒、提供材料不真实等行为，筹备组全体成员将承担由此引发的法律后果。

××小区首次业主大会会议筹备组组长（签字）：________

××××年××月××日

【文书范例63】关于××小区首次业主大会会议筹备组解散的通知

关于××小区首次业主大会会议筹备组解散的通知

××小区全体业主：

××小区首次业主大会会议已于××××年××月××日成功（未成功）召开，业主委员会于××××年××月××日完成备案。

××小区首次业主大会会议筹备组于××××年××月××日正式解散。

特此公告。

××小区首次业主大会筹备组全体成员（签字）：________

××××年××月××日

第十五节　业主委员会的前期工作

一、开立银行账户

如果业主委员会需要开设银行账户，可参照如下资料向银行提出申请。

根据____街道办事处核准的____小区《业主委员会备案单》，银行通过对业主委员会实际办公地、开户资料、开户人员资料的相关审核，可以开立人民币基本结算账户。

业主委员会开户需要如下资料：

1. 由所在地区办事处签发的业主委员会备案单。

2. 业主委员会主任身份证、经办人身份证。

3. 业主委员会公章、财务章(也可由公章代替为预留印鉴)、人名章(可为1~2个)。

4. 业主委员会的办公地址证明。(可由物业签章或业主委员会自行签章)

5. 业主委员会开立的网银业务,建议分别设置操作员和授权人。

二、完成业主委员会分工

业主委员会成立之后,可根据各位委员的专长进行分工,以便有效开展物业管理工作。

【文书范例64】 ××小区业主委员会职责及成员分工

××小区业主委员会职责及成员分工

××小区业主委员会由业主大会会议选举产生,是业主大会日常运作的组织和实施主体。为了更好地在物业管理区域内代表和维护全体业主合法权益,现将业主委员会委员的职责分工如下。

1. 主任职责及分工(分管协调、调解,主管业主委员会综合工作)

(1)主持业主委员会全面工作;

(2)协调小区物业服务企业、街道、社区、业主委员会事务;

(3)代表业主委员会对外签约及签署文书;

(4)负责对业主委员会公共收益的支配的审核;

(5)督查各委员履行工作职责,促进各项工作任务完成;

(6)负责主持召集业主大会会议与业主委员会委员会议;

(7)监督物业服务企业管理费收支、公共收益收支合理合法状况。

2. 副主任职责及分工(分管工程、公共设施监督)

(1)协助主任(不能履职的)主持业主委员会全面工作;

(2)对重大事项提出的意见、建议的收集、回馈、通报;

(3)监督共享物权如场所、设施设备的安全运行和维修维护;

(4)监督物业服务企业对业主房屋设施等维护修缮、公共场所设施再建改建工程质量；

(5)督促电梯、水泵等公共设备及监控系统设备的定期安检年审工作；

(6)维护共有设施设备财产的占有、使用、收益、处置权不受侵害。

3. 环境事务监督委员(分管保洁、绿化监督)

(1)监督物业服务企业对本小区景观维护与绿化管理维护工作；

(2)监督物业服务企业对本小区共享和共有部分、公共设施及园区周围之清洁、保养以及日常清扫、保洁等工作；

(3)监督物业服务企业对本小区垃圾处理工作；

(4)监督物业服务企业对本小区其他环境污染防治工作；

(5)配合社区政府做好垃圾分类宣传督导工作。

4. 财务、安防协调委员(分管小区财务及安防秩序监督)

(1)负责财务管理、安防与环境卫生监督工作；

(2)负责业主委员会财务,编制年度收支预算、管理业主委员会账目和公布相关事务；

(3)监督物业服务企业对本小区及其周围之安全维护事项；

(4)监督物业服务企业对本小区停车管理、公共秩序维护；

(5)监督物业服务企业对本小区防火、防灾、防盗等各项安全防范规章制度的制定和实施；

(6)协调其他对外公共权益相关争议的问题。

5. 文秘、印章保管及宣传委员(分管业主大会、业主委员会印章保管;业主委员会相关公告宣传事宜)

(1)负责依法维护业主公共权益、业主委员会文书与宣传工作；

(2)接受业主反映问题,并及时备案、整理、回复；

(3)负责对业主委员会决定及工作动态的发布；

(4)负责业主委员会办公文秘工作、会议数据及内部管理规章制度的修订实施；

(5)负责与业主物权相关的道德行为规范宣教工作,宣传国家有关物权及物业管理条例的相关法律法规,提高业主的维权意识,负责业主委员会网络平台管理工作；

(6)负责对业主在物业管理活动中的不同意见及看法进行解释、沟通。

6. 具体分工(见下表)

序号	职责	委员	联系方式
1	主任职责及分工(分管协调、调解、主管业主委员会综合工作)		
2	副主任职责及分工(分管工程、公共设施监督)		
3	环境事务监督委员(分管保洁、绿化监督)		
4	财务、安防协调委员(分管小区财务及安防秩序监督)		
5	文秘、印章保管及宣传委员(分管业主大会、业主委员会印章保管;业主委员会相关公告宣传事宜)		
6	其他		

三、注意事项

业主委员会在进行前期工作时,应当注意如下事项:

1. 业主委员会开设银行账户受限于《人民币银行结算账户管理办法》,具体是否可以开设银行账户仍需要和银行机构进行沟通。

2. 关于税务问题,实际操作中,业主委员会需要开具的发票都是由物业公司代开的。若业主委员会须以自身名义开具发票,建议咨询税务部门。

第二章　业主大会定期会议

本章主要讨论业主委员会如何通知、召开、表决和公告业主大会定期会议的召开事宜。

第一节　确定会议议题并发布会议通知

一、确定程序

（一）召集主体

根据《北京市物业管理条例》和小区业主大会议事规则的规定，业主大会定期会议的召集主体是业主委员会。业主委员会可根据议事规则的规定发起业主大会定期会议。

（二）议题的确定

1. 应公告的内容

业主大会定期会议召开前，业主委员会应当向业主公告以下内容：

（1）上一年度物业管理情况报告；

（2）上一年度业主委员会工作情况报告；

（3）上一年度业主大会收支情况报告；

（4）物业管理的其他有关事项。

2. 应讨论并决议的内容

业主大会定期会议应当讨论并决议以下内容：

（1）审查业主委员会和物业服务企业或者其他管理人的年度工作计划；

（2）选举需要补选或者定期改选的业主委员会委员；

（3）决议下一年度物业管理有关事项；

(4)决议下一年度业主大会收支预算；

(5)决议物业管理其他有关事项。

【文书范例65】 ××××年度物业管理情况报告

××××年度物业管理情况报告

前言

一、物业公司运行和物业费收取情况

二、物业管理各方面总结

1. 配套设施管理

2. 突发事件处理

3. 节能管理

4. 档案管理

5. 安全管理

6. 环境管理

7. 客户服务

……

××物业管理有限责任公司

××××年××月××日

【文书范例66】 ××××年度业主委员会工作情况报告

××××年度业主委员会工作情况报告

前言

一、物业管理方面的总结

二、业主自治方面的总结

三、小区公共收益管理方面的总结

……

××小区业主委员会

××××年××月××日

【文书范例67】××××年度业主大会收支情况报告

××××年度业主大会收支情况报告

所属区间：××××年××月××日至××××年××月××日

行次	项　　目	金额/元
1	一、收入总额	
2	(一)……收入	
3	(二)……收入	
4	(三)……收入	
5	(四)……收入	
6	(五)……收入	
7	二、支出费用总额	
8	(一)办公费用	
9	(二)人工费用	
10	(三)其他项目支出费用	
11	三、收支盈余或亏损	
12	特别情况说明：	

【文书范例68】××××年度业主大会预算

××××年度业主大会预算

所属区间：××××年××月××日至××××年××月××日

行次	项　　目	金额/元
1	一、预算收入总额	
2	(一)……收入	
3	(二)……收入	

续表

行次	项　　目	金额/元
4	(三)……收入	
5	(四)……收入	
6	(五)……收入	
7	二、预算支出费用总额	
8	(一)办公费用	
9	(二)人工费用	
10	(三)其他项目支出费用	
11	三、收支盈余或亏损	
12	特别情况说明:	

业主委员会应当自提议确定之日起,将业主大会拟表决事项在物业管理区域内显著位置公告并告知相关的社区居民委员会,公告期间不少于15日。

公告期内,业主可以对拟表决事项提出建议和意见,业主委员会应当予以参考,可以对拟表决事项的具体内容进行修改,并接受业主质询。拟表决事项经修改后应重新公告,公告期间不少于15日。

【文书范例69】××小区业主大会其他会议议题的征求意见稿

××小区业主大会其他会议议题的征求意见稿

××小区全体业主:

××小区业主委员会根据《北京市物业管理条例》《北京市住宅区业主大会和业主委员会指导规则》《××小区管理规约》《××小区业主大会议事规则》,结合本小区的实际情况,拟在本年度会议审议如下议题:

议题一:____________________

议题二:____________________

议题三:____________________

现向全体业主公开征求意见,各位业主可以通过××小区公告栏、××小区业主微信群和本通知等了解相关内容,并于××××年××月××日前以书面方式通过信件或者电子邮件将意见反馈给筹备组。

特此通知。

附件:1.《议题一:××××(征求意见稿)》

2.《议题二:××××(征求意见稿)》

3.《议题三:××××(征求意见稿)》

联系人:__________

联系电话:__________

电子邮箱:__________

××小区业主委员会

××××年××月××日

(三)发布年度业主大会会议公告

召开业主大会会议的,业主委员会应当于会议召开15日前通知全体业主,将会议议题及其具体内容、时间、地点、方式等在物业管理区域内显著位置公示,并报物业所在地的居民委员会或村民委员会。居民委员会或村民委员会应当派代表列席会议。业主大会会议不得就已公示议题以外的事项进行表决。

【文书范例70】 关于召开××小区××××年度业主大会定期会议的通知(纸质投票)

关于召开××小区××××年度业主大会定期会议的通知

根据《中华人民共和国民法典》《北京市物业管理条例》等相关法律法规的规定,××小区业主委员会将组织召开××小区××××年度业主大会定期会议,请各位业主依照《中华人民共和国民法典》《北京市物业管理条例》积极行使业主合法权利。

一、业主大会会议安排

1. ××××年××月××日至××××年××月××日,在小区内依法公示××小区业主大会的××议题等。

2. 本次业主大会会议以书面征求意见方式召开。

3. ××××年××月××日至××××年××月××日向小区业主公布本次业主大会会议表决结果。

二、业主大会拟表决议题

1.《××小区××议题》;

2.《××小区××议题》;

3. 更换业主委员会委员及候补委员;

4. 其他需要表决的事项。

三、表决方式

1. 本次业主大会会议的表决采用纸质投票的方式进行。投票时间:××××年××月××日至××××年××月××日。(以下方式二选一或者全选)

(1)固定投票方式:固定票箱设置在____(地点),业主可携带身份证与不动产权属证书前往投票。

(2)流动投票方式:小区业主代表(志愿者)和××物业工作人员将协助筹备组采用持封闭选票箱上门书面征求意见,入户发放、回收"表决票"的形式。

2. 业主可在规定的时间内委托代理人参加业主大会会议表决,委托方式为书面委托。

3. 因故不能按上述方式表决的业主,由××小区业主委员会按照业主提供的联系地址、通讯方式,通过邮件快递将"表决票"寄送给业主,征求业主的表决意见。

4. ××××年××月××日××:00,在小区____(地点)举行"开箱、验票、唱票、计票"等现场表决仪式,业主委员会现场宣布表决结果。

因本次会议拟表决的文件较多,特在小区公告栏公示,请业主朋友前往查看。

咨询电话:010-××××××××。

××小区业主委员会

××××年××月××日

【文书范例71】 关于召开××小区××××年度业主大会定期会议的通知(互联网投票)

关于召开××小区××××年度业主大会定期会议的通知

根据《中华人民共和国民法典》《北京市物业管理条例》等相关法律法规的规定,××小区业主委员会将组织召开××小区××××年度业主大会定期会议,请各位业主依照《中华人民共和国民法典》《北京市物业管理条例》积极行使业主合法权利。

一、业主大会会议安排

1. ××××年××月××日至××××年××月××日，在小区内依法公示××小区业主大会的××议题等。

2. 本次业主大会会议以书面征求意见方式召开。

3. ××××年××月××日至××××年××月××日向小区业主公布本次业主大会会议表决结果。

二、业主大会拟表决议题

1.《××小区××议题》；

2.《××小区××议题》；

3. 更换业主委员会委员及候补委员；

4. 其他需要表决的事项。

三、表决方式

1. 本次业主大会会议的表决采用互联网投票（“北京业主”APP）的方式进行，投票时间：××××年××月××日至××××年××月××日。

2. 业主可在规定的时间内通过“北京业主”APP进行投票。“北京业主”APP的使用方式参见《关于采用“北京业主”APP进行投票的公告》。

3. ××××年××月××日××:00，在小区____（地点）宣布表决结果。

因本次会议拟表决的文件较多，特在小区公告栏公示，请业主朋友前往查看。

同时完成认证的业主亦可在“北京业主”APP查看会议相关文件。

咨询电话：010-××××××××。

××小区业主委员会

××××年××月××日

【文书范例72】 ××小区××××年度业主大会定期会议召开方案（纸质投票）

××小区××××年度业主大会定期会议召开方案

根据《中华人民共和国民法典》《物业管理条例》《北京市物业管理条例》及相关法律、法规的规定，结合本物业管理区域内的实际情况，在____区____街道办事处的指导下，经业主委员会研究决定，制定本工作方案：

一、业主大会会议召开方式

业主委员会决定以书面征求意见形式召开业主大会会议。

二、业主大会会议表决方式

业主委员会决定采用纸质投票形式表决业主大会会议相关议题。

以书面征求意见召开业主大会会议的，由业主委员会将业主大会议题以及《本物业管理区域业主大会会议表决票》等文件公示。

业主本人应当按照《本物业管理区域业主大会会议表决票》中的要求和形式进行表决，经本人签字后，由业主投放到××小区________（具体位置）。业主授权其他业主或者物业使用人投票的，应当出具书面授权委托书和身份证明。

三、业主大会会议召开时间

业主委员会决定于××××年××月××日至××××年××月××日，在本物业管理区域内召开××××年度业主大会会议。业主大会会议会期为____天。因故无法按期完成会议投票的，业主委员会将讨论在物业管理区域内公告相关情况及延长期限，但延长期限最长不得超过15日。

四、业主大会会议召开地点

采用书面征求意见召开业主大会会议的，业主委员会决定于××小区收发《本物业区域业主大会会议表决票》。

五、业主大会会议决议事项

1.《××小区××××》；

2.《××小区××××》；

3. 其他事项。（如解聘、续聘物业管理公司等事宜）

六、业主大会会议表决规则

决议以上事项，应当由专有部分面积占比2/3以上的业主且人数占比2/3以上的业主参与表决。决定前款事项，应当经参与表决专有部分面积过半数的业主且参与表决人数过半数的业主同意。

业主的表决权按照面积和人数计算。

（一）业主的面积表决权数按照下列方法认定：

1. 专有部分面积，按照不动产登记簿记载的面积计算；尚未进行不动产登记的，暂按测绘机构的实测面积计算；尚未进行实测的，暂按房屋买卖合同记载的面积计算。

2. 建筑物总面积，按照前项的统计总和计算。

（二）业主的人数表决权数按照下列方法认定：

1. 业主人数，按照专有部分的数量计算，一个专有部分按一人计算。但建设单位尚未出售和虽已出售但尚未交付的部分，以及同一买受人拥有一个以上专有部分的，按一人计算。

2. 总人数，按照前项的统计总和计算。

按照规划建设的已经办理了不动产登记的车库、车位，按照不动产登记簿记载的面积计算；尚未进行不动产登记但是具有销售（预售）许可证的车库、车位，按测绘机构的实测面积计算；尚未进行实测的，暂按买卖合同记载的面积计算。按照规划建设的人防工程面积不计算投票权。

根据以上表决规则和本物业管理区域内业主及其专有部分面积明细表（见文书范例）确立各业主的表决权。

七、表决结果公告

××××年××月××日××:00，在小区______（地点）举行“开箱、验票、唱票、计票”等现场表决仪式，业主委员会现场宣布表决结果。

会议结束后，业主大会相关资料由业主委员会归档保存。

××小区业主委员会

××××年××月××日

【文书范例73】 ××小区××××年度业主大会定期会议召开方案（互联网投票）

××小区××××年度业主大会定期会议召开方案

根据《中华人民共和国民法典》《物业管理条例》《北京市物业管理条例》及相关法律、法规的规定，结合本物业管理区域内的实际情况，在____区____街道办事处的指导下，经业主委员会研究决定，制定本工作方案：

一、业主大会会议召开方式

业主委员会决定以互联网表决形式召开业主大会会议。

二、业主大会会议表决方式

业主委员会决定采用“北京业主”APP投票的形式表决业主大会相关议题。

三、业主大会会议召开时间

业主委员会决定于××××年××月××日至××××年××月××日，在本物业管理区域内召开业主大会会议。业主大会会议会期为____天。因故无法按期完成会议投票的，业主委员会将讨论在物业管理区域内公告相关情况及延长期限，但延长期限最长不得超过15日。

四、业主大会会议文件获取方式

业主委员会将在会前将会议文件上传至“北京业主”APP，全体业主均可通过“北京业主”APP进行查询。如业主需要纸质版本，请联系业主委员会获取相关文件。

五、业主大会会议决议事项

1.《××小区××××》；

2.《××小区××××》；

3. 其他事项。（如解聘、续聘物业管理公司等事宜）

六、业主大会会议表决规则

决议以上事项，应当由专有部分面积占比三分之二以上的业主且人数占比三分之二以上的业主参与表决。决定前款事项，应当经参与表决专有部分面积过半数的业主且参与表决人数过半数的业主同意。

业主的表决权按照面积和人数计算。

（一）业主的面积表决权数按照下列方法认定：

1. 专有部分面积，按照不动产登记簿记载的面积计算；尚未进行不动产登记的，暂按测绘机构的实测面积计算；尚未进行实测的，暂按房屋买卖合同记载的面积计算。

2. 建筑物总面积，按照前项的统计总和计算。

（二）业主的人数表决权数按照下列方法认定：

1. 业主人数，按照专有部分的数量计算，一个专有部分按一人计算。但建设单位尚未出售和虽已出售但尚未交付的部分，以及同一买受人拥有一个以上专有部分的，按一人计算。

2. 总人数，按照前项的统计总和计算。

按照规划建设的已经办理了不动产登记的车库、车位，按照不动产登记簿记载的面积计算；尚未进行不动产登记但是具有销售（预售）许可证的车库、车位，按测绘机构的实测面积计算;尚未进行实测的,暂按买卖合同记载的面积计算。按照规划建设的人防工程面积不计算投票权。

根据以上表决规则和本物业管理区域内业主及其专有部分面积明细表(见文书范例)确立各业主的表决权。

七、表决结果公告

××××年××月××日××:00,在小区______(地点)宣布表决结果。

会议结束后,业主大会相关资料由业主委员会归档保存。

××小区业主委员会

××××年××月××日

二、注意事项

召开业主大会定期会议时,应当注意如下事项:

1. 业主大会定期会议应当按照业主大会议事规则的规定召开,每年至少召开一次。

2. 召开业主大会会议的,业主委员会应当于会议召开 15 日前通知全体业主,将会议议题及其具体内容、时间、地点、方式等在物业管理区域内显著位置公示,并报物业所在地的居民委员会或村民委员会。居民委员会或村民委员会应当派代表列席会议。

3. 业主大会会议不得就已公示议题以外的事项进行表决。

第二节 开展投票活动

一、投票活动

在业主投票的过程中,业主委员会需要开展如下工作:

1. 监督指导投票工作志愿者的工作。

2. 广泛发动业主参与投票工作。

3. 及时发现并劝阻干扰投票的活动。

4. 接受业主的监督,及时回复业主的疑问。

5. 采用“北京业主”APP 投票的,应当及时发布投票数据;采用纸质投票的,应当按照周期汇总投票情况,并适时启动流动票箱或者根据业主的情况采用合适的投票方式。

6. 采用纸质投票的,如果存在委托投票的,应当核验授权委托书和相关证件。

【文书范例 74】投票授权委托书

投票授权委托书

本人系××小区××号楼××门××室业主×××(身份证号:××××××××××××),现委托×××(身份证号:××××××××××××)代为参与____年度业主大会会议投票,本人对投票的真实性负责,表决内容是本人真实意思表示。

附:本人身份证复印件,本人产权证书复印件,受托人身份证复印件。

委托人:__________

受托人:__________

××××年××月××日

【文书范例 75】关于××小区延长____年度业主大会会议投票期的通知

关于××小区延长____年度业主大会会议投票期的通知

致××小区全体业主:

××小区____年度业主大会会议投票期从 ××××年××月××日起至 ××××年××月××日止。为了使广大业主积极参与投票,最大限度保证本次投票的参与率,业主委员会经讨论后决定,将本次会议投票期延长 15 日。××小区____年度业主大会会议投票日期延长至 ××××年××月××日。

特此公告。

××小区业主委员会

××××年××月××日

二、及时封存票箱

业主委员会在投票结束后,应该及时封存票箱,保障票箱封闭完好。一般可采用张贴加盖社区印章的封条、票箱与开箱钥匙分别存放、对存放地进行视频监控的方式保障封闭的严谨性,直至正式开票为止。

三、决定是否延长投票的期限

1. 业主委员会根据情况召开会议决定是否延长业主大会会议的会期,决定延长的,最多延长一次,延长时间不超过 15 日。

2. 决定延长会期决议应当于业主大会原会议结束日期前作出并公示,公示时间不少于 7 日。

第三节　组织开票

一、开票通知

业主委员会在业主大会会议投票结束前(有延期的可在延期后结束日期前)召开会议确定开票时间、开票地点、开票工作人员等,并公示相关信息不少于 7 日。

【文书范例 76】 ××小区业主大会会议开票公告

××小区业主大会会议开票公告

××小区全体业主:

××小区业主大会投票将于 ××××年××月××日结束,业主委员会决定在 ××××年××月××日在××社区居民委员会______(地点)进行开票工作。

一、开票流程

1. 启封票箱:拟定 2 人,由社区居民委员会工作人员 1 名和业主委员会代表 1 名组成。

2. 选票清点和按照楼号分类:拟定____人(按照票箱的数量确定),由业主代表和业主委员会代表组成。

3. 唱票:拟定____组,每组 3 人,其中唱票 1 人、计票 1 人、监票 1 人,各组成员全部由业主代表组成(或者根据实际情况调整)。

4. 公布唱票结果:唱票结束当场公布计票结果。

5. 选票封存:选举结束后,由唱票人、计票人和监票人将全部选票整理封存。

二、业主大会会议开票业主的产生

1. 本次业主大会会议开票过程拟招募业主代表__名作为开票过程的计票人、监票人和唱票人。

（下述方式二选一，或者全选）

2. 小区业主可在××××年××月××日 17:00 之前向业主委员会报名参加开票工作。

3. 开票业主代表由××社区居民委员会向业主委员会推荐产生。

三、开票纪律

1. 业主委员会委员候选人及其配偶、父母、子女、兄弟姐妹不得担任监票人、计票人和唱票人。

2. 本小区业主包括业主委员会委员候选人可现场观摩业主大会会议开票过程。基于防疫要求，现场观摩业主人数限定在____名，按照业主到场的先后顺序进入会场。

特此公告。

××小区业主委员会

××××年××月××日

【文书范例 77】 ××小区业主大会会议开票业主代表报名表

××小区业主大会会议开票业主代表报名表

序号	姓名	性别	房屋坐落	联系方式	是否知悉开票纪律	签名

【文书范例 78】 ××小区业主大会会议开票活动主持词

××小区业主大会会议开票活动主持词

各位业主、××街道、××社区居民委员会：

××小区业主大会会议的投票工作已经于××××年××月××日结束，现业主委员会根据《××小区业主大会会议召开方案》组织开票活动。

下面宣读本次开票活动的计票、唱票和监票成员名单:

……

请监票人员检查票箱。(向现场出席业主和其他参加人展示票箱的完整性)

请计票人员在监票人监督下开封票箱并清点选票。现在暂时休会,请大家保持安静,原地休息。

……

各位业主,现在复会。

据监票人报告,本次业主大会会议发出选票××张,收回选票××张。收回的选票票数等于(少于)发出的选票票数,投票有效。

现在在监票人的监督下计票、唱票。

……

下面请监票人报告计票结果。

议题××,获××票赞成,对应建筑物专有部分面积××平方米,占建筑物总面积的××%,业主人数××人,占业主总人数的××%。

议题××,获××票赞成,对应建筑物专有部分面积××平方米,占建筑物总面积的××%,业主人数××人,占业主总人数的××%。

业主委员会委员候选人×××,获××票赞成,对应建筑物专有部分面积××平方米,占建筑物总面积的××%,业主人数××人,占业主总人数的××%。

业主委员会委员候选人×××,获××票赞成,对应建筑物专有部分面积××平方米,占建筑物总面积的××%,业主人数××人,占业主总人数的××%。

业主委员会委员候选人×××,获××票赞成,对应建筑物专有部分面积××平方米,占建筑物总面积的××%,业主人数××人,占业主总人数的××%。

……

以上是本次业主大会会议的投票结果,根据《××小区业主大会会议召开方案》规定和计票情况,本次业主大会会议议题通过情况如下:

议题××通过/不通过

议题××通过/不通过

业主委员会委员候选人得票顺序如下:

×××当选/不当选

×××当选/不当选

……

根据规定，上述选举结果将在3日内通过公告的方式在本小区公告栏和业主微信群发布，请广大业主关注。

散会。

二、注意事项

业主委员会组织开票时，应当注意以下事项：

1. 开票时间应为业主大会会议结束后3日内，建议在投票结束后的第一天即开票。

2. 开票过程中应当有业主监督并全程录音录像，建议业主委员会组、社区居民委员会工作人员为开票工作人员。建议三方人员组成开票小组。

3. 有条件的可以聘请第三方组织开票工作，并由业主监督。

4. 采用纸质投票的，应当明确选票的存档地点、方式和保存期限。

第四节　公布投票结果

开票结束后，业主委员会召开会议，确定业主大会会议结果并公示7日以上。

【文书范例79】关于××小区业主大会会议议题表决结果的公示

关于××小区业主大会会议议题表决结果的公示

××小区全体业主：

××××年××月××日，××小区业主大会会议召开。会议就各项议题进行了审议和表决，现将会议表决结果公示如下：

1. 表决通过《××××》；

2. 表决通过《××××》；

3. 选举产生×名业主委员会委员和×名业主委员会候补委员，名单如下：

序号	姓名	身份	住址	联系方式
1		委员		
2		候补委员		

4. 表决通过其他议题。

对此结果有异议的业主，请向业主委员会书面提出异议。本决议的异议期是××××年××月××日至××××年××月××日。

特此公告。

××小区业主委员会

××××年××月××日

【文书范例80】 **业主大会会议决议**

业主大会会议决议

根据《中华人民共和国民法典》《物业管理条例》《北京市物业管理条例》《北京市住宅区业主大会和业主委员会指导规则》及相关法律、法规、规章的规定，××××年××月××日至 ××××年××月××日，××小区采用□互联网投票□书面征求意见方式召开业主大会会议。本物业管理区域建筑物总面积共××平方米，业主总人数是××人。业主大会会议表决票共发放和送达××份，实收反馈意见××份，对应建筑物专有部分面积××平方米，占建筑物总面积的××%，业主人数××人，占业主总人数的××%。本次会议真实有效。会议表决通过以下事项：

1. 以××票赞成____，对应建筑物专有部分面积××平方米，占建筑物总面积的××%，业主人数××人，占业主总人数的××%，通过××。

2. 以××票赞成____，对应建筑物专有部分面积××平方米，占建筑物总面积的××%，业主人数××人，占业主总人数的××%，通过××。

3. 以××票赞成____，对应建筑物专有部分面积××平方米，占建筑物总面积的××%，业主人数××人，占业主总人数的××%，确定××。

4. ……

××小区业主委员会

××××年××月××日

第五节　业主大会会议归档工作

业主大会会议表决结果公示后，业主委员会工作人员应按照《××小区档案管理规定》整理业主大会定期会议的资料并归档，按照规定的要求表明保存的年限。

针对业主大会和业主委员会的文件归档工作，建议在归档工作中注意如下方面：

一、归档内容

1. 负责开发建设本小区的企业或组织依法应该交付的全部图纸和资料

(1)房屋及设施设备基础资料、房屋总平面图、地下管网图、规划批准文件，竣工和接管验收档案资料(承接查验证明、竣工验收单及土建、水暖、电气、人防、设备竣工图纸等)，共有设备设施的设计安装图纸资料；

(2)“六图二书”，即1/1000比例尺的现状图、规划总平面图、道路规划图、竖向规划图、市政设施管网综合规划图、绿地规划图以及居住小区的详细规划说明书和环境预评价书；

(3)竣工总平面图，单体建筑、结构、设备竣工图，配套设施、地下管网工程竣工图等竣工验收资料；

(4)最新的全部设备设施的使用、管理、维护手册等技术资料和安装、使用、维修、保养记录，分户管理记录，房屋数量、种类、用途分类统计表；

(5)房屋产权产籍资料：应有房屋产权情况清册，共用部位、共用设施设备的产权情况、数量、分摊原则和分摊系数；

(6)目前的主要共用部位、建筑物、构筑物、设备及设施的状况；

(7)物业管理所必需的其他资料。

2. 物业管理中形成的资料

(1)(前期)物业服务协议和(临时)管理规约；

(2)通行版的商品房买卖合同；

(3)与物业管理相关的装修协议、停车服务协议等；

(4)物业公司对外委托物业服务事项的协议，如保安协议、保洁协议、绿化协议、电梯或消防设施维保协议等；

(5)居住本小区业主情况表，房屋安全普查表，历年的房屋完损等级评定记录，大、中、小修和检查记录，设施设备运行记录，专项维修资金的提存和使用记录，物业费的收缴和使用记录，向委托人、业主委员会或者住建部门公开账目的记录等；

(6)小区公共收益记录，诸如合同、收入记录和支出记录等；

(7)物业管理中形成的其他资料。

3. 业主大会筹备召开的资料

(1)业主大会筹备组工作过程资料，本编中与业主大会相关的所有的文件、通知、公告、会议记录等需要存档；

(2)业主委员会运行中形成的资料。

二、管理要求

1. 归档的资料应该是原件，原件提交其他部门的，应在复印件中说明原件的归处，以备查询。

2. 需要归档的文件均应该在事务告一段落后及时整理归档，并按照档案管理规定的要求进行分类和标识。

第三章　业主大会临时会议

第一节　发起临时会议的主体和条件

一、发起临时会议的主体

1. 专有部分占建筑物总面积20%以上的业主或者占总人数20%以上的业主向业主委员会提议召开业主大会临时会议的；

2. 出现管理规约中约定的需要召开业主大会临时会议的其他情形；

3. 发生重大事故或者紧急事件需要及时处理的；

4. 业主委员会未按照规定召集业主大会会议的，经业主请求，街道办事处、乡镇人民政府责令限期召集；

5. 经街道办事处责令，业主委员会逾期仍未召集的，由物业所在地的街道办事处、乡镇人民政府组织召集；

6. 业主委员会根据业主大会议事规则自行决定召集的；

7. 业主大会议事规则规定的其他情形。

【文书范例81】 关于召开××小区业主大会临时会议的申请书（专有部分面积20%的业主）

关于召开××小区业主大会临时会议的申请书

××小区业主委员会/××街道办事处/乡镇人民政府：

我们是××小区的业主，针对本小区物业管理区域××问题，现有专有部分占建筑物总面积20%以上的业主申请召开业主大会临时会议，请你委根据《××小区管理规约》和《××小区业主大会议事规则》的规定及时组织召开会议表决××事项/请贵单位责令业主委员会组织召开我小区业主大会临时会议。

联系人:__________

联系方式:__________

××××年××月××日

申请人联合签名				
物业管理区域基本信息	物业项目名称:××小区			
	地址:北京市××区××路××号			
	物业管理区域包含以下楼栋:××路××号楼至××号楼			
	建筑物总面积:　　　平方米;业主总人数:　　　人			
	本次申请所占比例:　　　%			
申请人姓名	房屋坐落	专有部分面积	联系方式	本人签字
	××楼××单元××室	m^2		
	××楼××单元××室	m^2		
	××楼××单元××室	m^2		
	××楼××单元××室	m^2		
	××楼××单元××室	m^2		
……	……	……	……	……

附:申请人身份证与不动产权属证书复印件

【文书范例82】 关于召开××小区业主大会临时会议的申请书(20%的业主)

关于召开××小区业主大会临时会议的申请书

××小区业主委员会/××街道办事处/乡镇人民政府:

我们是××小区的业主,针对本小区物业管理区域××问题,现有业主人数占业主总人数20%以上的业主申请召开业主大会临时会议,请你委根据《××小区管理规约》和《××小区业主大会议事规则》的规定及时组织召开会议表决××事项/请贵单位责令业主委员会组织召开我小区业主大会临时会议。

联系人：__________

联系方式：__________

××××年××月××日

<table>
<tr><td colspan="4">申请人联合签名</td></tr>
<tr><td rowspan="5">物业管理区域基本信息</td><td colspan="3">物业项目名称：××小区</td></tr>
<tr><td colspan="3">地址：北京市××区××路××号</td></tr>
<tr><td colspan="3">物业管理区域包含以下楼栋：××路××号楼至××号楼</td></tr>
<tr><td colspan="3">建筑物总面积：　　平方米；业主总人数：　人</td></tr>
<tr><td colspan="3">本次申请所占比例：　%</td></tr>
<tr><td>申请人姓名</td><td>房屋坐落</td><td>联系方式</td><td>本人签字</td></tr>
<tr><td></td><td>××楼××单元××室</td><td></td><td></td></tr>
<tr><td></td><td>××楼××单元××室</td><td></td><td></td></tr>
<tr><td></td><td>××楼××单元××室</td><td></td><td></td></tr>
<tr><td></td><td>××楼××单元××室</td><td></td><td></td></tr>
<tr><td></td><td>××楼××单元××室</td><td></td><td></td></tr>
<tr><td>……</td><td>……</td><td>……</td><td>……</td></tr>
</table>

附：申请人身份证与不动产权属证书复印件

【文书范例83】申请联系人承诺书

申请联系人承诺书

本人系××小区召开业主大会临时会议申请活动的联络人，本人保证《关于召开××小区业主大会临时会议的申请书》中的签名真实有效，系业主真实意愿的表达，不动产权属证书等业主身份证明资料均由业主自愿提供。

本人保证在业主签名过程中获知的业主个人信息均被妥善保管，不存在泄露风险。

特此说明。

承诺人：____________

身份证号：____________

联系方式：____________

××××年××月××日

二、申请人身份的核实

（一）业主委员会

1. 业主委员会对提议业主人数有异议的，应当自收到业主提议之日起30日内自行核查或者向街道办事处、乡镇人民政府申请启动“北京业主”APP进行核查，并作出是否召集业主大会临时会议的书面决定，在物业管理区域内显著位置公告。

2. 如果业主在申请时提供了详细的身份信息，业主委员会应当自收到业主提议之日起30日内作出是否召集业主大会临时会议的书面决定，在物业管理区域内显著位置公告。

3. 业主对业主委员会自行核查的结果有异议的，业主可以于自行核查结果公示后3日内向街道办事处、乡镇人民政府申请启动“北京业主”APP进行核查，并将核查结果在物业管理区域内显著位置公示。

4. 业主委员会未按时作出决定或者业主委员会决定不召开临时会议，但经“北京业主”APP核查后业主提议符合法律或者管理规约规定的情形的，业主大会设立监事会的，应当由监事会根据管理规约、业主大会议事规则予以监督。

（关于此阶段的内容参见第二编的内容）

（二）××街道办事处/乡镇人民政府

业主委员会不接受业主大会监事会监督，或者未设立监事会但相关业主提出申请的，物业所在地的街道办事处、乡镇人民政府应当责令其限期履行职责，业主委员会逾期仍不履行的，街道办事处、乡镇人民政府应当协助业主组织召开业主大会临时会议并对相关事宜进行表决。

关于此程序中街道办事处、乡镇人民政府如何协助业主组织召开业主大会临时会议仍需相关部门给出明确的指导意见。

第二节　组织召开会议

一、确定会议议题

业主委员会决定召开业主大会临时会议的，应当拟定业主大会拟表决的议题。为了使业主全面充分地了解业主大会涉及的议题，建议针对每个议题撰写详细的方案并公示，在公示期间收集业主的意见。根据业主的意见和建议修改补充各议题的方案并再次公示后作为会议议题。

议题中详细的方案应该包括具体内容、时间、地点、方式、备用方案或者突发情况应急预案等信息。

二、发布业主委员会决议

1. 业主委员会召开会议确定业主大会临时会议的，其中需要发布召开业主委员会会议公告、公告业主委员会的会议决议等。

2. 公示会议召开方案和会议议题征求意见稿及其实施方案，公示期不少于7日。

【文书范例84】 ××小区业主大会临时会议议题的征求意见稿

××小区业主大会临时会议议题的征求意见稿

××小区全体业主：

经×××等业主的申请，××小区业主委员会根据《中华人民共和国民法典》《北京市物业管理条例》《北京市住宅区业主大会和业主委员会指导规则》《××小区管理规约》《××小区业主大会议事规则》，结合本小区的实际情况，拟在本小区召开业主大会临时会议审议如下议题：

议题一：__________

议题二：__________

议题三：__________

现向全体业主公开征求意见，各位业主可以通过××小区公告栏、××小区业主微信群和本通知等了解相关内容，并于××××年××月××日前以书面方式通过信件或者电子邮件将意见反馈给筹备组。

特此通知。

附件：1.《议题一：××××（征求意见稿）》

2.《议题二：××××（征求意见稿）》

3.《议题三：××××（征求意见稿）》

联系人：__________

联系电话：__________

电子邮箱：__________

××小区业主委员会

××××年××月××日

三、发布业主大会临时会议召开方案和会议通知

召开业主大会临时会议的，业主委员会应当于会议召开15日前通知全体业主，将会议议题及其具体内容、时间、地点、方式等在物业管理区域内显著位置公示，并报物业所在地的居民委员会、村民委员会。居民委员会、村民委员会应当派代表列席会议。业主大会临时会议不得就已公示议题以外的事项进行表决。

【文书范例85】 关于召开××小区业主大会临时会议的通知（纸质投票）

关于召开××小区业主大会临时会议的通知

根据《中华人民共和国民法典》《北京市物业管理条例》等相关法律法规的规定，××小区业主委员会将组织召开××小区业主大会临时会议，请各位业主依照《中华人民共和国民法典》《北京市物业管理条例》积极行使业主合法权利。

一、业主大会会议安排

1. ××××年××月××日至××××年××月××日，在小区内依法公示××小区业主大会的××议题等。

2. 本次业主大会会议以书面征求意见方式召开。

3. ××××年××月××日至××××年××月××日向小区业主公布本次业主大会会议

表决结果。

二、业主大会拟表决议题

1.《××小区××议题》;

2.《××小区××议题》;

3. 其他需要表决的事项。

三、表决方式

1. 业主大会会议的表决采用现场投票的方式进行。投票时间:××××年××月××日至××××年××月××日。

2. 业主可在规定的时间内委托代理人参加业主大会会议表决,委托方式为书面委托并需要提供业主身份证明。

3. 因故不能按上述方式表决的业主,由××小区业主委员会按照业主提供的联系地址、通讯方式,通过邮件快递将"表决票"寄送给业主,征求业主的表决意见。

4. ××××年××月××日××:00,在小区______(地点)举行"开箱、验票、唱票、计票"等现场表决仪式,业主委员会现场宣布表决结果。

因公示文件内容较多,特在小区公告栏公示,请业主朋友前往查看。

咨询电话:010-××××××××。

××小区业主委员会

××××年××月××日

【文书范例86】 ××街道办事处关于召开××小区业主大会临时会议的通知(纸质投票)

关于召开××小区业主大会临时会议的通知

根据《中华人民共和国民法典》《北京市物业管理条例》等相关法律法规的规定,××街道办事处将组织召开××小区业主大会临时会议,请各位业主依照《中华人民共和国民法典》《北京市物业管理条例》积极行使业主合法权利。

一、业主大会会议安排

1. ××××年××月××日至××××年××月××日,在小区内依法公示××小区业主大会的××议题等。

2. 本次业主大会会议以书面征求意见方式召开。

3. ××××年××月××日至××××年××月××日向小区业主公布本次业主大会会议

表决结果。

二、业主大会拟表决议题

1.《××小区××议题》;

2.《××小区××议题》;

3. 其他需要表决的事项。

三、表决方式

1. 业主大会会议的表决采用现场投票的方式进行。投票时间:××××年××月××日至××××年××月××日。

2. 业主可在规定的时间内委托代理人参加业主大会会议表决,委托方式为书面委托并需要提供业主身份证明。

3. 因故不能按上述方式表决的业主,可向××街道办事处/社区居民委员会申请,按照业主提供的联系地址、通讯方式,通过邮件快递将“表决票”寄送给业主,征求业主的表决意见。

4. ××××年××月××日××:00,在小区______(地点)举行“开箱、验票、唱票、计票”等现场表决仪式,××街道办事处现场宣布表决结果。

因公示文件内容较多,特在小区公告栏公示,请业主朋友前往查看。

咨询电话:010-××××××××。

××街道办事处

××××年××月××日

【文书范例87】 ××小区业主大会临时会议召开方案(纸质投票)

××小区业主大会临时会议召开方案

根据《中华人民共和国民法典》《物业管理条例》《北京市物业管理条例》及相关法律、法规的规定,结合本物业管理区域内的实际情况,经业主委员会研究决定,制定本工作方案:

一、业主大会临时会议召开方式

业主委员会决定以书面征求意见形式召开业主大会临时会议。

二、业主大会临时会议表决方式

业主委员会决定采用书面征求意见形式表决业主大会临时会议相关议题。

以书面征求意见形式召开业主大会会议的,由业主委员会将业主大会会议议题以及《本物业管理区域业主大会会议表决票》等文件公示。

业主本人应当按照《本物业管理区域业主大会会议表决票》中的要求和形式进行表决,经本人签字后,由业主投放到××小区________(具体位置)。业主授权其他业主或者物业使用人投票的,应当出具书面授权委托书和身份证明。

三、业主大会临时会议召开时间

业主委员会决定于××××年××月××日至××××年××月××日,在本物业管理区域内召开业主大会临时会议。业主大会会议会期为____天。因故无法按期完成会议投票的,业主委员会将讨论在物业管理区域内公告相关情况及延长期限,但延长期限最长不得超过15日。

四、业主大会临时会议召开地点

采用书面征求意见形式召开业主大会会议的,业主委员会决定于××小区__________(具体地点)收发《本物业管理区域业主大会会议表决票》。

五、业主大会临时会议决议事项

1.《××小区××××》;

2.《××小区××××》;

3. 其他事项。(如解聘、续聘物业管理公司等事宜)

六、业主大会临时会议表决规则

决议以上事项,应当由专有部分面积占比2/3以上的业主且人数占比2/3以上的业主参与表决。决定前款事项,应当经参与表决专有部分面积过半数的业主且参与表决人数过半数的业主同意。

业主的表决权按照面积和人数计算。

(一)业主的面积表决权数按照下列方法认定:

1. 专有部分面积,按照不动产登记簿记载的面积计算;尚未进行不动产登记的,暂按测绘机构的实测面积计算;尚未进行实测的,暂按房屋买卖合同记载的面积计算。

2. 建筑物总面积,按照前项的统计总和计算。

(二)业主的人数表决权数按照下列方法认定:

1. 业主人数,按照专有部分的数量计算,一个专有部分按一人计算。但建设单位尚未出售和虽已出售但尚未交付的部分,以及同一买受人拥有一个以上专有部分的，按一人计算。

2. 总人数，按照前项的统计总和计算。

按照规划建设的已经办理了不动产登记的车库、车位，按照不动产登记簿记载的面积计算；尚未进行不动产登记但是具有销售（预售）许可证的车库、车位，按测绘机构的实测面积计算；尚未进行实测的，暂按买卖合同记载的面积计算。按照规划建设的人防工程面积不计算投票权。

根据以上表决规则和本物业管理区域内业主及其专有部分面积明细表（见文书范例）确立各业主的表决权。

七、表决结果公告

××××年××月××日××:00，在小区______（地点）举行“开箱、验票、唱票、计票”等现场表决仪式，业主委员会现场宣布表决结果。

会议结束后，业主大会相关资料由业主委员会归档保存。

××小区业主委员会

××××年××月××日

【文书范例 88】 ××小区业主大会临时会议召开方案（互联网投票）

××小区业主大会临时会议召开方案

根据《中华人民共和国民法典》《物业管理条例》《北京市物业管理条例》及相关法律、法规的规定，结合本物业管理区域内的实际情况，经业主委员会研究决定，制定本工作方案：

一、业主大会临时会议召开方式

业主委员会决定以互联网表决形式召开业主大会临时会议。

二、业主大会临时会议表决方式

业主委员会决定采取互联网投票的形式表决业主大会会议相关议题。

三、业主大会临时会议召开时间

业主委员会决定于××××年××月××日至××××年××月××日，在本物业管理区域内召开业主大会会议。业主大会会议会期为____天。因故无法按期完成会议投票的，业主委员会将讨论在物业管理区域内公告相关情况及延长期限，但延长期限最长不得超过 15 日。

四、业主大会临时会议文件收发地点

业主委员会决定于××小区________收发《××××》《××××》等文件。

五、业主大会临时会议决议事项

1.《××××》;

2.《××××》;

3. 其他事项。(如解聘、续聘物业管理公司等事宜)

六、业主大会临时会议表决规则

决议以上事项,应当由专有部分面积占比2/3以上的业主且人数占比2/3以上的业主参与表决。决定前款事项,应当经参与表决专有部分面积过半数的业主且参与表决人数过半数的业主同意。

业主的表决权按照面积和人数计算。

(一)业主的面积表决权数按照下列方法认定:

1. 专有部分面积,按照不动产登记簿记载的面积计算;尚未进行不动产登记的,暂按测绘机构的实测面积计算;尚未进行实测的,暂按房屋买卖合同记载的面积计算。

2. 建筑物总面积,按照前项的统计总和计算。

(二)业主的人数表决权数按照下列方法认定:

1. 业主人数,按照专有部分的数量计算,一个专有部分按一人计算。但建设单位尚未出售和虽已出售但尚未交付的部分,以及同一买受人拥有一个以上专有部分的,按一人计算。

2. 总人数,按照前项的统计总和计算。

按照规划建设的已经办理了不动产登记的车库、车位,按照不动产登记簿记载的面积计算;尚未进行不动产登记但是具有销售(预售)许可证的车库、车位,按测绘机构的实测面积计算;尚未进行实测的,暂按买卖合同记载的面积计算。按照规划建设的人防工程面积不计算投票权。

根据以上表决规则和本物业管理区域内业主及其专有部分面积明细表(见文书范例)确立各业主的表决权。

七、表决结果公告

××××年××月××日××:00,在××小区______(地点)由业主委员会现场宣布表决结果。

会议结束后，业主大会相关资料由业主委员会归档保存。

××小区业主委员会

××××年××月××日

第三节　开展投票活动

一、投票活动

在业主投票的过程中，业主委员会或者街道办事处、乡镇人民政府需要开展如下工作：

1. 监督指导投票工作志愿者的工作。

2. 广泛发动业主参与投票工作。

3. 及时发现并劝阻干扰投票的活动。

4. 接受业主的监督，及时回复业主的疑问。

5. 采用“北京业主”APP投票的，应当及时发布投票数据；采用纸质投票的，应当按照周期汇总投票情况，并适时启动流动票箱或者根据业主的情况采用合适的投票方式。

6. 采用纸质投票的，如果存在委托投票的，应当核验授权委托书和相关证件。

【文书范例89】投票授权委托书

投票授权委托书

本人系××小区××号楼××门××室业主×××（身份证号：××××××××××××），现委托×××（身份证号：××××××××××××）代为参与业主大会临时会议投票，本人对投票的真实性负责，表决内容是本人真实意思表示。

附：本人身份证复印件，本人产权证书复印件，受托人身份证复印件。

委托人：________

受托人：________

××××年××月××日

【文书范例 90】 关于××小区延长业主大会临时会议投票期的通知

关于××小区延长业主大会临时会议投票期的通知

致××小区全体业主：

××小区业主大会临时会议投票期从 ××××年××月××日起至 ××××年××月××日止。为了使广大业主积极参与投票，最大限度保证本次投票的参与率，业主委员会/街道办事处、乡镇人民政府经讨论后决定，将本次会议投票期延长 15 日。××小区业主大会临时会议投票日期延长至 ××××年××月××日。

特此公告。

××小区业主委员会

××街道办事处、乡镇人民政府

××××年××月××日

二、及时封存票箱

业主委员会在投票结束后，应该及时封存票箱，保障票箱封闭完好。一般可采用张贴加盖社区印章的封条、票箱与开箱钥匙分别存放、对存放地进行视频监控的方式保障封闭的严谨性，直至正式开票为止。

三、决定是否延长投票的期限

1. 业主委员会根据情况召开会议决定是否延长业主大会会议的会期，决定延长的，最多延长一次，延长时间不超过 15 日。

2. 决定延长会期决议应当于业主大会原会议结束日期前作出并公示，公示时间不少于 7 日。

第四节 组织开票

一、开票通知

业主委员会在业主大会临时会议投票结束前（有延期的可在延期后结束日期

前）召开会议确定开票时间、开票地点、开票工作人员等，并公示相关信息不少于7日。

【文书范例91】 ××小区业主大会临时会议开票公告

××小区业主大会临时会议开票公告

××小区全体业主：

××小区业主大会投票将于××××年××月××日结束，业主委员会决定在××××年××月××日在××社区居民委员会______（地点）进行开票工作。

一、开票流程

1. 启封票箱：拟定2人，由社区居民委员会工作人员1名和业主委员会代表1名组成。

2. 选票清点和按照楼号分类：拟定____人（按照票箱的数量确定），由业主代表和业主委员会代表组成。

3. 唱票：拟定____组，每组3人，其中唱票1人、计票1人、监票1人，各组成员全部由业主代表组成（或者根据实际情况调整）。

4. 公布唱票结果：唱票结束当场公布计票结果。

5. 选票封存：选举结束后，由唱票人、计票人和监票人将全部选票整理封存。

二、业主大会临时会议开票业主的产生

1. 本次业主大会临时会议开票过程拟招募业主代表____名作为开票过程的计票人、监票人和唱票人。

（下述方式二选一，或者全选）

2. 小区业主可在××××年××月××日17:00之前向业主委员会报名参加开票工作。

3. 开票业主代表由____社区居民委员会向业主委员会推荐产生。

三、开票纪律

1. 业主委员会委员候选人及其配偶、父母、子女、兄弟姐妹不得担任监票人、计票人和唱票人。

2. 本小区业主包括业主委员会委员候选人可现场观摩业主大会临时会议开票过程。基于防疫要求，现场观摩业主人数限定在名，按照业主到场的先后顺序进入会场。

特此公告。

××小区业主委员会

××××年××月××日

【文书范例92】 ××小区业主大会临时会议开票业主代表报名表

××小区业主大会临时会议开票业主代表报名表

序号	姓名	性别	房屋坐落	联系方式	是否知悉开票纪律	签名

【文书范例93】 ××小区业主大会临时会议开票活动主持词

××小区业主大会临时会议开票活动主持词

各位业主、××街道、××社区居民委员会:

××小区业主大会的投票工作已经于××××年××月××日结束,现业主委员会根据《××小区业主大会会议召开方案》组织开票活动。

下面宣读本次开票活动的计票、唱票和监票成员名单:

……

请监票人员检查票箱。(向现场出席业主和其他参加人展示票箱的完整性)

请计票人员在监票人监督下开封票箱并清点选票。现在暂时休会,请大家保持安静,原地休息。

……

各位业主,现在复会。

据监票人报告,本次业主大会会议发出选票××张,收回选票××张。收回的选票票数等于(少于)发出的选票票数,投票有效。

现在在监票人的监督下计票、唱票。

……

下面请监票人报告计票结果。

议题××，获××票赞成，对应建筑物专有部分面积××平方米，占建筑物总面积的××%，业主人数××人，占业主总人数的××%。

议题××，获××票赞成，对应建筑物专有部分面积××平方米，占建筑物总面积的××%，业主人数××人，占业主总人数的××%。

业主委员会委员候选人×××，获××票赞成，对应建筑物专有部分面积××平方米，占建筑物总面积的××%，业主人数××人，占业主总人数的××%。

业主委员会委员候选人×××，获××票赞成，对应建筑物专有部分面积××平方米，占建筑物总面积的××%，业主人数××人，占业主总人数的××%。

业主委员会委员候选人×××，获××票赞成，对应建筑物专有部分面积××平方米，占建筑物总面积的××%，业主人数××人，占业主总人数的××%。

……

以上是本次业主大会会议的投票结果，根据《××小区业主大会会议召开方案》规定和计票情况，本次业主大会会议议题通过情况如下：

议题××通过/不通过

议题××通过/不通过

业主委员会委员候选人得票顺序如下：

×××当选/不当选

×××当选/不当选

……

根据规定，上述选举结果将在3日内通过公告的方式在本小区公告栏和业主微信群发布，请广大业主关注。

散会。

二、注意事项

1. 开票时间应为业主大会会议结束后3日内，建议在投票结束后的第一天即开票。

2. 开票过程中应当有业主监督并全程录音录像，建议业主委员会、社区居民委员会工作人员为开票工作人员。建议三方人员组成开票小组。

3. 有条件的可以聘请第三方组织开票工作,并由业主监督。

4. 采用纸质投票的,应当明确选票的存档地点、方式和保存期限。

第五节 公布投票结果

开票结束后,业主委员会召开会议,确定业主大会会议结果并公示7日以上。

【文书范例94】 关于××小区业主大会临时会议议题表决结果的公示

关于××小区业主大会临时会议议题表决结果的公示

××小区全体业主:

××××年××月××日,××小区业主大会临时会议召开。会议就各项议题进行了审议和表决,现将会议表决结果公示如下:

1. 表决通过《……》;

2. 表决通过《……》;

3. 选举产生×名业主委员会委员和×名业主委员会候补委员,名单如下:

序号	姓名	身份	住址	联系方式
1	×××	委员		
2	×××	候补委员		

4. 表决通过其他议题。

对此结果有异议的业主,请向业主委员会书面提出异议。本决议的异议期是××××年××月××日至××××年××月××日。

特此公告。

××小区业主委员会

××××年××月××日

【文书范例 95】 **业主大会会议决议**

业主大会会议决议

根据《中华人民共和国民法典》《物业管理条例》《北京市物业管理条例》《北京市住宅区业主大会和业主委员会指导规则》及相关法律、法规、规章的规定，××××年××月××日至××××年××月××日，××小区采用□互联网投票□书面征求意见方式召开业主大会会议。本物业管理区域建筑物总面积共××平方米，业主总人数是××人。业主大会会议表决票共发放和送达××份，实收反馈意见××份，对应建筑物专有部分面积××平方米，占建筑物总面积的××%，业主人数××人，占业主总人数的××%。本次会议真实有效。会议表决通过以下事项：

1. 以××票赞成____，对应建筑物专有部分面积××平方米，占建筑物总面积的××%，业主人数××人，占业主总人数的××%，通过××。

2. 以××票赞成____，对应建筑物专有部分面积××平方米，占建筑物总面积的××%，业主人数××人，占业主总人数的××%，通过××。

3. 以××票赞成____，对应建筑物专有部分面积××平方米，占建筑物总面积的××%，业主人数××人，占业主总人数的××%，确定××。

4. ……

××小区业主委员会

××××年××月××日

第六节　业主大会临时会议归档工作

业主大会会议表决结果公示后，业主委员会工作人员应按照《××小区档案管理规定》整理业主大会临时会议的资料并归档，按照规定的要求标明保存的年限。

如果小区业主委员会不能履行档案保管的职责，建议由物业所在地的社区居民委员会保管业主大会临时会议的相关资料。

一、归档内容

业主大会临时会议召开的资料包括：

1. 本编中与业主大会临时会议相关的所有的文件、通知、公告、会议记录等需要存档;

2. 业主委员会运行中形成的资料。

二、管理要求

1. 归档的资料应该是原件,原件提交其他部门的,应在复印件中说明原件的归处,以备查询。

2. 需要归档的文件均应该在事务告一段落后及时整理归档,并按照档案管理规定的要求进行分类和标识。

第四章　业主大会的重要事项

第一节　解聘或者选聘物业公司

一、程序

按照《民法典》和《北京市物业管理条例》的规定，业主或者业主委员会解聘并选聘新的物业公司的，需要召开两次业主大会会议。

1. 第一次业主大会会议需要通过如下三个议题：

（1）是否解聘在管的物业公司；

（2）是否授权业主委员会通过公开招投标或者邀请招标的方式选聘新的物业公司；

（3）确认物业服务方式、服务内容、服务标准和服务价格。

2. 第二次业主大会会议需要业主表决通过招投标确定的物业公司及其物业服务合同。

二、会议的召开

参见第二编第一章和第二章的内容。

三、注意事项

1. 召开第一次业主大会会议需要考虑如下问题：

（1）公开招投标方式所需要费用的来源；

（2）关于物业服务方式、服务内容、服务标准和服务价格，建议聘请第三方评估机构对小区的物业费标准进行评估。

2. 召开业主大会会议解聘物业公司需要充分考虑如下问题并制定工作预案:

(1)在管物业公司撤管问题。在业主大会会议召开过程中,可能面临在管物业公司撤管的问题,建议业主委员会对此制定应急预案。

(2)物业服务期限届满后,业主没有依法作出续聘或者另聘物业服务人的决定,物业服务人继续提供物业服务的,原物业服务合同继续有效,但是服务期限为不定期。

当事人可以随时解除不定期物业服务合同,但是应当提前60日书面通知对方。

(3)在管物业公司阻挠业主投票。建议业主委员会建立畅通的沟通渠道推动业主投票,必要时可请求相关部门提供支持。

第二节 使用住宅专项维修资金[①]

一、住宅专项维修资金使用的一般程序

第一阶段需要召开业主大会会议决议是否使用公共维修基金对小区的公共设施设备进行维修或者更换。业主大会会议的召开参见第二编第一章和第二章的内容。

第二阶段按照《北京市住宅专项维修资金管理办法》的规定申请使用专项维修资金。其中,按照住宅专项维修资金是否划转业主大会管理分成两种情况:

1. 住宅专项维修资金划转业主大会管理前,需要使用住宅专项维修资金的,按照以下程序办理:

(1)物业服务企业根据维修和更新、改造项目提出使用建议;没有物业服务企业的,由相关业主提出使用建议;

(2)住宅专项维修资金列支范围内专有部分占建筑物总面积2/3以上的业主且占总人数2/3以上的业主讨论通过使用建议;

(3)物业服务企业或者相关业主组织实施使用方案;

(4)物业服务企业或者相关业主持有关材料,向区、县建委(房管局)房屋安全

---

① 关于住宅专项维修资金的使用,建议登录北京住房公积金管理中心查询:http://gjj.beijing.gov.cn/web/zwfw5/xzzx60/1735471/index.html。

和设备管理部门申请列支；其中，使用售后公有住房住宅专项维修资金的，向区、县房改管理部门申请列支；

(5)区、县建委（房管局）房屋安全和设备管理部门、房改管理部门审核同意后，向市住房资金管理部门区县管理部发出划转住宅专项维修资金的通知；

(6)市住房资金管理部门区县管理部将所需住宅专项维修资金划转至维修单位。

2. 住宅专项维修资金划转业主大会管理后，需要使用住宅专项维修资金的，按照以下程序办理：

(1)物业服务企业提出使用方案，使用方案应当包括拟维修和更新、改造的项目、费用预算、列支范围、发生危及房屋安全等紧急情况以及其他需临时使用住宅专项维修资金的情况的处置办法等；

(2)业主大会依法通过使用方案；

(3)物业服务企业组织实施使用方案；

(4)物业服务企业持有关材料向业主委员会提出列支住宅专项维修资金；

(5)业主委员会依据使用方案审核同意，并报区、县建委（房管局）房屋安全和设备管理部门备案；使用售后公有住房住宅专项维修资金的，经区、县房改管理部门审核同意；区、县建委（房管局）房屋安全和设备管理部门、房改管理部门发现不符合有关法律、法规、规章规定和使用方案的，应当责令改正；

(6)业主委员会向开户银行发出划转住宅专项维修资金的通知；使用售后公有住房住宅专项维修资金的，区、县房改管理部门向市住房资金管理部门区县管理部发出支付住宅专项维修资金的通知；

(7)业主大会开户银行将所需住宅专项维修资金划转至维修单位。

二、住宅专项维修资金使用的紧急程序

1. 发生危及房屋使用安全等紧急情况，需要立即对住宅共用部位、共用设施设备进行维修和更新、改造的，应当按照以下规定列支住宅专项维修资金：

(1)住宅专项维修资金划转业主大会管理前，按照《北京市住宅专项维修资金管理办法》第 26 条第 4 项、第 5 项、第 6 项的规定办理；

(2)住宅专项维修资金划转业主大会管理后，按照《北京市住宅专项维修资金

管理办法》第 27 条第 4 项、第 5 项、第 6 项、第 7 项的规定办理。

2. 前述所称的紧急情况一般包括：

（1）屋面防水损坏造成渗漏的；

（2）电梯故障危及人身安全的；

（3）高层住宅水泵损坏导致供水中断的；

（4）楼体单侧外立面 1/5 以上有脱落危险的；

（5）消防系统出现功能障碍，消防管理部门要求对消防设施设备维修及更新、改造的。

三、注意事项

在使用住宅专项维修资金时，应当注意如下事项：

1. 为保证工程质量和住宅专项维修资金的合理使用，鼓励业主聘请专业工程造价咨询机构及工程监理机构对工程预算进行评估及对工程进行监理。

2. 工程完工后，物业服务企业、业主委员会（未成立业主大会的，可以由社区居民委员会召集业主代表）应当组织有关单位验收，并出具工程验收报告。验收合格后，物业服务企业持相关材料申请使用住宅专项维修资金。

3. 专项维修资金使用前，需要核实业主分户账面住宅专项维修资金是否已经足额缴纳。

4. 房改房小区、售后公有住房小区可能需要和原产权单位核实专项维修资金的补交或者补建问题。

第三节　续筹住宅专项维修资金

一、程序

第一阶段需要召开业主大会会议决议是否筹集公共维修基金对小区的公共设施设备进行维修或者更换。业主大会会议的召开参见第二编第一章和第二章的内容。

二、表决比例

根据《民法典》第 278 条的规定,筹集建筑物及其附属设施的维修资金的,应当由专有部分面积占比 2/3 以上的业主且人数占比 2/3 以上的业主参与表决,且应当经参与表决专有部分面积 3/4 以上的业主且参与表决人数 3/4 以上的业主同意。

三、注意事项

续筹住宅专项维修资金时,应当注意如下事项:

1. 业主分户账面住宅专项维修资金余额(售后公有住房不含售房单位交存部分)不足首期交存额 30%的,应当及时续交。

专户管理银行、业主大会开户银行应当及时向分户账面余额不足首期交存额 30%的业主发出续交通知。业主应当在接到续交通知之日起 30 日内,将续交的住宅专项维修资金存储到专户管理银行、业主大会开户银行。

成立业主大会的,住宅专项维修资金的续交方案应当在管理规约中予以明确;未成立业主大会的,业主续交后的分户账面余额不得低于首期交存的额度。

2. 可能存在部分业主拒绝按照业主大会会议的决议补缴公共维修基金,业主委员会可依据管理规约和业主大会会议的决议请求法院判令业主履行业主义务,交纳公共维修基金。

第四节　公共收益的使用

根据《民法典》和《北京市物业管理条例》的规定,公共收益属于小区全体业主共有,对公共收益的使用需要经过全体业主的表决方能使用。

一、程序

第一阶段需要召开业主大会会议决定公共收益的使用。业主大会会议的召开参见第二编第一章和第二章的内容。

二、表决比例

根据《民法典》第 278 条的规定，公共收益的使用应当由专有部分面积占比 2/3 以上的业主且人数占比 2/3 以上的业主参与表决，且应当经参与表决专有部分面积过半数的业主且参与表决人数过半数的业主同意。

三、注意事项

使用公共收益时，需要注意如下事项：

1. 根据相关规定，公共收益归全体业主所有。专项维修资金余额不足首期应筹集金额 30%的，50%以上的公共收益金额应当优先用于补充专项维修资金，剩余部分的使用由业主共同决定。因此，如果小区的专项维修资金余额不足的，公共收益应该优选用于弥补专项维修资金。

2. 公共收益可以用于业主大会和业主委员会的工作经费、弥补物业费的不足（酬金制）或者业主大会决定的其他用途。

3. 条件成熟的社区，建议由业主委员会拟定《××小区公共收益使用管理办法》作为管理规约的文书范例或者小区的专项文件，以便降低沟通成本，规范使用公共收益。

第二编

业主委员会

第一章　业主委员会的运行及其基本制度

《北京市物业管理条例》第44条规定，业主委员会应当执行业主大会的决定，接受业主大会和业主的监督，并履行下列职责：(1)召集业主大会会议，报告年度物业管理的实施情况、业主委员会履职情况；(2)代表业主与业主大会选聘的物业服务人签订物业服务合同，与解聘的物业服务人进行交接；(3)拟定共有部分、共有资金使用与管理办法；(4)监督专项维修资金的使用以及组织专项维修资金的补建、再次筹集；(5)及时了解业主、物业使用人的意见和建议，督促业主交纳物业费，监督物业服务人履行物业服务合同；(6)监督管理规约的实施，对业主、物业使用人违反管理规约的行为进行制止；(7)制作和保管会议记录、共有部分的档案、会计凭证和账簿、财务报表等有关文件；(8)定期向业主通报工作情况，每半年公示业主委员会委员、候补委员交纳物业费、停车费情况；(9)协调解决因物业使用、维护和管理产生的纠纷；(10)在物业管理区域内配合行政执法机关开展执法工作；(11)配合、支持居民委员会、村民委员会依法履行职责，并接受其指导和监督；(12)业主大会赋予的其他职责。

在业主委员会履行职责的过程中，需要建立相应的制度作为支撑，有益于业主委员会依法依规地履行职责。

第一节　工作与会议制度

一、程序

1. 业主委员会应当按照《北京市物业管理条例》和业主大会议事规则的规定定期召开业主委员会会议。根据《北京市物业管理条例》的规定，业主委员会至少每两个月召开一次会议；经1/3以上业主委员会委员提议，业主委员会应当召开临时会议。

2. 定期会议和临时会议应当有过半数委员参加，委员不得委托他人参会。

3. 业主委员会应当在会议召开5日前将会议议题告知物业所在地的居民委员会、村民委员会，并听取意见和建议。居民委员会、村民委员会可以根据情况派代表参加。

4. 业主委员会确定的事项应当经过半数委员签字同意。会议结束后3日内，业主委员会应当将会议情况以及确定事项在物业管理区域内显著位置公示。

【文书范例96】 关于召开北京××小区第××届业主委员会第××次会议的通知

关于召开北京××小区第××届业主委员会①第××次会议的通知

各位业主委员会委员：

业主委员会将于××××年××月××日召开第××届业主委员会第××次会议。

讨论审议如下议案：

1. 讨论审议……

2. 讨论审议……

3. 讨论审议……

本次会议拟采用通信/现场表决的方式进行。现将会议讨论审议议题、有关事项确认书和会议决议文本随同本通知一并发往各位委员，请各位委员在认真审议后，填写确认以下事项：

1. 您是否收到业主委员会发出的会议议案、有关事项的确认书和会议决议；

2. 您是否同意本次业主委员会会议采用通信/现场表决的方式召开；

3. 您是否同意本次业主委员会审议的议案。

请您将确认书、会议决议于××××年××月××日××××（北京时间）前通过传真、邮寄、电子邮件或专人送达等方式提交给业主委员会，签字原件务必在随后时间送达业主委员会。

---

① 关于业主委员会是否区分界别，需要根据小区的实际情况填写。

会议联系方式：

北京××小区业主委员会秘书处

联系人：________ 联系电话：________

通信地址：北京市______区__________ 邮编：________

电子信箱：__________

北京××小区业主委员会

××××年××月××日

抄送：××街道办事处 ××社区居民委员会

【文书范例 97】 关于召开北京××小区第××届业主委员会第××次会议征集业主代表列席的通知

关于召开北京××小区
第××届[①]业主委员会第××次会议征集业主代表列席的通知

各位业主：

北京××小区业主委员会将于××××年××月××日在______（地点）召开第××届业主委员会第××次会议。

讨论审议如下议案：

1. 讨论审议……

2. 讨论审议……

3. 讨论审议……

本次会议拟采用现场表决的方式进行。现将会议讨论审议议题、时间和地点通知全体业主。

如您希望列席本次业主委员会会议，请于××××年××月××日前向业主委员会秘书处报名。本次会议征集××位业主列席，按照报名先后顺序确认列席会议的业主名单并在本小区公告栏/微信群发布公告。

---

① 关于业主委员会是否区分界别，需要根据小区的实际情况填写。

会议联系方式：

北京××小区业主委员会秘书处

联系人：________ 联系电话：________

北京××小区业主委员会

××××年××月××日

【文书范例98】关于北京××小区第××届业主委员会第××次会议召开事宜的确认书

关于北京××小区
第××届业主委员会第××次会议召开事宜的确认书

各位委员：

本人为北京××小区第××届业主委员会委员，就关于召开第××届业主委员会第××次会议的通知及有关事项确认如下：

1. 本人收到了业主委员会于××××年××月××日发出的《关于……通知》、会议议案/议题以及《北京××小区业主委员会会议决议》文本。

2. 本人同意□ 反对□ 本次业主委员会会议采用通讯表决的方式进行。

3. 本人审阅了此次会议议案/议题，具体表决意见如下：

(1)《关于……的议案》；

同意□ 弃权□ 反对□ 回避□

(2)《关于……的议案》；

同意□ 弃权□ 反对□

(3)《关于……的议案》。

同意□ 弃权□ 反对□ 回避□

××小区第××届业主委员会委员（签名）：__________

××××年××月××日

【文书范例99】北京××小区业主委员会关于××的议案/议题

北京××小区业主委员会关于××的议案/议题

各位委员：

鉴于……拟……

现提请业主委员会审议上述事项，并提交业主大会表决。

以上议案/议题请审议。

北京××小区业主委员会

××××年××月××日

【文书范例 100】关于北京××小区第××届业主委员会第××次会议签到表

关于北京××小区
第××届业主委员会第××次会议签到表

序号	姓名	签　　名
业主委员会委员		
1		
2		
3		
4		
5		
6		
7		
监事会监事		
1		
2		
3		
4		
5		

××××年××月××日

【文书范例 101】关于北京××小区第××届业主委员会第××次会议列席业主签到表

关于北京××小区
第××届业主委员会第××次会议列席业主签到表

序号	姓名	房屋坐落	签名
1			

续表

序号	姓名	房屋坐落	签名
2			
3			
4			
5			
6			
7			
8			
9			
10			
……			

××××年××月××日

【文书范例102】关于北京××小区第××届业主委员会第××次会议决议

关于北京××小区
第××届业主委员会第××次会议决议

北京××小区第××届业主委员会第××次会议于××××年××月××日以邮件/微信方式通知全体委员，会议于××××年××月××日以通信/现场方式召开，应参加表决的委员××人，实际参加表决的委员××人。会议的召集和召开符合《北京××小区业主大会议事规则》和《北京××小区管理规约》的规定。

本次会议由业主委员会主任××先生/××女士主持，经与会委员审议以通信/现场方式形成以下决议：

一、审议《关于……的议案/议题》

表决结果：××票同意，××票反对，××票弃权。

二、审议《关于……的议案/议题》

表决结果：××票同意，××票反对，××票弃权。

三、审议《关于……的议案/议题》

表决结果:××票同意,××票反对,××票弃权。

北京××小区业主委员会

××××年××月××日

【文书范例103】关于召开北京××小区第××届业主委员会第××次会议的会议纪要

关于召开北京××小区
第××届业主委员会第××次会议的会议纪要

会议时间:××××年××月××日××:00至××:00

业主委员会出席人员:________________________

请假:________________________

监事会人员:________________________

其他(法律顾问或者秘书):________________________

××××年××月××日,经×××主任召集,××小区第××届业主委员会第××次会议召开。经与会人员讨论,决议如下:

1. 审议通过××××

根据××××(具体会议内容:讨论过程、主要问题、解决方案、负责人等)。

2. 审议通过××××

根据××××(具体会议内容:讨论过程、主要问题、解决方案、负责人等)。

3. 审议通过××××

根据××××(具体会议内容:讨论过程、主要问题、解决方案、负责人等)。

……

经出席监事会监事监督、审查,对上述决议事项无异议。业主委员会将在3日内向全体业主公示本次会议决议。

××小区第××届业主委员会委员(签字):________

××××年××月××日

【文书范例 104】关于北京××小区第××届业主委员会第××次会议决议公告

关于北京××小区
第××届业主委员会第××次会议决议公告

北京××小区第××届业主委员会第××次会议于××××年××月××日以邮件/微信方式通知全体委员,会议于××××年××月××日以通信/现场方式召开,应参加表决的委员××人,实际参加表决的委员××人。本次会议的通知、召开和表决程序符合法律、法规、规范性文件、《北京××小区业主大会议事规则》和《北京××小区管理规约》的规定。

本次会议由业主委员会主任××先生/××女士主持,经与会委员审议以通信/现场方式形成以下决议:

一、审议通过《关于……的议案/议题》

表决结果:××票同意,××票反对,××票弃权。

二、审议通过《关于……的议案/议题》

表决结果:××票同意,××票反对,××票弃权。

三、审议通过《关于……的议案/议题》

表决结果:××票同意,××票反对,××票弃权。

特此公告。

北京××小区业主委员会

××××年××月××日

二、注意事项

业主委员会进行工作和召开会议时,应当注意如下事项:

1. 业主委员会主任、副主任无正当理由不召集业主委员会会议的,业主委员会其他委员或者业主可以请求物业所在地的居民委员会、村民委员会或者街道办事处、乡镇人民政府责令限期召集;逾期仍未召集的,由物业所在地的居民委员会、村民委员会或者街道办事处、乡镇人民政府组织召集,并重新推选业主委员会主任、副主任。

2. 业主委员会委员本人不能出席会议的，建议长期不能出席会议的委员辞职或者采用线上方式或通信方式召开会议，并及时补签会议纪要等。

第二节　印章档案管理、财务及其他制度

在业主委员会的运行过程中，需要建立档案管理、财务管理、临时聘用员工管理等制度，协助业主委员会依法履行职责。

鉴于各项制度的篇幅较长，各项制度的示范文本均收录在本书第四编。

第二章　业主与业主委员会的关系处理

一、业主委员会监督业主履行义务

（一）督促业主按时足额交纳费用

业主委员会成立后，对业主在物业费交纳、公共维修基金筹集等方面具有督促义务。依照《北京市物业管理条例》第 44 条第 1 款的规定，业主委员会应组织专项维修资金的补建、再次筹集；督促业主交纳物业费。依照《北京市住宅区业主大会和业主委员会指导规则》第 27 条第 10 项的规定，业主委员会应督促业主依据法律、法规、规章和管理规约安全使用房屋；依照该规则第 42 条第 7 项的规定，业主委员会应督促业主按照约定交纳专项维修资金、物业服务费和其他应当由业主共同分摊的费用；同时也可以依照小区管理规约的约定，对小区业主履行管理规约中确定的义务进行督促，督促可以采用业主委员会致函的形式。针对欠缴专项维修资金的行为，《北京市住宅专项维修资金管理办法》第 19 条规定，业主未按规定补建、续交住宅专项维修资金的，业主委员会应当督促其交纳，也可以依据管理规约向人民法院提起诉讼。

（二）限制特定业主权利

依照《北京市住宅区业主大会和业主委员会指导规则》第 20 条的规定，业主有损害业主共同权益行为的，包括不交存专项维修资金、拒付或者不按时交纳物业服务费用和其他应当分摊的费用等，业主大会可以在管理规约和业主大会议事规则中对其被选举权、表决权的行使予以限制，限制时限由业主大会在管理规约和业主大会议事规则中约定，业主大会备案或者变更备案事项时应当向街道办事处、乡镇人民政府予以说明。

（三）公示业主违反管理规约的行为

在实践中，部分小区的管理规约中约定可由业主委员会将欠缴物业费、专项维修资金的情况在小区范围内进行公示,笔者认为此种行为很有可能涉及违反个人信息保护方面的规定,暂时不建议采用此种方式。

二、业主监督业主委员会履行职责

(一)业主委员会内部制度设计

《北京市物业管理条例》第42条规定,业主委员会应及时了解业主、物业使用人的意见和建议,监督物业服务。除此之外还在多处规定了业主委员会在工作中应当征求业主意见的表述,并规定业主委员会建立工作档案,保存业主的意见和建议。

因此,业主委员会应当在议事规则或者业主委员会内部制度中建立相应的工作制度,明确接受业主意见建议的方式和方法,明确业主意见建议的提出程序,业主委员会回复业主的时限和方式,业主意见建议的档案管理等,指定专人定期、及时地接受并处理广大业主的意见建议,必要时可以召开业主大会临时会议进行表决。

(二)业主委员会外部监督

业主认为业主大会、业主委员会的决议侵害自己的利益,或者认为业主委员会委员不当履职、不能履职的,除可向业主委员会提出外,还可以依照法律法规的规定,通过行政手段、司法手段维护自身合法权益。

1. 行政手段

根据《北京市物业管理条例》第51条的规定,街道办事处、乡镇人民政府对业主大会、业主委员会作出的违反法律、法规和规章的决定,应当责令限期改正或者撤销其决定,并通告全体业主。业主发现前述未依法履职的情形的,可以向属地的街道办事处、乡镇人民政府提出,由街道办事处依照《北京市物业管理条例》等法律法规进行处理。

2. 司法手段

除前述的行政手段外,依照《最高人民法院关于审理建筑物区分所有权纠纷案件适用法律若干问题的解释》的规定,业主如认为业主大会或者业主委员会作出的决定侵害其合法权益或者违反了法律规定的程序,可以向人民法院提起诉讼,要求撤销有关决议;同时,业主请求公布、查阅维修资金的筹集、使用情况,管理规约、业主大会议事规则，会议决定及会议记录，物业服务合同、共有部分的使用和收益情况，建筑区划内规划用于停放汽车的车位、车库的处分情况等信息和材料的，也可以向人民法院提起诉讼，要求业主委员会进行公示，维护业主的知情权。

第三章　业主委员会与监管部门的关系处理

街道办事处、乡镇人民政府、社区党组织为业主委员会的监管部门。在业主委员会成立阶段,街道办事处、乡镇人民政府、社区党组织通过确定筹备组成员与业主委员会委员候选人的方式监督业主委员会的成立,由于在此阶段,行为的作出主体大多数为筹备组,因此监督部门在行使此监督权时被行政复议与行政诉讼的可能性相对较小;在业主委员会运行阶段,街道办事处、乡镇人民政府通过监督业主委员会决定和组织协助召开业主大会临时会议的方式监督业主委员会的运行,行使此监督权时应当小心谨慎,被行政复议与行政诉讼的风险较大。以下将详细论述。

一、业主委员会成立过程中

根据《北京市物业管理条例》第 8 条"街道办事处、乡镇人民政府组织、协调、指导本辖区内业主大会成立和业主委员会选举换届、物业管理委员会组建,并办理相关备案手续"以及《北京市住宅区业主大会和业主委员会指导规则》第 5 条"街道办事处、乡镇人民政府应当依据法律、法规、规章和本规则,本着依法行政、合理行政、程序正当、高效便民、权责统一、政务公开的原则对业主大会、业主委员会的成立及活动提供协助、指导和监督"的规定,街道办事处、乡镇人民政府及社区党组织在业主委员会成立与换届改选的过程中履行着组织、协调、指导的作用。其具体体现为:

1. 街道办事处、乡镇人民政府对筹备组成立的监督。街道办事处、乡镇人民政府应当在接到成立业主大会书面申请后 30 日内,对提出申请的业主身份和申请进行审核,对符合业主大会成立条件的,指定居民委员会、村民委员会工作人员担任筹备组组长。并且筹备组中的业主代表可以由业主自荐或者居民委员会、村民委员会推荐产生,由街道办事处、乡镇人民政府确定。因此,在业主委员会成立的筹备阶段,街道办事处、乡镇人民政府即可选任其信任的、能力较强的居民委员会、村民委员会工作人员担任筹备组组长,并对筹备组中的业主代表进行确定,能够有效地组织、协调、指导筹备组的工作,从而监督业主委员会的成立。

2. 社区党组织对业主委员会成立的监督。筹备组确定的业主委员会委员候选人名单,应当报社区党组织,社区党组织引导和支持业主中的党员积极参选业主委员会委员,通过法定程序担任业主委员会委员。因此,社区党组织间接决定了业主委员会委员候选人的最终人选。在业主委员会的成立过程中,必须遵循党建引领的基本原则,由社区党组织监督和引领业主委员会的成立。

3. 街道办事处、乡镇人民政府对业主委员会正式成立(备案及印章刻制)的监督。业主委员会应当自选举产生之日起 30 日内,向物业所在地的街道办事处、乡镇人民政府申请备案,街道办事处、乡镇人民政府出具业主大会、业主委员会备案证明和印章刻制证明。因此,业主委员会必须在街道办事处、乡镇人民政府处备案,如其想正式运行,还应当由街道办事处、乡镇人民政府审核备案材料后出具备案证明和印章刻制证明。

综上所述,街道办事处、乡镇人民政府、社区党组织在业主委员会成立的过程中起着组织、协调、指导的作用,监督业主委员会合法合规地成立。

二、业主委员会运行过程中

在业主委员会运行的过程中,街道办事处、乡镇人民政府组织、协调、指导业主委员会依法履行职责。其具体体现为:

1. 街道办事处、乡镇人民政府监督业主委员会依法履责。《北京市物业管理条例》第 51 条规定:“业主大会、业主委员会应当依法履行职责。街道办事处、乡镇人民政府对业主大会、业主委员会作出的违反法律法规和规章的决定,应当责令限期改正或者撤销其决定,并通告全体业主。”因此,街道办事处、乡镇人民政府对业主大会、业主委员会的决定有责令改正权与撤销权,业主大会、业主委员会应当在法律法规允许的范围内进行自治。当业主大会、业主委员会的决定被责令限期改正或撤销后,该决定无效,同时还应当通告全体业主。

2. 街道办事处、乡镇人民政府监督、协助召开业主大会临时会议。根据《北京市住宅区业主大会和业主委员会指导规则》第36条的规定，业主委员会未按时作出决定或者业主委员会决定不召开临时会议，但经公共决策平台核查后业主提议符合规定的，业主大会设立监事会的，应当由监事会根据管理规约、业主大会议事规则予以监督；业主委员会不接受业主大会监事会监督，或者未设立监事会但相关业主提出申请的，物业所在地的街道办事处、乡镇人民政府应当于10日内责令其限期履行职责，业主委员会逾期仍不履行的，街道办事处、乡镇人民政府应当协助业主组织召开业主大会临时会议并对相关事宜进行表决。因此，街道办事处、乡镇人民政府有权监督业主委员会召开业主大会临时会议。街道办事处、乡镇人民政府协助业主组织召开业主大会临时会议时，亦应当有20%业主发起申请。另外，该条文所述“公共决策平台”应当为官方平台，目前北京市“公共决策平台”为“北京业主”APP平台。

3. 街道办事处、乡镇人民政府对业主委员会委员、候补委员的监督。《北京市物业管理条例》第47条规定：“业主委员会委员、候补委员不得实施下列行为：(一)阻挠、妨碍业主大会行使职权或者不执行业主大会决定；(二)虚构、篡改、隐匿、毁弃物业管理活动中形成的文件资料；(三)拒绝、拖延提供物业管理有关的文件资料，妨碍业主委员会换届交接工作；(四)擅自使用业主大会、业主委员会印章；(五)违反业主大会议事规则或者未经业主大会授权与物业服务人签订、修改物业服务合同；(六)将业主共有财产借给他人或者设定担保等挪用、侵占业主共有财产；(七)与物业服务人有可能影响其公正履行职务的经济往来或者利益交换；(八)泄露业主信息；(九)侵害业主合法权益的其他行为。业主委员会委员、候补委员有前款规定的第(一)项至第(五)项行为的，街道办事处、乡镇人民政府责令业主委员会提请业主大会罢免有关委员资格。在委员资格被罢免前，业主委员会应当停止该委员履行职责，并向业主公示。”因此，街道办事处、乡镇人民政府对业主委员会委员的行为亦有监督的权利，间接对业主委员会的行为进行监督。值得注意的是，虽然《北京市物业管理条例》第47条仅规定街道办事处、乡镇人民政府对业主委员会委员第1项至第5项行为具有监督职责，当业主委员会委员违反时，街道办事处、乡镇人民政府可以停止业主委员会委员履行职责，但如果业主委员会委员涉及第6项至第9项行为，其他业主亦可向街道办事处、乡镇人民政府举报，街道办事处、乡镇人民政府可以初步简单调查后移交给公安局经济犯罪侦查处。

4. 社区居民委员会协助街道办事处、乡镇人民政府指导监督业主委员会。根据《北京市住宅区业主大会和业主委员会指导规则》第53条的规定："物业管理区域内，业主大会、业主委员会应当积极配合相关的社区居民委员会依法履行自治管理职责，支持社区居民委员会开展工作，共同做好物业管理区域内社区建设等相关工作。社区居民委员会应当协助街道办事处、乡镇人民政府指导、监督社区内的业主委员会开展工作，维护居民的合法权益。物业管理区域内召开业主大会、业主委员会会议，应当告知相关的社区居民委员会，并听取其意见。"因此，社区居民委员会亦应当监督业主委员会开展工作，尤其是召开业主大会与业主委员会会议。一般来说，业主委员会召开业主委员会会议或业主大会会议前5日，应当书面告知其所在区域的社区居民委员会，社区居民委员会可以书面提出意见。

三、风险提示：复议与诉讼

1. 街道办事处、乡镇人民政府应当行使上述监督的权力，履行职责，否则其他业主可能会复议与诉讼街道办事处、乡镇人民政府不作为。

如前文所述，街道办事处、乡镇人民政府应当在收到申请后30日内指定筹备组组长、完成业主委员会的备案。如果街道办事处、乡镇人民政府超期未履行上述职责，根据《最高人民法院关于适用〈中华人民共和国行政诉讼法〉的解释》第66条的规定："公民、法人或者其他组织依照行政诉讼法第四十七条第一款的规定，对行政机关不履行法定职责提起诉讼的，应当在行政机关履行法定职责期限届满之日起六个月内提出。"业主或业主委员会可能会复议和起诉街道办事处、乡镇人民政府不作为。值得注意的是，业主委员会与业主大会成立的有关诉讼事关业主全体利益，业主个人无法提起行政诉讼。

2. 街道办事处、乡镇人民政府在行使上述监督的权利、履行职责时，应当有充分的法律依据与事实依据，如果理由不充分，可能会被业主委员会复议与诉讼。

街道办事处、乡镇人民政府在责令业主委员会限期改正或撤销其决定、罢免违反规定的业主委员会委员时，应当有充分的法律依据与事实依据，并在上述法律法规规定的职责范围内行使行政监督的权利。超出街道办事处、乡镇人民政府职责范围的问题，街道办事处、乡镇人民政府应当在初步调查后移交给有关机关，如公安局经济犯罪侦查大队。如果街道办事处、乡镇人民政府超出行政职权作出行政行为,则有可能被行政复议与诉讼,并被撤销行政行为。另外,应当注意法律法规的溯及力的问题,如《北京市物业管理条例》生效时间为 2020 年 5 月 1 日,街道办事处、乡镇人民政府不能依据《北京市物业管理条例》对 2020 年 5 月 1 日前业主委员会委员实施的行为责令其限期改正或撤销其决定。

第四章　业主委员会的换届

第一节　业主委员会换届的前提条件

一、前提条件

业主委员会换届的前提条件如下：

1. 业主委员会任期届满前6个月，应当书面报告街道办事处、乡镇人民政府。街道办事处、乡镇人民政府应当在收到书面报告之日起60日内组建换届小组，并在业主委员会任期届满前，由换届小组组织召开业主大会会议选举产生新一届业主委员会。

2. 一个任期内，出现业主委员会委员经递补人数仍不足总数的1/2等无法正常履行职责的情形。

3. 业主委员会拒不履行职责的，物业所在地的居民委员会、村民委员会或者街道办事处、乡镇人民政府应当组织召开业主大会临时会议，重新选举业主委员会。

4. 专有部分占建筑物总面积20%以上的业主或者占总人数20%以上的业主提议重新选举业主委员会的（罢免业主委员会）。

二、注意事项

业主委员会进行换届时，应当注意如下事项：

1. 业主委员会任期届满，未按规定提出申请的，街道办事处、乡镇人民政府应当督促其履行职责。

2. 街道办事处、乡镇人民政府也可以应业主书面要求组建换届小组。

第二节 成立业主委员会换届小组

一、指定换届小组组长并公告

在收到业主或业主委员会申请后，街道办事处、乡镇人民政府应当在30日内对提出申请的业主身份和业主委员会申请进行审核，对符合业主委员会换届条件的，指定居民委员会、村民委员会工作人员担任筹备组组长。[①]

街道办事处、乡镇人民政府应当在收到书面申请后60日内完成审核及指定换届小组组长的工作。

街道办事处、乡镇人民政府指定的换届小组组长应当为社区居民委员会的工作人员，可以不是党员，也可以不是业主。人选应当和社区居民委员会协商确定。另外，注意换届小组的名称一定要准确，建议使用不动产权属证书载明的小区名称。

在与社区居民委员会协商确定换届小组组长人选之后，街道办事处、乡镇人民政府应当在小区进行公示，公示时间不少于7天。

【文书范例105】 关于指定×××作为××小区换届小组组长的通知

关于指定×××作为××小区换届小组组长的通知

××小区全体业主：

根据《北京市物业管理条例》的规定，我单位在××××年××月××日接到×××等××位业主/业主委员会提交的业主委员会换届的书面申请，在对提出申请的业主身份和申请进行了审核后确定符合业主大会成立条件。经研究，我单位现指定×××担任××小区换届小组组长，组织、协助、指导××小区业主委员会换届相关工作。

特此公告。

××街道办事处/乡镇人民政府

××××年××月××日

---

① 《北京市物业管理条例》第49条规定："业主委员会任期届满前六个月，应当书面报告街道办事处、乡镇人民政府。街道办事处、乡镇人民政府应当在收到书面报告之日起六十日内组建换届小组，并在业主委员会任期届满前，由换届小组组织召开业主大会会议选举产生新一届业主委员会。业主委员会未按规定提出申请的，街道办事处、乡镇人民政府应当督促其履行职责。街道办事处、乡镇人民政府也可以应业主书面要求组建换届小组。换届小组依照筹备组的人员构成组建。"

附件:换届小组组长简介

姓名		性别		
工作单位		政治面貌		
联系电话		邮箱		
个人简介				

二、发布换届小组成员中业主代表报名的公告

(一)发布公告

换届小组组长应当在指定后的30日内组织业主代表、产权单位、街道办事处、乡镇人民政府、社区党组织、居民委员会、村民委员会代表召开首次换届小组会议,成立换届小组。因此,换届小组组长需要发布招募筹备组中业主代表报名的公告。公告的公示日期不小于7日。

考虑到换届小组组长的指定较少受到质疑,因此,在物业管理区域内的显著位置公示指定换届小组组长的公告及换届小组成员中业主代表报名的公告,可以一同发布。

【文书范例106】 关于组建××小区业主委员会换届小组并接受业主报名参选换届小组业主代表的通知

关于组建××小区业主委员会换届小组并
接受业主报名参选换届小组业主代表的通知

××小区全体业主:

××××年××月××日,××小区×××等业主提出业主委员会换届的申请,根据《北京市物业管理条例》的规定,××街道办事处/乡镇人民政府接到业主委员会换届申请后30日内,对提出申请的业主身份/业主委员会和申请进行了审核,符合业

主委员会换届条件。××街道办事处/乡镇人民政府于××月××日指定×××作为换届小组组长,负责指导、组织××小区业主委员会换届相关工作。经研究决定,换届小组共××人,其中需业主代表××人(业主代表不少于总人数1/2)。请自愿参加换届小组工作且符合条件的业主于××××年××月××日至××月××日携带本人身份证件、不动产权属证书进行报名登记,逾期不再接受报名。

业主是自然人的,业主代表应当具备以下条件:

(一)遵纪守法、热心公益事业、责任心强、具有一定组织能力;

(二)具有完全民事行为能力;

(三)以业主身份在本物业管理区域中居住满××年以上或者其他时间;

(四)按时足额交纳物业费、不存在欠缴专项维修资金及其他需要业主共同分担费用的情况;

(五)本人、配偶及其直系亲属与物业服务人无直接的利益关系;

(六)未被列为失信被执行人;

(七)未有《北京市物业管理条例》第七十八条规定的房屋使用禁止规定的行为;

(八)未有法律法规规定的其他不宜担任业主委员会委员的情形。

业主是法人或者非法人组织的,应当具备上述第(四)、(六)、(七)、(八)项条件的要求。

如果换届小组业主代表报名人数过多,由符合报名条件的业主通过内部互选确定最终进入筹备组的成员。

报名时间:××××年××月××日(星期×)至××月××日(星期×)每天9:00~18:00(周六、日不休息)

报名地点:____________________

××小区业主委员会换届小组组长(签字):________

××××年××月××日

【文书范例107】致××小区/楼产权单位参与换届小组组建工作的函

致××小区/楼产权单位参与换届小组组建工作的函

________:

《北京市物业管理条例》已于2020年5月1日起正式施行。该条例明确物业管理纳入社区治理体系，同时逐步推动社区物业全覆盖，有序稳妥成立业主大会或物业管理委员会。

为建设和谐宜居社区，规范物业管理，按照《北京市物业管理条例》有关要求，根据××区实际情况，拟推动××小区业主委员会换届。

现特邀请各产权单位派代表参与业主委员会换届小组组建工作。请贵单位务必于____个工作日内书面回复并签字盖章确认，是否派代表参与业主委员会换届小组组建工作。如____个工作日内未收到贵单位书面回复，则视为自动放弃参加换届小组组建工作，并同意组建工作中的各项决议。

联系人：________________________________

联系电话：______________________________

邮箱：__________________________________

××社区居民委员会

××小区业主委员会换届小组组长（签字）：________

××××年××月××日

（二）注意事项

1. 指定换届小组组长的公告落款为街道办事处，换届小组成员中业主代表报名公告落款为换届小组组长。

2. 招募换届小组成员中业主代表时，若招募的业主代表人数不足，可在保障30日内召开首次换届小组会议的前提下，适时延长报名期限。

3. 换届小组成员中业主代表报名时，自荐或者居民委员会、村民委员会推荐的业主具有平等性，无优先考虑的问题。

4. 换届小组成员中业主代表报名时，即应该告知其需准备的材料和提交材料的时间，报名结束后再补充提交材料来不及审核。

三、审核业主代表报名情况并公示

（一）换届小组业主代表报名

换届小组组长在报名结束后汇总报名资料，根据《北京市物业管理条例》第39

条的规定对报名人员资格进行审核。审核完成后,将换届小组成员中业主代表报名及审核情况公示于物业管理区域内显著位置,公示期不少于7天。

【文书范例108】××小区业主委员会换届小组业主代表推荐表

××小区业主委员会换届小组业主代表推荐表

填表日期:______年____月____日

<table>
<tr><td rowspan="6">被推荐人基本情况</td><td colspan="2">姓名</td><td colspan="2"></td><td colspan="2">性别</td><td colspan="2"></td><td colspan="2">楼号房号</td><td colspan="2"></td></tr>
<tr><td colspan="2">出生年月</td><td colspan="2"></td><td colspan="2">政治面貌</td><td colspan="2"></td><td colspan="2">文化程度</td><td colspan="2"></td></tr>
<tr><td colspan="3">工作单位</td><td colspan="3"></td><td colspan="3">联系电话</td><td colspan="3"></td></tr>
<tr><td colspan="12">个人简历</td></tr>
<tr><td colspan="12">

被推荐人(签章):××××</td></tr>
<tr></tr>
<tr><td>推荐单位推荐意见</td><td colspan="12">1. 被推荐人具有完全民事行为能力。
2. 被推荐人提交的材料真实、有效。
3. 被推荐人自愿担任××小区业主委员会换届小组业主代表。
4. 被推荐人保证积极履行业主委员会换届小组业主代表职责,遵守《北京市物业管理条例》的相关规定。
5. 被推荐人符合《北京市物业管理条例》关于业主委员会换届小组业主代表相关任职资格。如不符合,自愿退出换届小组。

居民委员会/村民委员会(签章):××××</td></tr>
</table>

附:自荐人本人身份证和不动产权属证书复印件

【文书范例109】 **××小区业主委员会换届小组业主代表自荐表**

××小区业主委员会换届小组业主代表自荐表

填表日期:______年____月____日

<table>
<tr><td rowspan="4">自荐人基本情况</td><td colspan="2">姓名</td><td colspan="2"></td><td colspan="2">性别</td><td colspan="2"></td><td colspan="2">楼号房号</td><td colspan="2"></td></tr>
<tr><td colspan="2">出生年月</td><td colspan="2"></td><td colspan="2">政治面貌</td><td colspan="2"></td><td colspan="2">文化程度</td><td colspan="2"></td></tr>
<tr><td colspan="3">工作单位</td><td colspan="3"></td><td colspan="3">联系电话</td><td colspan="3"></td></tr>
<tr><td colspan="12">个人简历
(如果是自然人业主,建议主要阐述何时入住本小区、主要参与的小区公共事务、是否有足够的时间参与换届小组工作等;如果是法人或者非法人业主,建议介绍单位情况和业主在本小区物业的基本情况)
自荐人(签章):________</td></tr>
<tr><td>承诺</td><td colspan="12">1. 本人必须具有完全民事行为能力。
2. 本人承诺提交的材料真实、有效。
3. 本人自愿申请担任××小区业主委员会换届小组业主代表。
4. 本人保证积极履行业主委员会换届小组业主代表职责,遵守《北京市物业管理条例》的相关规定。
5. 本人承诺符合《北京市物业管理条例》关于业主委员会换届小组业主代表相关任职资格。如不符合,自愿退出业主委员会换届小组。
承诺人(签章):________</td></tr>
</table>

附:自荐人本人身份证和不动产权属证书复印件

【文书范例110】 **关于组建××小区业主委员会换届小组业主代表物业费交费等情况的核实函**

关于组建××小区业主委员会换届小组业主代表物业费交费等情况的核实函

××物业管理有限责任公司:

现就××小区组建业主委员会换届小组事宜,需贵公司协助核实贵公司为××小区提供物业管理服务期间以下人员的相关交费情况。需要协助查询人员:

1. ______________________________

2. ______________________________

3. ______________________________

请确认以上业主在贵公司为××小区提供物业管理服务期间是否做到以下几点：

1. 按时足额交纳物业费；

2. 不存在其他需要业主共同分担费用的欠费情况；

3. 未有《北京市物业管理条例》规定的房屋使用禁止规定的行为(违法建设)；

4. 本人、配偶及其直系亲属与物业管理人无直接的利益关系。

请提供上述业主的物业服务合同和交纳物业费收据复印件并加盖单位公章。如有相关情况说明，请一并附上。

请贵公司于××月××日前书面回复核实情况。

社区党委

××小区业主委员会换届小组组长(签字)：__________

××××年××月××日

【文书范例 111】关于××小区业主委员会换届小组业主代表报名情况的公告

关于××小区业主委员会换届小组业主代表报名情况的公告

××小区全体业主：

我们于××××年××月××日至××月××日共收到××位业主代表报名申请参加业主委员会换届小组，其中××位符合《关于组建××小区业主委员会换届小组并接受业主报名参选换届小组业主代表的通知》中要求的业主代表应具备的条件，现将名单公示如下：

序号	姓名	性别	年龄	政治面貌	工作单位	房号
1						
2						
3						

如对以上公示名单有异议，请于××月××日至××月××日向业主委员会换届小组组长提出。

××小区业主委员会换届小组组长将结合小区实际情况，按照业主代表名额确定换届小组业主代表初步名单，报社区党组织和街道办事处确定后在小区物业管理区域内显著位置公示。

××小区业主委员会换届小组组长(签字)：__________

××××年××月××日

(二)注意事项

审核换届小组业主代表报名情况时，应当注意如下事项：

1. 换届小组成员中业主代表报名人员资格审核没有时间限制，一般为5~6日，保证30日内召开换届小组会议即可。报名情况要求公示7日以上。

2. 关于法律法规中要求的居住期限，法律法规并未明确规定，需要由换届小组组长决定，并在张贴报名公告时写明，一般应为"以业主身份在本物业管理区域中居住满1年以上或者其他时间"。建议居住时间在1年以上，确保业主对小区情况的了解比较全面。

3. 关于按时足额交纳物业费认定的标准，不论是《北京市物业管理条例》实施前还是实施后，均应当按照物业服务合同约定的时间交纳物业费，以物业服务公司出具的盖章文件为准。物业服务合同没有明确约定的，可以按照当年物业服务费交纳的标准，不欠缴即可。

如果业主认为自己按时足额交纳物业费，或不认可物业公司出具的欠缴说明的，可以提供相应的物业服务费发票、收据等加以证明，证据真实、充分的，应当认定业主按时足额交纳物业费。

4. 根据《北京市物业管理条例》第1条、第3条以及北京市委组织部《关于党建引领物业服务企业和业主委员会建设的指导意见》(京组通〔2019〕37号)的规定，换届小组筹备工作应当坚持党建引领并进行相关活动，比如将"五好""十不能"列入报名条件。

5. 关于产权车位的业主(仅有车位的不动产权属证书，不具备房屋的不动产权属证书)是否可以参加换届小组作为业主代表或者业主委员会候选人，不建议报名筹备组成员或后面的业主委员会委员候选人，但车位业主可以投票，享有投票权。

四、确定换届小组成员并公示

(一)确定换届小组中的业主代表

换届小组成员中业主代表报名情况公示后,如果业主无异议或根据异议调整人选后,召开换届小组成员确定会议,会议上确定换届小组成员名单后,还应当报社区党委过会并记入社区党委会会议纪要。换届小组组长最终确定筹备组成员名单后,应当将换届小组成员名单书面上报街道办事处、乡镇人民政府。街道办事处、乡镇人民政府对此名单予以确认,具体采用口头还是书面通知的方式未有明确规定。

【文书范例112】 关于采用推选方式确定××小区业主委员会换届小组业主代表的通知

关于采用推选方式确定××小区业主委员会换届小组
业主代表的通知

××小区全体业主:

因自荐和推荐业主大会换届小组业主代表的业主较多,换届小组业主代表名额有限,现定于××××年××月××日(星期×)9:00~11:00在____召开会议,通过推选方式,按照得票数顺序,从最后确定的××名自荐和推荐的业主当中选出×位业主代表。届时请自荐和推荐业主携带本人身份证、不动产权属证书参加推选会议。

××小区业主委员会换届小组组长(签字):________

××××年××月××日

附件:换届小组业主代表推选选票样式

序号														
候选人姓名														
符号标记														

说明:1. 本选票应选业主代表人数为×人,按照得票数排名确认获选成员名单。

2. 投赞成票的,在候选人姓名的空格处画"√",其他符号均视为不同意。

3. 选票用签字笔填写,字迹清楚,符号准确。

××××年××月××日

(二)注意事项

1. 换届小组成员的确定应当报社区党委,最终由街道办事处、乡镇人民政府确认。

2. 若报名的业主合格人数较多,可以由合格的业主互相推荐产生业主代表,业主代表最终名单按照推荐票数顺序确定。

五、召开换届小组第一次会议并公示

在指定换届小组组长后30日内,召开第一次换届小组会议,第一次换届小组会议标志着换届小组的正式成立,会议内容为:

1. 发布××小区业主委员会换届小组成立的公告并公示7日以上。

【文书范例113】 关于成立××小区业主委员会换届小组的公告

关于成立××小区业主委员会换届小组的公告

××小区全体业主:

按照《北京市物业管理条例》第三十一条的规定,××小区业主委员会换届小组组长×××按照法定时限,组织业主代表、建设单位(产权单位)代表、街道办事处(乡镇人民政府)、社区党组织、居民委员会(村民委员会)代表于××××年××月××日召开首次业主委员会换届小组会议,成立××小区业主委员会换届小组,现将换届小组成员公告如下:

××小区业主委员会换届小组共××人,其中组长1人,业主代表×人,建设单位代表×人、街道办事处/乡镇人民政府代表×人、社区党组织代表×人、居民委员会(村民委员会)代表×人,符合法定人数。具体名单如下:

职务	姓名	性别	年龄	政治面貌	工作单位	住址	联系方式
换届小组组长							
业主代表							
建设单位(产权代表)代表							

续表

职务	姓名	性别	年龄	政治面貌	工作单位	住址	联系方式
街道办事处(乡镇人民政府)代表							
社区党组织代表							
居民委员会(村民委员会)代表							
……							

换届小组联系人:__________　　　　联系电话:__________

××小区业主委员会换届小组全体成员(签字):__________

××××年××月××日

2. 明确换届小组内部分工并公示7日以上,分工内容为:

(1)确认业主身份、人数及所拥有的专有部分面积;

(2)制定业主大会临时会议召开方案;

(3)制定业主委员会委员候选人产生办法,确定业主委员会委员候选人名单;

(4)制定业主委员会选举办法;

(5)完成召开首次业主大会会议的其他准备工作。

【文书范例114】××小区业主委员会换届小组分工公告

××小区业主委员会换届小组分工公告

××小区全体业主:

经换届小组研究决定换届小组工作分工如下表所示,换届小组成员将根据分工相互协作配合,按时完成业主大会临时会议筹备工作:

序号	事项	负责人	联系方式
1	确认业主身份、人数及所拥有的专有部分面积		
2	制定业主大会临时会议召开方案		
3	制定业主委员会委员候选人产生办法,确定业主委员会委员候选人名单		

续表

序号	事项	负责人	联系方式
4	制定业主委员会选举办法		
5	完成召开业主大会临时会议的其他准备工作		
……			

特此公告。

××小区业主委员会换届小组全体成员(签字):__________

××××年××月××日

3. 向换届小组全员明确应当于成立后60日内组织召开业主大会临时会议完成换届工作,并签署保密协议,对换届过程掌握的信息进行保密。

【文书范例115】 业主委员会换届小组成员保密协议

保密协议

为共同推进×××社区居民委员会××小区业主委员会换届小组的工作,×××社区居民委员会党委(注意准确名称)根据《北京市物业管理条例》第一条和第八条的规定与××小区业主委员会换届小组全体成员(业主代表)为保密之目的,签署本协议。

一、保密的内容和范围、泄密的界定

1. 本协议所称保密信息,是指业主委员会换届小组的筹备过程中,换届小组成员掌握的××小区业主信息,包括但不限于业主姓名,房屋/车库坐落、面积与数量,业主联系方式(包括但不限于手机号、固定电话、微信号或者其他任何社交媒体信息),物业服务费交纳情况,业主违法搭建建筑物、构筑物、障碍物或者私挖地下空间等信息。

2. ××小区业主委员会换届小组全体成员知悉的业主信息均不得直接或间接地以任何方式提供、披露或转让给任何第三方,或许可第三方使用,或以保密信息为任何第三方提供任何意见或建议。在本条中,“第三方”是指除××小区业主委员会换届小组全体成员以外的任何自然人、法人或其他组织。

二、保密义务

1. 换届小组成员须严格遵守本协议。

2. 换届小组成员不得泄露任何业主信息资料。

3. 换届小组成员未经允许泄露其掌握的信息,给业主造成损失,一经查实,由当事人独立承担相关的法律责任。

三、在任何情形下,本协议所规定的保密义务应永久持续有效。

四、当××小区业主委员会换届小组工作终止时,业主委员会换届小组成员应立即停止使用且不得许可第三方使用业主信息,同时,换届小组成员应将工作过程中获知的保密信息退还×××社区居民委员会党委(注意准确名称)或予以删除或销毁,不得以任何形式留存。

×××社区居民委员会党委(注意准确名称):　　　　换届小组成员:××××

日期:××××年××月××日　　　　日期:××××年××月××日

4. 为了确保换届小组工作内容的翔实全面且可查,建议换届小组留存会议记录。

【文书范例 116】××小区业主委员会换届小组会议决议/纪要

××小区业主委员会换届小组会议决议/纪要

时间:××××年×月××日

地点:××社区居民委员会××楼会议室

参会人员:____________________

记录人:×××

会议议题:

一、××××:

……

二、××××:

……

三、××××:

……

(以下为业主委员会换届小组成员签字部分,无正文)

同意(签字):____________________

反对(签字):____________________

弃权(签字):____________________

××小区业主委员会换届小组组长(签字):________

××××年××月××日

5. 关于换届小组业主代表是否可以报名参选业主委员会委员,目前暂时没有法律对此作出限制,但是我们建议换届小组组长应该在召开第一次会议时向业主代表明确,为了保证换届工作的有效性,实现"每人享有一票表决权"和换届小组能够形成多数决议,如果合格的业主准备将来报名参选业主委员会委员,建议其退出换届小组。

第三节　确认业主委员会委员候选人名单

一、确认业主身份、人数及所拥有的专有部分面积

(一)确认业主身份、人数及所拥有的专有部分面积

换届小组成立后,首要任务是确认业主身份、人数及所拥有的专有部分面积等资料,前述资料的相关数据信息应更新至换届小组成立之日。

换届小组可以通过"北京业主"APP 导出小区的业主资料或向物业服务公司致函请求其协助或提供。

(二)注意事项

1. 换届小组获得物业服务公司提供的上述文件后,应当由换届小组成员与"北京业主"APP 的数据进行比对,从而最终确定小区业主总人数与建筑物总面积。

2. 如果小区交付时间太久且房屋交易频繁导致原有业主数据失真或者涉及原有规划不健全的老旧小区,在管的物业服务公司可能是业主清册信息最为全面的组织,但是目前没有法律规范明确可以要求物业服务公司提供业主名册等资料。

二、换届小组制定《××小区业主大会临时会议召开方案(征求意见稿)》和《业主委员会委员候选人产生办法(征求意见稿)》等文件

(一)起草文件

换届小组成员应该根据分工起草《××小区业主大会临时会议召开方案(征求

意见稿)》和《业主委员会委员候选人产生办法(征求意见稿)》等文件。初步稿件起草完成后,换届小组应该召开第二次筹备组会议,确定上述文件并在文件上签字,对于会议内容进行记录并签署会议纪要。

【文书范例117】 ××小区业主大会临时会议召开方案(纸质投票)

××小区业主大会临时会议召开方案

根据《中华人民共和国民法典》《物业管理条例》《北京市物业管理条例》及相关法律、法规的规定,结合本物业管理区域内的实际情况,在____区____街道办事处的指导下,由业主代表、建设单位、社区党组织、居民委员会共____人,于____年____月____日成立××小区业主委员会换届小组(以下简称换届小组),经换届小组研究决定,制定本工作方案:

一、业主大会临时会议召开方式

换届小组决定以书面征求意见形式召开业主大会临时会议。

二、业主大会临时会议表决方式

换届小组决定采用纸质投票形式表决业主大会临时会议相关议题。

以书面征求意见召开业主大会临时会议的,由换届小组派工作人员将业主大会临时会议召开方案(本方案)、业主委员会委员候选人简历以及《本物业管理区域业主大会临时会议表决票》等文件公示。

业主本人应当按照《本物业管理区域业主大会临时会议表决票》中的要求和形式进行表决,经本人签字后,由业主投放到××小区________(具体位置)。业主授权其他业主或者物业使用人投票的,应当出具书面授权委托书。

三、业主大会临时会议召开时间

换届小组决定于××××年××月××日至××××年××月××日,在本物业管理区域内召开业主大会临时会议。业主大会会议会期为____天。因故无法按期完成会议投票的,换届小组将讨论在物业管理区域内公告相关情况及延长期限,但延长期限最长不得超过15日。

四、业主大会临时会议收发文件地点

采用书面征求意见/现场投票形式召开业主大会临时委员会议的,换届小组决定于××小区________收发《业主委员会委员候选人自荐表》《业主委员会委员候选人推荐表》《本物业管理区域业主大会临时会议表决票》。

五、业主大会临时会议决议事项

选举产生业主委员会委员和候补委员。

六、业主大会临时会议表决规则

决议以上事项，应当由专有部分面积占比三分之二以上的业主且人数占比三分之二以上的业主参与表决。决定前款事项，应当经参与表决专有部分面积过半数的业主且参与表决人数过半数的业主同意。

业主的表决权按照面积和人数计算。

（一）业主的面积表决权数按照下列方法认定

1. 专有部分面积，按照不动产登记簿记载的面积计算；尚未进行不动产登记的，暂按测绘机构的实测面积计算；尚未进行实测的，暂按房屋买卖合同记载的面积计算。

2. 建筑物总面积，按照前项的统计总和计算。

（二）业主的人数表决权数按照下列方法认定

1. 业主人数，按照专有部分的数量计算，一个专有部分按一人计算。但建设单位尚未出售和虽已出售但尚未交付的部分，以及同一买受人拥有一个以上专有部分的，按一人计算。

2. 总人数，按照前项的统计总和计算。

按照规划建设的已经办理了不动产登记的车库、车位，按照不动产登记簿记载的面积计算；尚未进行不动产登记但是具有销售（预售）许可证的车库、车位，按测绘机构的实测面积计算；尚未进行实测的，暂按买卖合同记载的面积计算。按照规划建设的人防工程面积不计算投票权。

根据以上表决规则和本物业管理区域内业主及其专有部分面积明细表（见文书范例）确立各业主的表决权。

七、筹备及召开业主大会临时会议费用预算明细及费用结算方案

按照《北京市物业管理条例》和《北京市住宅区业主大会和业主委员会指导规则》，应当由小区公共收益支付召开会议的费用。

八、换届小组的解散

换届小组成员辞职或者其他原因造成换届小组不能履行职责的或者逾期未完成换届工作的，换届小组应当在物业管理区域内显著位置公告并说明理由，换届小

组自公告之日起自动解散,符合《北京市住宅区业主大会和业主委员会指导规则》第十条规定的,业主可以重新申请业主委员会换届工作。

业主委员会换届工作成功的,换届小组应当解散并将相关资料移交给业主委员会。

××小区业主委员会换届小组全体成员(签字):__________

××××年××月××日

【文书范例 118】 ××小区业主大会临时会议召开方案(互联网投票)

××小区业主大会临时会议召开方案

根据《中华人民共和国民法典》《物业管理条例》《北京市物业管理条例》及相关法律、法规的规定,结合本物业管理区域内的实际情况,在____区____街道办事处的指导下,由业主代表、建设单位、社区党组织、居民委员会共____人,于____年____月____日成立××小区业主委员会换届小组(以下简称换届小组),经换届小组研究决定,制定本工作方案:

一、业主大会临时会议召开方式

换届小组决定以互联网投票形式召开业主大会临时会议。

二、业主大会临时会议表决方式

换届小组决定采用“北京业主”APP 形式表决业主大会临时会议相关议题。

三、业主大会临时会议召开时间

换届小组决定于××××年××月××日至××××年××月××日,在本物业管理区域内召开业主大会临时会议。业主大会会议会期为____天。因故无法按期完成会议投票的,换届小组将讨论在物业管理区域内公告相关情况及延长期限,但延长期限最长不得超过 15 日。

四、业主大会临时会议收发文件地点

换届小组将在会前将会议文件上传至“北京业主”APP,全体业主均可通过“北京业主”APP 进行查询。如业主需要纸质版本,请联系换届小组获取相关文件。

五、业主大会临时会议决议事项

选举产生业主委员会委员和候补委员。

六、业主大会临时会议表决规则

决议以上事项，应当由专有部分面积占比三分之二以上的业主且人数占比三分之二以上的业主参与表决。决定前款事项，应当经参与表决专有部分面积过半数的业主且参与表决人数过半数的业主同意。

业主的表决权按照面积和人数计算。

（一）业主的面积表决权数按照下列方法认定

1. 专有部分面积，按照不动产登记簿记载的面积计算；尚未进行不动产登记的，暂按测绘机构的实测面积计算；尚未进行实测的，暂按房屋买卖合同记载的面积计算。

2. 建筑物总面积，按照前项的统计总和计算。

（二）业主的人数表决权数按照下列方法认定

1. 业主人数，按照专有部分的数量计算，一个专有部分按一人计算。但建设单位尚未出售和虽已出售但尚未交付的部分，以及同一买受人拥有一个以上专有部分的，按一人计算。

2. 总人数，按照前项的统计总和计算。

按照规划建设的已经办理了不动产登记的车库、车位，按照不动产登记簿记载的面积计算；尚未进行不动产登记但是具有销售（预售）许可证的车库、车位，按测绘机构的实测面积计算；尚未进行实测的，暂按买卖合同记载的面积计算。按照规划建设的人防工程面积不计算投票权。

根据以上表决规则和本物业管理区域内业主及其专有部分面积明细表（见文书范例）确立各业主的表决权。

七、筹备及召开业主大会临时会议费用预算明细及费用结算方案

按照《北京市物业管理条例》和《北京市住宅区业主大会和业主委员会指导规则》，应当由小区公共收益支付召开会议的费用。

八、换届小组的解散

换届小组成员辞职或者其他原因造成换届小组不能履行职责的或者逾期未完成换届工作的，换届小组应当在物业管理区域内显著位置公告并说明理由，换届小组自公告之日起自动解散，符合《北京市住宅区业主大会和业主委员会指导规则》第十条规定的，业主可以重新申请业主委员会换届工作。

业主委员会换届工作成功的，换届小组应当解散并将相关资料移交给业主委员会。

××小区业主委员会换届小组全体成员（签字）：________

××××年××月××日

【文书范例119】 ××小区业主委员会委员候选人条件及产生办法

××小区业主委员会委员候选人条件及产生办法

依据《北京市物业管理条例》第四十七条的规定：换届小组应当开展以下工作，并就其确定的事项在业主大会临时会议召开十五日前在物业管理区域内显著位置公示。

（一）确认业主身份、人数及所拥有的专有部分面积；

（二）制定业主大会临时会议召开方案；

（三）制定业主委员会委员候选人产生办法，确定业主委员会委员候选人名单；

（四）制定业主委员会选举办法；

（五）完成召开业主大会会议的其他准备工作。

为了公正、公平、公开选出业主委员会委员候选人，筹备组按照法规要求，结合小区实际情况，制定本办法。

一、业主委员会委员候选人报名的基本条件

（一）遵纪守法、热心公益事业、责任心强、具有一定组织能力；

（二）具有完全民事行为能力；

（三）符合业主委员会委员候选人产生办法中关于居住期限的要求；

（四）按时足额交纳物业费、不存在欠缴专项维修资金及其他需要业主共同分担费用的情况；

（五）本人、配偶及其直系亲属与物业服务人无直接的利益关系；

（六）未被列为失信被执行人；

（七）未有《北京市物业管理条例》规定的房屋使用禁止规定的行为；

（八）未有法律法规规定的其他不宜担任业主委员会委员的情形。

二、业主委员会委员候选人报名的禁止性条件

（一）损坏、擅自拆改建筑物承重结构、主体结构；

（二）擅自利用共用部位、共用设施设备进行经营；

（三）违法搭建建筑物、构筑物、障碍物或者私挖地下空间；

（四）违反国家规定，制造、储存、使用、处置爆炸性、毒害性、放射性、腐蚀性物质或者传染病病原体等危险物质；

（五）违规私拉电线、电缆为电动汽车、电动自行车、电动摩托车和电动三轮车等充电；

（六）擅自拆改供水、排水、再生水等管线；

（七）从建筑物中抛掷物品；

（八）制造超标噪声；

（九）侵占绿地、毁坏绿化植物和绿化设施；

（十）擅自通过设置地锁、石墩、栅栏等障碍物和乱堆乱放杂物等方式，占用、堵塞、封闭消防通道、疏散通道等共用部位，或者损坏消防设施等共用设施设备；

（十一）擅自改变物业规划用途；

（十二）违反规定饲养动物；

（十三）违反规定出租房屋。

三、业主委员会委员候选人报名的优先条件

业主或业主代表在以上条件都满足的基础上，符合以下条件的优先考虑：

（一）拥护中国共产党领导；

（二）人大代表、政协委员、自管党员、在职党员；

（三）符合“五好”“十不能”；

（四）热心小区公益事业，支持社区党委、居民委员会的各项工作；

（五）身体健康，有必要的工作时间。

四、业主委员会委员候选人产生方式

（一）社区党组织推荐；

（二）居民委员会、村民委员会推荐；

（三）业主自荐或者联名推荐。

五、业主委员会委员候选人产生流程

业主决定参选业主委员会委员可以自荐，也可以由__名以上的业主联名推荐产生。业主联名推荐的，应同时提交被推荐人的同意参选书面证明。

本物业管理区域内业主可以凭房屋权属证书和身份证于××××年××月××日至

××××年××月××日到______小区__________(具体位置)领取《业主委员会委员候选人自荐表》《业主委员会委员候选人推荐表》,并于××××年××月××日____时前将《业主委员会委员候选人自荐表》《业主委员会委员候选人推荐表》交回____社区居民委员会,过期不予登记。

业主委员会委员候选人产生后,换届小组将于××××年××月××日至××××年××月××日在本物业管理区域内公示候选人名单和简历。

本物业管理区域内拟定业主委员会委员名额为____名,候补委员为____名,监事会监事____名。

业主是法人或者非法人组织的,可以授权自然人参加业主委员会委员候选人的推荐。一个物业管理区域内,一名自然人只能代表一个法人或者非法人组织。

换届小组将根据业主委员会委员候选人产生办法在按照前款方式推荐的人员中确定业主委员会委员候选人名单,报社区党组织。

社区党组织引导和支持业主中的党员积极参选业主委员会委员,通过法定程序担任业主委员会委员。

××小区业主委员会换届小组全体成员(签字):______

××××年××月××日

【文书范例 120】 ××小区业主委员会选举办法(纸质投票)

××小区业主委员会选举办法

第一条 根据国务院《物业管理条例》和《北京市物业管理条例》相关规定,结合××地区××小区业主大会成立工作实际,特制定本办法。

第二条 北京市××地区××小区业主大会选举业主委员会委员××人,候补委员××人,共计××人。

第三条 选举由××小区业主委员会换届小组主持。

第四条 本次会议选举的业主委员会委员候选人,由社区党组织推荐、居民委员会/村民委员会推荐和业主自荐或者联名推荐的方式产生。××小区业主委员会换届小组依据《××小区业主委员会委员候选人条件及产生办法》确定业主委员会委员候选人名单,在首次业主大会会议召开前 15 日内在小区公示。

第五条 本次会议选举的业主委员会委员实行等额/差额选举。

第六条 业主大会选举采取无记名投票的方式进行。

第七条 业主对选票上的候选人可以投赞成票,可以投反对票或者弃权。

投赞成票的,在候选人姓名上方/下方的空格内画"√",投反对票的,在候选人姓名上方/下方的空格内画"×",既不画"√"又不画"×"的为弃权票。

每一选票所选的人数,等于或少于应选人数的为有效票,多于应选人数的为无效票。

填写选票应当用钢笔或签字笔,字迹要清楚,符号要准确。如因填写模糊,无法辨认,属于全票模糊的全票作废,部分模糊的部分作废。

第八条 选票由业主本人投入票箱,业主需携带业主本人身份证和不动产权属证书原件。

业主因故不能参加业主大会会议的,可以书面委托代理人参加业主大会会议。代理人需携带代理人本人身份证、业主本人身份证、不动产权属证书原件及复印件和业主签名的书面委托书。

第九条 投票结束后,由业主委员会换届小组招募的监票、计票人员或者筹备组的人员将投票人数和票数加以核对,作出记录,并由监票人签字。

第十条 候选人经专有部分面积占建筑物总面积过半数的业主且占总人数过半数的业主赞成的,始得当选。

如遇票数相等不能确定当选人时,应当就票数相等的候选人再次投票,以得票多者当选。

第十一条 选举结果当场宣布,所有选票应当保留备查。

第十二条 本选举办法未尽事宜按我国法律、法规和相关物业管理规定执行。

【文书范例121】 ××小区业主委员会选举办法(互联网投票)

××小区业主委员会选举办法

第一条 根据《中华人民共和国民法典》《物业管理条例》《北京市物业管理条例》《北京市住宅区业主大会和业主委员会指导规则》等法律、法规关于物业管理的相关规定,制定本办法。

第二条 业主委员会由换届小组在相关政府部门的指导下,按本办法选举产生。

第三条 业主委员会的委员由业主大会选举产生。业主委员会委员每届任期5年,可以连选连任。业主委员会委员的人数为____名,候补委员____名,业主委员会选举产生主任1名和副主任1名。

第四条 业主委员会委员、候补委员应当为本物业管理区域的自然人业主或者单位业主授权的自然人代表。

业主是自然人的,应当符合下列条件:

(一)遵纪守法、热心公益事业、责任心强、具有一定组织能力;

(二)具有完全民事行为能力;

(三)符合业主委员会委员候选人产生办法中关于居住期限的要求;

(四)按时足额交纳物业费、不存在欠缴专项维修资金及其他需要业主共同分担费用的情况;

(五)本人、配偶及其直系亲属与物业服务人无直接的利益关系;

(六)未被列为失信被执行人;

(七)未有《北京市物业管理条例》规定的房屋使用禁止规定的行为;

(八)未有法律法规规定的其他不宜担任业主委员会委员的情形。

为推动在业主委员会中建立党组织,发挥党建引领作用,本办法内同等条件下党员优先。

第五条 业主委员会委员候选人可由社区党组织推荐、居民委员会或村民委员会推荐和业主自荐或者联名推荐等方式产生。

业主自荐或者被推荐人数较多的,由换届小组组织表决。并由换届小组进行最后资格确认,报社区党组织。

业主委员会委员候选人产生后公示时间不得少于7天。

第六条 业主委员会选举,由换届小组自成立之日起60日内,组织召开业主大会选举产生。

第七条 业主委员会委员的选举,采用互联网投票("北京业主"APP)形式表决,业主对于委员候选人可以投赞成票、反对票,也可以弃权。

第八条 投票结束后,业主投票结果在投票截止日期后一个工作日内,由"北京业主"APP系统根据票权计算规则算出投票范围内的总票权(作为分母),以及各选项的分票权(作为分子),计算出各选项的票权投票率。同时计算投票范围内的房屋总面积(作为分母),各选项投票的分面积(作为分子),计算出各选项的面积投票率。

第九条 业主委员会选举应当由专有部分面积占比 2/3 以上的业主且人数占比 2/3 以上的业主参与表决,并经参与表决专有部分面积过半数的业主且参与表决人数过半数的业主同意的,选举有效。

第十条 业主委员会委员选举采取差额选举办法,差额人数不超过____人。依据得票数顺序产生委员和候补委员。

第十一条 如遇票数相等不能确定当选人时,应当计算票数相等的候选人所获选票对应的专有部门面积,以得票多的当选。

第十二条 选举结果应当自投票结果产生之日起 3 日内在物业管理区域内显著位置公示。业主委员会应当自选举之日起 7 日内召开首次会议,在业主委员会委员中推选业主委员会主任和副主任,并在推选完成之日起 3 日内,在物业管理区域内显著位置公示业主委员会主任、副主任和其他委员的名单。

第十三条 业主大会选举产生的业主委员会,应当自选举产生之日起 30 日内,向所在区物业管理行政主管部门申请变更备案。同意变更备案日期为业主委员会成立日期。

第十四条 业主委员会成立时,换届小组的工作职责终止,宣布解散。

第十五条 本选举办法未尽事宜按我国法律、法规和相关物业管理规定执行。若与国家法律、法规相抵触,按国家法律、法规执行。

(二)注意事项

确认业主委员会委员候选人名单时,应当注意如下事项:

1. 在某些拆迁安置房、廉租房、经济适用房或商品房混杂的小区,业主之间的诉求差距非常明显,建议换届小组对此问题予以高度关注。

2. 换届小组确定上述文件时,应当在每一份文件的每一页上签字。

三、发布换届小组制定的文件并接受业主的意见和建议

(一)公示文件

《××小区业主大会临时会议召开方案(征求意见稿)》和《业主委员会委员候选人产生办法(征求意见稿)》等文件制定完成后,换届小组应该及时公示前述文件,公示时间不少于 7 日。公示期间,换届小组应该接受业主问询并收集业主

修改意见。

【文书范例122】关于发布《××小区业主大会临时会议召开方案(征求意见稿)》和《业主委员会委员候选人产生办法(征求意见稿)》的通知

关于发布《××小区业主大会临时会议召开方案(征求意见稿)》和《业主委员会委员候选人产生办法(征求意见稿)》的通知

××小区全体业主:

××小区业主委员会换届小组根据《北京市物业管理条例》《北京市住宅区业主大会和业主委员会指导规则》,参照示范文本,结合本小区实际情况,研究拟定了《××小区业主大会临时召开方案(征求意见稿)》和《业主委员会委员候选人产生办法(征求意见稿)》。

现向全体业主公开征求意见,各位业主可以通过××小区公告栏、××小区业主微信群和本通知等了解相关内容,并于××××年××月××日前以书面方式通过信件或者电子邮件将意见反馈给换届小组。

特此通知。

附件:1.《××小区业主大会临时会议召开方案(征求意见稿)》

2.《业主委员会委员候选人产生办法(征求意见稿)》

联系人:__________

联系电话:__________

电子邮箱:__________

××小区业主委员会换届小组

××××年××月××日

(二)注意事项

确认业主委员会委员候选人名单时,应当注意如下事项:

1. 如业主对《××小区业主大会临时会议召开方案(征求意见稿)》的内容有异议,应当向换届小组提出书面异议。

2.《业主委员会委员候选人产生办法》中应当规定等额选举/差额选举,采用差额选举方式的,应当规定差额人数,以上规定应形成书面的会议纪要并由换届小组半数以上成员签名。

3.《××小区业主大会临时会议召开方案(征求意见稿)》应该明确业主大会的投票方式,建议采用“北京业主”APP投票。

四、发布正式的《业主委员会委员候选人产生办法》并接受业主报名

(一)发布正式的《业主委员会委员候选人产生办法》并接受业主报名

公示期满之后,换届小组应该及时发布《业主委员会委员候选人产生办法》并接受业主的报名。如果在公示期间,换届小组收到修改意见和建议,那么,换届小组应该召开会议讨论意见和建议的合理性和合法性,吸收合理合法的意见,并再次公示经修改的《业主委员会委员候选人产生办法》。如果业主意见不予接受,建议换届小组与业主沟通,避免产生矛盾和冲突。

【文书范例123】 关于发布《××小区业主委员会委员候选人产生办法》并接受业主报名的通知

关于发布《××小区业主委员会委员候选人产生办法》并接受业主报名的通知

××小区全体业主:

××小区业主委员会换届小组根据《北京市物业管理条例》《北京市住宅区业主大会和业主委员会指导规则》《××小区业主大会临时会议召开方案》,参照示范文本,结合本小区实际情况,研究拟定了《××小区业主委员会委员候选人产生办法(征求意见稿)》,并于××××年××月××日向全体业主公开征求意见。××小区业主委员会换届小组根据公示期间收到的意见和建议修改了《××小区业主委员会委员候选人产生办法(征求意见稿)》,现将《××小区业主委员会委员候选人产生办法》正式发布并自××××年××月××日至××××年××月××日正式接受业主报名。

一、拟报名业主到社区领取自荐表,并按照要求将自荐及全部相关材料在截止时间前交到社区居民委员会。逾期视为无效

报名日期:××××年××月××日至××月××日

报名时间:9:00~11:00　14:00~17:00　(周六、日不休息)

报名地点:××小区社区居民委员会××办公室

二、报名提交资料

1.业主自荐资料:填写完全且本人签名的业主自荐表、本人业主身份证明(不

动产权属证书和身份证复印件)；

2. 法人单位业主委托代表资料：填写完全且经法人单位盖章的业主自荐表、授权委托书、法人单位业主身份证明；

3. 社区居民委员会推荐资料：填写完全并经被推荐人签名同意加盖社区居民委员会公章的组织推荐表、被推荐人的业主身份证明。

三、人员确定

报名截止后，业主委员会换届小组将汇总人员自荐、推荐情况，核实业主代表有关条件要求，结合小区实际情况，确定业主委员会委员候选人初步名单，报社区党组织和街道办事处确定后在小区物业管理区域内显著位置公示。

特此公告。

附件：《××小区业主委员会委员候选人产生办法》

联系人：________

联系电话：________

××小区业主委员会换届小组

××××年××月××日

【文书范例 124】××小区业主委员会委员候选人推荐表

××小区业主委员会委员候选人推荐表

填表日期：______年____月____日

<table>
<tr><td rowspan="4">被推荐人基本情况</td><td>姓名</td><td></td><td>性别</td><td></td><td>楼号房号</td><td></td></tr>
<tr><td>出生年月</td><td></td><td>政治面貌</td><td></td><td>文化程度</td><td></td></tr>
<tr><td colspan="2">工作单位</td><td colspan="2"></td><td>联系电话</td><td></td></tr>
<tr><td colspan="6">个人简历

被推荐人(签章)：__________</td></tr>
</table>

续表

推荐单位推荐意见	居民委员会/村民委员会(签章):__________

附:被推荐人本人身份证和不动产权属证书复印件

【文书范例125】 ××小区业主委员会委员候选人自荐表

××小区业主委员会委员候选人自荐表

填表日期:______年____月____日

<table>
<tr><td rowspan="5">自荐人基本情况</td><td>姓名</td><td></td><td>性别</td><td></td><td>楼号房号</td><td></td></tr>
<tr><td>出生年月</td><td></td><td>政治面貌</td><td></td><td>文化程度</td><td></td></tr>
<tr><td colspan="2">工作单位</td><td colspan="2"></td><td>联系电话</td><td></td></tr>
<tr><td colspan="6">个人简历</td></tr>
<tr><td colspan="6">(如果是自然人业主,建议主要阐述何时入住本小区、主要参与的小区公共事务、是否有足够的时间参与业主委员会工作等;如果是法人或者非法人业主,建议介绍单位情况和业主在本小区物业的基本情况)
自荐人(签章):</td></tr>
<tr><td>承诺</td><td colspan="6">1. 本人必须具有完全民事行为能力。
2. 本人承诺提交的材料真实、有效。
3. 本人自愿参选××小区业主委员会委员。
4. 本人保证积极履行业主职责,遵守《北京市物业管理条例》的相关规定。
5. 本人承诺符合《北京市物业管理条例》关于业主委员会委员的相关任职资格。如不符合,自愿退出业主委员会选举工作。
承诺人(签章):</td></tr>
</table>

附:自荐人本人身份证和不动产权属证书复印件

(二)注意事项

发布正式的《业主委员会委员候选人产生办法》并接受业主报名时,应当注意如下事项:

1. 业主委员会委员候选人报名时业主携带的材料与换届小组成员中业主代表

报名时携带的材料相同,法律法规依据也相同。换届小组可以边接受报名边审核报名人员资格,以便如期召开业主大会会议。

2. 此阶段是矛盾非常集中的时期,换届小组需要关注业主的报名情况并及时沟通。

五、换届小组召开会议,修改《××小区业主大会临时会议召开方案(征求意见稿)》《业主委员会委员候选人产生办法(征求意见稿)》,审核报名业主委员会委员候选人的任职资格

(一)修改文件及审核报名业主的任职资格

根据业主书面提出的异议,换届小组修改《××小区业主大会临时会议召开方案(征求意见稿)》和《业主委员会委员候选人产生办法(征求意见稿)》并签字。同时汇总报名业主委员会委员候选人提供的报名资料,向其他部门核实报名业主的具体情况,审核其资格。会议上换届小组应确定报名情况公告并签字,在物业管理区域内公示,公示期不少于7日。

【文书范例126】 关于××小区业主委员会委员候选人报名情况的通告

关于××小区业主委员会委员候选人报名情况的通告

××小区全体业主:

换届小组自××××年××月××日至××月××日共收到××位报名业主委员会委员候选人,具体名单如下:

姓名	性别	年龄	政治面貌	工作单位	住址	备注

如对以上报名人员参选业主委员会委员有异议的，请于××××年××月××日前向换届小组提出。

联系人：________

联系电话：________

××小区业主委员会换届小组

××××年××月××日

【文书范例127】关于××小区报名业主委员会委员候选人物业费交费等情况的核实函

关于××小区报名业主委员会委员候选人物业费交费等情况的核实函

××物业管理有限责任公司：

现就××小区业主报名委员会委员候选人事宜，需贵公司协助核实贵公司为××小区提供物业管理服务期间以下人员的相关交费情况。需要协助查询人员：

1. __________

2. __________

3. __________

……

请确认以上业主在贵公司为××小区提供物业管理服务期间是否做到以下几点：

1. 按时足额交纳物业费；

2. 不存在其他需要业主共同分担费用的欠费情况；

3. 未有《北京市物业管理条例》规定的房屋使用禁止规定的行为(违法建设)；

4. 本人、配偶及其直系亲属与物业管理人无直接的利益关系。

请提供上述业主的物业服务合同和交纳物业费收据复印件并加盖单位公章。如有相关情况说明，请一并附上。

请贵公司于××月××日前书面回复核实情况。

情况核实表					
序号	姓名	是否欠缴物业费	是否欠缴其他需要业主共同分担费用	是否存在违法建设	是否与物业管理人有直接的利益关系

社区党委

××小区业主委员会换届小组组长(签字):________

××××年××月××日

(二)注意事项

修改《××小区业主大会临时会议召开方案(征求意见稿)》《业主委员会委员候选人产生办法(征求意见稿)》和审核报名业主委员会委员候选人的任职资格时,应当注意如下事项:

1. 换届小组认为业主书面异议成立的,应当根据异议修改文件内容;业主书面异议不成立的或违反法律法规强制性规定的,换届小组出具异议答复信,说明不予修改的理由。

2. 上述文件征求意见稿修改后为定稿、表决稿,仍由换届小组成员在每一份文件的每一页上签字。如无业主提出书面异议,则征求意见稿变为定稿、表决稿,由换届小组出具情况说明即可。

六、公示《××小区业主大会临时会议召开方案(定稿)》《业主委员会委员候选人产生办法(定稿)》,确定合格的业主委员会委员候选人名单

换届小组会议确定的《××小区业主大会临时会议召开方案(定稿)》应当及时公示。根据相关部门核实的情况,换届小组应该讨论决定符合任职资格的业主委员会委员候选人。

七、换届小组将符合任职资格的业主委员会委员候选人上报社区党委，由社区党委确定业主委员会委员候选人名单后，由换届小组将名单公示

（一）上报社区党委确定最终候选人名单并公示

换届小组将符合任职资格的业主委员会委员候选人报名情况上报社区党委，由社区党委确定业主委员会委员候选人名单。社区党委可通过召集党委成员、党支部书记、居民代表（业主身份）、居民监督委员会成员等多方参加会议的方式，依照《业主委员会委员候选人产生办法》规定的候选人人数确定候选人名单，也可以通过合格的业主互相推荐的方式产生候选人，候选人最终名单按照推荐票数顺序确定。建议业主委员会委员候选人中党员的比例不应该低于50%。

社区党委确定业主委员会委员候选人名单后，换届小组应将名单公示7日以上，期间业主可以对候选人书面提出异议，换届小组应当审查被质疑的候选人资料并及时作出情况说明，确有问题的，应当及时召开换届小组会议并更换人选。

【文书范例128】 关于××小区业主委员会委员候选人名单的公告

关于××小区业主委员会委员候选人名单的公告

××小区全体业主：

换届小组共接到××位业主报名本小区业主委员会委员候选人，于××××年××月××日至××月××日向全体业主进行公示，其中××人符合业主委员会委员任职资格。

经××社区党委通过××方式最终确定候选人名单，现将名单进行公告，公示时间为7日。业主可以登录“北京业主”APP或者通过××小区公告栏、××小区业主微信群了解候选人详细信息，并于业主大会会议期间对其进行表决。

姓名	性别	年龄	工作单位	住址	备注

××小区业主委员会换届小组全体成员(签字):__________

××××年××月××日

【文书范例 129】××小区业主委员会换届表决票

××小区业主委员会换届表决票

××小区业主委员会换届表决票(第 1 页/总页数)								
表决人签字				签字日期		××××年××月××日		
产权位置								
请您在填写前仔细阅读填写说明,根据已公示的内容和《业主大会会议手册》进行表决: 1. 请表决人针对下述表决议题,在后面的表决意见栏选择与您的表决意见对应内容,在其下方画“○”。 2. 产权位置,请写房间号。如在本小区持有多套房产,尽量全部写明;未写全的,除非特别声明否则全部产权面积均计入相应意见的统计结果。 3. 各表决项中的具体内容,均请阅读本次业主大会会议的会议手册。 4. 筹备组联系电话:								
议题	征求意见内容					表决意见		
一	选举业主委员会委员(候选人详细介绍请见《业主大会会议手册》)					最多同意××名		
序号	候选人	产权位置	年龄	性别	学历	表决意见		
1						同意	反对	弃权
2						同意	反对	弃权
3						同意	反对	弃权
4						同意	反对	弃权

续表

序号	候选人	产权位置	年龄	性别	学历	表决意见		
5						同意	反对	弃权
6						同意	反对	弃权
7						同意	反对	弃权
8						同意	反对	弃权
二	选举监事会监事(候选人详细介绍请见《业主大会会议手册》)					最多同意××名		
序号	候选人	产权位置	年龄	性别	学历	表决意见		
1						同意	反对	弃权
2						同意	反对	弃权
3						同意	反对	弃权
4						同意	反对	弃权
5						同意	反对	弃权

(二)注意事项

由社区党委确定业主委员会委员候选人名单并公示时,应当注意如下事项:

1.社区党组织可以向换届小组推荐候选人。换届小组确定候选人后最终候选人名单由社区党委确定。

2.社区党委可以采用与每位候选人座谈等方式了解候选人,最终候选人确定的会议应当形成会议纪要并说明选出、落选的理由。

3.业主对候选人有异议的,应当书面提出异议,对换届小组未掌握的资料,业主应当提供相应的书面证据。换届小组应当在公示期结束前核实相关情况并作出及时回复。

4.依据北京市委组织部《关于党建引领物业服务企业和业主委员会建设的指导意见》(京组通〔2019〕37号)的相关规定,召开方案中应当载明业主委员会委员中党员比例高于50%。

第四节　开展投票活动

一、投票活动

在业主投票的过程中，业主委员会需要开展如下工作：

1. 监督指导投票工作志愿者的工作。

2. 广泛发动业主参与投票工作。

3. 及时发现并劝阻干扰投票的活动。

4. 接受业主的监督，及时回复业主的疑问。

5. 采用“北京业主”APP投票的，应当及时发布投票数据；采用纸质投票的，应当按照周期汇总投票情况，并适时启动流动票箱或者根据业主的情况采用合适的投票方式。

6. 采用纸质投票的，如果存在委托投票的，应当核验授权委托书和相关证件。

【文书范例130】投票授权委托书

投票授权委托书

本人系××小区××号楼××门××室业主×××（身份证号：××××××××××××），现委托×××（身份证号：××××××××××××）代为参与业主大会会议投票，本人对投票的真实性负责，表决内容是本人真实意思表示。

附：本人身份证复印件，本人产权证书复印件，受托人身份证复印件。

委托人：__________

受托人：__________

××××年××月××日

【文书范例131】关于××小区延长业主大会会议投票期的通知

关于××小区延长业主大会会议投票期的通知

致××小区全体业主：

××小区业主大会会议投票期从××××年××月××日起至××××年××月××日止。为了使广大业主积极参与投票，最大限度保证本次投票的参与率，换届小组经讨论后决定，将本次会议投票期延长15日。××小区业主大会会议投票日期延长至××××年××月××日。

特此公告。

××小区业主委员会换届小组

××××年××月××日

二、及时封存票箱

换届小组在投票结束后，应该及时封存票箱，保障票箱封闭完好。一般可采用张贴加盖社区印章的封条、票箱与开箱钥匙分别存放、对存放地进行视频监控的方式保障封闭的严谨性，直至正式开票为止。

三、决定是否延长投票的期限

1. 换届小组根据情况召开会议决定是否延长业主大会会议的会期，决定延长的，最多延长一次，延长时间不超过15日。

2. 决定延长会期决议应当于业主大会原会议结束日期前作出并公示，公示时间不少于7日。

第五节　组织开票

一、开票通知

换届小组在业主大会会议投票结束前（有延期的可在延期后结束日期前）召开会议确定开票时间、开票地点、开票工作人员等，并公示相关信息不少于7日。

【文书范例132】××小区业主大会会议开票公告

××小区业主大会会议开票公告

××小区全体业主：

××小区业主大会会议投票将于××××年××月××日结束，换届小组决定在××××年××月××日在××社区居民委员会______（地点）进行开票工作。

一、开票流程

1. 启封票箱：拟定2人，由社区居民委员会工作人员1名和业主委员会代表1名组成。

2. 选票清点和按照楼号分类：拟定____人（按照票箱的数量确定），由业主代表和业主委员会代表组成。

3. 唱票：拟定____组，每组3人，其中唱票1人、计票1人、监票1人，各组成员全部由业主代表组成（或者根据实际情况调整）。

4. 公布唱票结果：唱票结束当场公布计票结果。

5. 选票封存：选举结束后，由唱票人、计票人和监票人将全部选票整理封存。

二、业主大会会议开票业主的产生

1. 本次业主大会会议开票过程拟招募业主代表__名作为开票过程的计票人、监票人和唱票人。

（下述方式二选一，或者全选）

2. 小区业主可在××××年××月××日17:00之前向换届小组报名参加开票工作。

3. 开票业主代表由××社区居民委员会向换届小组推荐产生。

三、开票纪律

1. 业主委员会委员候选人及其配偶、父母、子女、兄弟姐妹不得担任监票人、计票人和唱票人。

2. 本小区业主包括业主委员会委员候选人可现场观摩业主大会会议开票过程。现场观摩业主人数限定在____名，按照业主到场的先后顺序进入会场。

特此公告。

××小区业主委员会换届小组

××××年××月××日

【文书范例133】××小区业主大会会议开票业主代表报名表

××小区业主大会会议开票业主代表报名表

序号	姓名	性别	房屋坐落	联系方式	是否知悉开票纪律	签名

续表

序号	姓名	性别	房屋坐落	联系方式	是否知悉开票纪律	签名

【文书范例 134】 ××小区业主大会会议开票活动主持词

××小区业主大会会议开票活动主持词

各位业主、××街道、××社区居民委员会：

××小区业主大会会议的投票工作已经于××××年××月××日结束，现换届小组根据《××小区业主大会临时会议召开方案》组织开票活动。

下面宣读本次开票活动的计票、唱票和监票成员名单：

……

请监票人员检查票箱。（向现场出席业主和其他参加人展示票箱的完整性）

请计票人员在监票人监督下开封票箱并清点选票。现暂时休会，请大家保持安静，原地休息。

……

各位业主，现在复会。

据监票人报告，本次业主大会会议发出选票××张，收回选票××张。收回的选票票数等于（少于）发出的选票票数，投票有效。

现在监票人的监督下计票、唱票。

……

下面请监票人报告计票结果。

议题××，获××票赞成，对应建筑物专有部分面积××平方米，占建筑物总面积的××%，业主人数××人，占业主总人数的××%。

议题××，获××票赞成，对应建筑物专有部分面积××平方米，占建筑物总面积的××%，业主人数××人，占业主总人数的××%。

业主委员会委员候选人×××，获××票赞成，对应建筑物专有部分面积××平方米，占建筑物总面积的××%，业主人数××人，占业主总人数的××%。

业主委员会委员候选人×××，获××票赞成，对应建筑物专有部分面积××平方米，占建筑物总面积的××%，业主人数××人，占业主总人数的××%。

业主委员会委员候选人×××，获××票赞成，对应建筑物专有部分面积××平方米，占建筑物总面积的××%，业主人数××人，占业主总人数的××%。

……

以上是本次业主大会会议的投票结果，根据《××小区业主大会临时会议召开方案》规定和计票情况，本次业主大会会议议题通过情况如下：

议题××通过/不通过

议题××通过/不通过

业主委员会委员候选人得票顺序如下：

×××当选/不当选

×××当选/不当选

……

根据规定，上述选举结果将在3日内通过公告的方式在本小区公告栏和业主微信群发布，请广大业主关注。

散会。

二、注意事项

组织开票时，应当注意如下事项：

1. 开票时间应为业主大会会议结束后3日内，建议在投票结束后的第一天即开票。

2. 开票过程中应当有业主监督并全程录音录像，建议换届小组、社区居民委员会工作人员为开票工作人员。建议三方人员组成开票小组。

3. 有条件的可以聘请第三方组织开票工作，并由业主监督。

4. 采用纸质投票的，应当明确选票的存档地点、方式和保存期限。

第六节　公布投票结果

开票结束后，换届小组召开会议，确定业主大会会议结果并公示7日以上。

【文书范例 135】关于××小区业主大会临时会议议题表决结果的公示

关于××小区业主大会临时会议议题表决结果的公示

××小区全体业主：

××××年××月××日，××小区业主大会临时会议召开。会议就各项议题进行了审议和表决，现将会议表决结果公示如下：

选举产生×名业主委员会委员和×名业主委员会候补委员，名单如下；

序号	姓名	身份	住址	联系方式
1	×××	委员		
2	×××	候补委员		

对此结果有异议的业主，请向业主委员会书面提出异议。本决议的异议期是××××年××月××日至××××年××月××日。

特此公告。

××小区业主委员会换届小组

××××年××月××日

【文书范例 136】业主大会会议决议

业主大会会议决议

根据《中华人民共和国民法典》《物业管理条例》《北京市物业管理条例》《北京市住宅区业主大会和业主委员会指导规则》及相关法律、法规、规章的规定，××××年××月××日至 ××××年××月××日，××小区采用□互联网投票□书面征求意见方式召开业主大会会议。本物业管理区域建筑物总面积共××平方米，业主总人数是××人。业主大会会议表决票共发放和送达××份，实收反馈意见××份，对应建筑物专有部分面积××平方米，占建筑物总面积的××%，业主人数××人，占业主总人数的××%。本次会议真实有效。会议表决通过以下事项：

1. 以××票赞成____，对应建筑物专有部分面积××平方米，占建筑物总面积的××%，业主人数××人，占业主总人数的××%，通过××。

2. 以××票赞成____，对应建筑物专有部分面积××平方米，占建筑物总面积的

××%，业主人数××人，占业主总人数的××%，通过××。

3. 以××票赞成____，对应建筑物专有部分面积××平方米，占建筑物总面积的××%，业主人数××人，占业主总人数的××%，确定××。

4. ……

××小区业主委员会

××××年××月××日

第七节 业主委员会换届资料归档工作

业主大会临时会议表决结果公示后，换届小组工作人员应按照《××小区档案管理规定》整理业主大会临时会议的资料并归档，按照规定的要求标明保存的年限。

如果小区业主委员会未能选举成功，建议由物业所在地的社区居民委员会保管业主大会临时会议的相关资料。

具体档案材料的保管参见第一编第二章第五节的内容。

针对换届成功的业主委员会而言，在变更备案成功后，需要和前届业主委员会进行资料档案的交接，这对于新任业主委员会的履职非常重要。建议签订资料交接清单，明确小区档案资料的有无缺损情况，从而实现查漏补缺。

第三编

物业管理委员会

第一章　物业管理委员会组建

物业管理委员会的组建程序如下：

1. 在小区张贴《致小区业主的一封信》，向小区业主宣传物业管理委员会，敦促业主履行业主职责；

2. 张贴《××小区物业管理委员会业主代表招募公告》，明确报名时间和条件；

3. 公告业主和物业使用人报名情况；

4. 公示符合物业管理委员会任职条件的报名人员情况；

5. 社区党委召开会议确定物业管理委员会最终成员名单；

6. 向街道办事处上报物业管理委员会成员名单；

7. 公示物业管理委员会成员名单并宣告成立；

8. 填写物业管理委员会备案材料；

9. 刻制印章。

【文书范例137】致小区业主的一封信

致小区业主的一封信

××小区广大业主：

《北京市物业管理条例》于2020年5月1日起正式施行，明确了“物业管理纳入社区治理体系，坚持党委领导、政府主导、居民自治、多方参与、协商共建、科技支撑的工作格局。建立健全社区党组织领导下居民委员会、业主委员会或者物业管理委员会、业主、物业服务人等共同参与的治理架构”。

《北京市物业管理条例》涉及的“物业管理委员会”作为临时机构，依照《北京市物业管理条例》承担相关职责，组织业主共同决定物业管理事项，并推动符合条件的物业管理区域成立业主大会、选举产生业主委员会。

××街道办事处将在本小区内推行物业管理委员会制度,希望小区业主积极参与组建及后续的小区治理工作,共建共管共治共享美好家园。

同时希望广大业主积极注册使用“北京市业主共同决策手机投票系统”(“北京业主”APP)。

××街道办事处

××××年××月××日

【文书范例138】××小区物业管理委员会业主代表招募公告

××小区物业管理委员会业主代表招募公告

××小区广大业主:

按照《北京市物业管理条例》相关规定,××街道办事处将在本小区组建物业管理委员会,作为临时机构依照条例承担相关职责,组织业主共同决定物业管理事项。

经研究,本小区物业管理委员会成员共×名,其中社区居民委员会成员×名,社区民警×名,开发建设单位代表×名,业主(自然人,法人或非法人单位委托代表)×名、物业使用人×名。现公告招募物业管理委员会业主代表。

(一)业主代表产生方式

1. 社区党组织推荐;

2. 社区居民委员会推荐;

3. 业主自荐或者联名推荐。

(二)业主代表条件

1. 遵纪守法、热心公益事业、责任心强、具有一定组织能力;

2. 自管党员、在职党员优先;

3. 具备本小区业主身份,目前在本小区居住且报名前已在本小区连续居住一年以上,具有完全民事行为能力;

4. 按时足额交纳物业服务费、不存在欠缴专项维修资金及其他需要业主共同分担费用的情况;

5. 本人、配偶及其直系亲属与物业管理人无直接的利益关系;

6. 未被列为失信被执行人;

7. 未有《北京市物业管理条例》规定的房屋使用禁止规定的行为；

8. 未有法律法规规定的其他不宜担任小区物业管理委员会委员的情形。

（三）报名方式及截止时间

××××年××月××日至××月××日上午××:00～××:00、下午××:00～××:00　（周六、日不休息），自荐、推荐人员到社区领取自荐表、推荐表，并按照要求将自荐表、推荐表及全部相关材料在截止时间前交到社区居民委员会。逾期皆视为无效。

（四）报名提交资料

1. 业主自荐：自荐人员填写完全且本人签名的业主自荐表、本人业主身份证明；

2. 业主联名推荐：5名以上业主联合签名并经被推荐人签字同意的业主联名推荐表，被推荐人、推荐人的业主身份证明；

3. 法人单位业主委托代表：法人单位业主填写完全且经法人单位盖章的业主自荐表、授权委托书、法人单位业主身份证明；

4. 社区党组织、社区居民委员会推荐：社区党组织及社区居民委员会填写完全并经被推荐人签名同意加盖社区党组织、社区居民委员会公章的组织推荐表，被推荐人的业主身份证明。

（五）人员确定

报名截止后，社区居民委员会将汇总人员自荐、推荐情况，核实业主代表有关条件要求，结合小区实际情况，按照业主代表名额确定小区物业管理委员会委员初步名单，报社区党组织，并在小区显著位置公示。

××街道办事处

××××年××月××日

【文书范例139】××小区物业管理委员会业主自荐表

××小区物业管理委员会业主自荐表

<table>
<tr><td>姓　名</td><td></td><td>性　别</td><td></td><td rowspan="4">证件照片</td></tr>
<tr><td>民　族</td><td></td><td>身份证号</td><td></td></tr>
<tr><td>政治面貌</td><td></td><td>组织关系地</td><td></td></tr>
<tr><td>在本小区居住起始时间</td><td></td><td>联系电话</td><td></td></tr>
</table>

续表

工作单位及职务	
本人特长	
本人自荐报名小区物业管理委员会成员并承诺： 1. 本人为本小区业主（物业使用人），遵纪守法、热心公益事业、责任心强、具有一定组织能力； 2. 目前在本小区居住且报名前已在本小区连续居住一年以上，具有完全民事行为能力； 3. 按时足额交纳物业费、不存在欠缴专项维修资金及其他需要业主共同分担费用的情况； 4. 本人、配偶及其直系亲属与物业服务人无直接的利益关系； 5. 未被列为失信被执行人； 6. 未有《北京市物业管理条例》规定的房屋使用禁止规定的行为； 7. 未有法律法规规定的其他不宜担任物业管理委员会委员的情形，如有虚报瞒报将承担相关责任。 本人愿意在社区党委领导和社区居民委员会指导下，按照相关工作要求，参与小区物业管理和社区治理工作。 本人签字：××× 日期：××××年××月××日	

【文书范例 140】××社区党委（社区居民委员会）物业管理委员会委员候选人推荐表

××社区党委（社区居民委员会）物业管理委员会委员候选人推荐表

被推荐人姓名		性别		被推荐人证件照片
民族		身份证号		
政治面貌		组织关系地		
在本小区居住起始时间		联系电话		
工作单位及职务				
被推荐人特长				
推荐组织意见及盖章	推荐组织盖章：××× 日期：××××年××月××日			

续表

推荐理由： 1. ××同志（为小区自管党员），遵纪守法、热心公益事业、责任心强、具有一定组织能力； 2. 目前，在本小区居住且报名前已在本小区连续居住一年以上，具有完全民事行为能力； 3. 按时足额交纳物业费、不存在欠缴专项维修资金及其他需要业主共同分担费用的情况； 4. 本人、配偶及其直系亲属与物业服务人无直接的利益关系； 5. 未被列为失信被执行人； 6. 未有《北京市物业管理条例》规定的房屋使用禁止规定的行为； 7. 未有法律法规规定的其他不宜担任物业管理委员会委员的情形。 本人愿意在社区党委领导和社区居民委员会指导下，按照相关工作要求，参与小区物业管理和社区治理工作。 被推荐人（签字）：________ 日期：××××年××月××日

【文书范例141】××小区业主报名参选物业管理委员会委员情况统计表

××小区业主报名参选物业管理委员会委员情况统计表

××小区全体业主：

××小区居民委员会于××××年××月××日至××××年××月××日共收到××位业主报名参选物业管理委员会委员，现将报名情况公示如下：

序号	楼门号	姓名	房屋产权面积	代表身份
				物业使用人
				物业使用人
				业主
				业主
				业主
				业主

如对以上公示名单有异议，请于××××年××月××日至××××年××月××日向××社区居民委员会提出。

××小区居民委员会

××××年××月××日

【文书范例142】××小区物业管理委员会主任任命公告

××小区物业管理委员会主任任命公告

××小区全体业主：

××社区党支部、社区居民委员会，现根据《北京市物业管理条例》第五十四条规定，指定×××（性别，××），担任小区物业管理委员会主任。指定业主代表×××（性别，××，身份证号：××××××××××××××××××，住址：北京市××区××楼××单元××室），担任小区物业管理委员会副主任。

物业管理委员会主任、副主任将在社区党委的领导和社区居民委员会的指导下，组织小区业主、物业使用人等，依法依规开展物业管理委员会各项相关工作。

特此通知。

北京市××区××街道××社区党支部

北京市××区××街道××社区居民委员会

××××年××月××日

【文书范例143】××小区物业管理委员会委员名单公示

××小区物业管理委员会委员名单公示

序号	姓名	职务	房屋坐落	职业	成员身份	分工	联系电话

【文书范例 144】物业管理委员会成立证明

物业管理委员会成立证明

______[街道(地区)办事处]物业管理委员会[______年]第____号

<table>
<tr><td>名称</td><td colspan="8">北京市朝阳区________________________物业管理委员会</td></tr>
<tr><td>物业
类型</td><td colspan="4">普通住宅区□ 房改房住宅区□
别墅□ 商住楼□ 其他□</td><td colspan="2">建筑物
总面积</td><td colspan="2">平方米</td></tr>
<tr><td>总户数</td><td colspan="4">户</td><td colspan="2">业主总人数</td><td colspan="2">人</td></tr>
<tr><td>物业
管理
区域</td><td colspan="8">东至:
西至:
南至:
北至:</td></tr>
<tr><td rowspan="12">物业管理
委员会
委员情况</td><td colspan="8">物业管理委员会共______人,委员具体情况如下:</td></tr>
<tr><td>职务</td><td>姓名</td><td>性别</td><td>政治
面貌</td><td>代表
类型</td><td>工作单位/
专有部分地址</td><td>身份证
号码</td><td>联系
电话</td></tr>
<tr><td></td><td></td><td></td><td></td><td></td><td></td><td></td><td></td></tr>
<tr><td></td><td></td><td></td><td></td><td></td><td></td><td></td><td></td></tr>
<tr><td></td><td></td><td></td><td></td><td></td><td></td><td></td><td></td></tr>
<tr><td></td><td></td><td></td><td></td><td></td><td></td><td></td><td></td></tr>
<tr><td></td><td></td><td></td><td></td><td></td><td></td><td></td><td></td></tr>
<tr><td></td><td></td><td></td><td></td><td></td><td></td><td></td><td></td></tr>
<tr><td></td><td></td><td></td><td></td><td></td><td></td><td></td><td></td></tr>
<tr><td></td><td></td><td></td><td></td><td></td><td></td><td></td><td></td></tr>
<tr><td></td><td></td><td></td><td></td><td></td><td></td><td></td><td></td></tr>
<tr><td colspan="8">注:1. 代表类型包括业主、物业使用人、居民委员会、社区民警和其他。
2. 物业管理委员会委员身份证复印件附后。</td></tr>
</table>

续表

物业管理委员会声明	本物业管理委员会现郑重声明，一致同意委托＿＿＿＿＿＿（姓名），身份证号＿＿＿＿＿＿，到贵单位办理物业管理委员会相关手续，并保证填报的《物业管理委员会成立证明》及相关材料真实。如有隐瞒、提供材料不真实等行为，本物业管理委员会将承担由此引发的法律后果。 委员（签字）：＿＿＿＿ 受托人（签字）：＿＿＿＿ ××××年××月××日
证明情况	该物业管理委员会符合成立条件，有效期＿＿年＿＿月＿＿日至＿＿年＿＿月＿＿日。 经办人（签字）：＿＿＿＿ ××××年××月××日

说明：本成立证明一式两份，由街道办事处/乡镇人民政府、物业管理委员会各留存一份。街道办事处、乡镇人民政府应当在物业管理委员会成立（包括事项变更）后 7 日内将成立证明材料抄送区县房屋行政主管部门，将有关情况书面通报物业所在地公安派出所、社区居民委员会。

【文书范例 145】印章刻制证明

印章刻制证明

北京市公安局××分局：

北京市朝阳区＿＿＿＿＿物业管理委员会已成立，受物业管理委员会委托，＿＿＿＿（姓名）＿＿＿＿＿＿＿＿＿＿（身份证号）现到你局办理印章刻制手续，有效期为＿＿＿年＿＿月＿＿日至＿＿＿年＿＿月＿＿日。印章刻制后，物业管理委员会应当将印鉴留存属地街道办事处或乡镇人民政府。

特此证明。

＿＿＿＿街道办事处（乡镇人民政府）（盖章）

××××年××月××日

第二章　物业管理委员会的运行

一、物业管理委员会的法定职责

在成立业主大会但是尚未成立业主委员会的小区，物业管理委员会组织业主大会按照《北京市物业管理条例》第 34 条的规定履行职责，并组织执行业主大会的决定。

在未成立业主大会的小区，物业管理委员会组织业主行使《北京市物业管理条例》第 34 条和第 44 条规定的业主大会和业主委员会的职责。

二、物业管理委员会履行职责的方式

1. 物业管理委员会会议由主任或者由主任委托副主任召集和主持，1/3 以上委员提出召开物业管理委员会会议的，主任应当组织召开会议。

2. 物业管理委员会会议应当有过半数委员且过半数业主代表委员参加，业主代表委员不能委托代理人参加会议。

3. 物业管理委员会按照《北京市物业管理条例》第 56 条确定的事项应当经过半数委员签字同意。会议结束后 3 日内，物业管理委员会应当将会议情况以及确定事项在物业管理区域内显著位置公示 10 个工作日。

三、物业管理委员会议事规则

为了确保物业管理委员会依法履行职责，建议其建立《物业管理委员会议事规则》等制度规范。

【文书范例146】物业管理委员会议事规则

物业管理委员会议事规则

第一条 ____小区于____年____月____日依法成立____小区物业管理委员会（以下简称物管会）。特制定本议事规则供全体物管会委员共同遵守。

第二条 本小区物管会作为临时机构，依照《北京市物业管理条例》规定，在社区党委的领导下，组织业主共同决定小区物业管理事项，并推动小区成立业主大会选举业主委员会/重新选举业主委员会。

第三条 本小区物管会委员____人，分别是居民委员会代表委员____人，业主委员____人。

第四条 工作职责

按照《北京市物业管理条例》第五十六条规定，本小区物管会组织业主大会按照《北京市物业管理条例》第三十四条和第四十四条的规定履行职责，并组织执行业主大会的决定。

依照《中华人民共和国民法典》《北京市物业管理条例》等法律法规的规定，小区物管会组织业主共同决定如下事项：

（一）制定和修改业主大会议事规则；

（二）制定和修改管理规约；

（三）选举业主委员会或者更换业主委员会成员；

（四）选聘和解聘物业服务企业或者其他管理人；

（五）确定或者调整物业服务方式、服务内容、服务标准和服务价格；

（六）使用建筑物及其附属设施的维修资金；

（七）筹集建筑物及其附属设施的维修资金；

（八）改建、重建建筑物及其附属设施；

（九）改变共有部分的用途或者利用共有部分从事经营活动；

（十）决定共用部分的经营方式，管理、使用共用部分经营收益等共有资金；

（十一）有关共有和共同管理权利的其他重大事项。

业主共同决定事项，应当由专有部分面积占比2/3以上的业主且人数占比2/3以上的业主参与表决。决定第（七）项至第（九）项规定的事项，应当经参与表决专有部分面积3/4以上的业主且参与表决人数3/4以上的业主同意。决定其他事项,应当经参与表决专有部分面积过半数的业主且参与表决人数过半数的业主同意。

物管会应当就前款规定的决定事项向业主大会提出讨论方案。组织执行业主大会的决定,接受业主大会和业主的监督。

第五条 业主大会议事规则和管理规约发生变更的,物管会应当在30日内向街道办事处、乡镇人民政府办理变更备案手续。

第六条 物管会应当代表业主与业主共同选聘的物业服务人签订书面合同,就物业服务内容和标准、费用、物业服务用房、合同期限、违约责任等内容进行约定。

物业服务合同期限届满前6个月,物管会应当组织业主共同决定续聘或者另聘物业服务人,并将决定书面告知原物业服务人。原物业服务人接受续聘的,双方应当在物业服务合同届满前重新签订物业服务合同。物业服务人不接受续聘的,应当提前90日书面告知物管会及业主。

业主共同决定由物业服务企业提供物业服务的,可以授权物管会进行招标,继续聘用原物业服务企业的除外。

原物业服务人拒不移交有关资料或者财物的,或者拒不退出物业管理区域的,物管会可以向街道办事处、乡镇人民政府、区住房和城乡建设或者房屋主管部门报告,并向辖区内公安机关请求协助,或者依法向人民法院提起诉讼,要求原物业服务人退出物业管理区域。

第七条 业主应当根据物业服务合同约定的付费方式和标准,按时足额交纳物业费。业主逾期不交纳物业费的,物管会应当督促其交纳。

第八条 业主、物业使用人擅自利用共用部位、共用设施设备进行经营的,物管会应当及时劝阻;劝阻无效的,应当向街道办事处、乡镇人民政府或者行政执法机关报告。

第九条 专项维修资金余额不足首期筹集金额30%的,物管会应当及时通知、督促业主按照届时适用的标准补足专项维修资金。

第十条 建筑物专有部分存在安全隐患,危及公共利益或者他人合法权益的,相关业主应当及时采取修缮以及其他消除危险的安全治理措施。

业主不履行维修养护义务的,可以由物业服务人报物管会同意,或者按照临时管理规约、管理规约的约定，代为维修养护或者采取应急防范措施，费用由业主承担。

第十一条 会议制度

（一）小区物管会会议由主任或者由主任委托副主任召集和主持，每两个月召开一次。如 1/3 以上委员提出召开物管会会议的，主任应当组织召开会议。会议应当有过半数委员且过半数业主代表委员参加，业主代表委员不能委托代理人参加会议。

（二）小区物管会按照《北京市物业管理条例》第五十六条的规定组织实施业主共同决定的事项，应当经过半数委员签字同意。会议结束后 3 日内，小区物管会应当将会议情况以及确定事项在物业管理区域内显著位置公示 10 个工作日。

（三）物管会应做好会议记录工作，并在参会物管会委员签字确认、加盖物管会印章后，由居民委员会留存并交街道办事处备案。

（四）若物管会委员提出的议题中存在违背公序良俗、损害其他业主合法权益等情况的，可由社区党委、居民委员会否决该项议题。

第十二条 人员分工

物管会主任负责物管会日常事务，履行以下职责：

（一）负责召集和主持物管会会议；

（二）主持制定物管会工作计划和实施方案；

（三）组织、协调、解决本区域物业管理实施工作中的日常问题。

物管会副主任履行以下职责：

（一）协助物管会主任工作；

（二）根据物管会主任的授权，召集物管会会议、主持物管会工作；

（三）完成物管会交办的工作。

物管会其他委员依法履行以下职责：

（一）参加物管会会议等有关活动；

（二）参与制定物管会工作计划和实施方案；

（三）参与组织、协调、解决本物业管理区域内物业管理实施工作中的日常问题；

（四）密切联系业主、业主代表，广泛了解本物业管理区域内物业管理动态、情况和问题；

（五）承担物管会布置的专项工作。

第十三条　物管会委员有下列情形之一的，其委员资格自动终止，并由物管会在物业管理区域内显著位置予以公告：

（一）不再是本物业管理区域内业主、物业使用人；

（二）以书面形式向物管会提出辞职；

（三）因健康等原因无法履行职责且未提出辞职；

（四）物管会委员一年内累计缺席物管会会议总次数一半以上的；

（五）阻挠、妨碍业主大会行使职权或者不执行业主大会决定的；

（六）虚构、篡改、隐匿、毁弃物业管理活动中形成的文件资料；

（七）拒绝、拖延提供物业管理有关的文件资料；

（八）擅自使用物管会印章；

（九）违反业主大会议事规则或者未经业主大会授权与物业服务人签订、修改物业服务合同；

（十）将业主共有财产借给他人或者设定担保等挪用、侵占业主共有财产；

（十一）与物业服务人有可能影响其公正履行职务的经济往来或者利益交换；

（十二）泄露业主信息；

（十三）存在《北京市物业管理条例》第七十八条禁止性行为的；

（十四）侵害业主合法权益的其他行为。

物管会委员资格终止的，应当自终止之日起3日内向物管会移交其保管的有关凭证、档案等文件资料及其他属于全体业主共有的财物。

第十四条　若物管会委员提出辞职，应当在3日内将其保管的档案资料、其他财物账目移交物管会保管。

第十五条　本小区物管会以在街道办事处完成备案之日起成立。

第十六条　物管会主任持街道办事处出具的物管会成立证明向公安机关申请刻制物管会印章，该印章由物管会主任保管。

第十七条　每次使用印章应有记录，记录内容包括使用人姓名、相对人、用途、盖章人姓名、申领时间、归还时间等，该记录应当存档。

第十八条　物管会印章遗失的，物管会应向社会公告，并按照相关规定重新刻制。

第十九条　小区物管会自成立之日起满3年，仍未推动重新选举业主委员会的，由街道办事处重新组建物管会。

第二十条 已成立业主大会、选举产生业主委员会，并按照《北京市物业管理条例》第四十三条规定备案的，或者因物业管理区域调整、房屋灭失等其他客观原因致使物管会无法存续的，由街道办事处在30日内解散物管会，并在物业管理区域内显著位置公示。

第二十一条 物管会解散的，物管会印章交回街道办事处处置。

第二十二条 本物管会议事规则经小区物管会委员审议通过后生效，并在物业管理区域内显著位置公示、公告。

第二十三条 本物管会议事规则可视小区物管会运行情况、小区业主大会和业主委员会成立情况，召开会议进行修改、增补。

第二十四条 本物管会议事规则由物管会保存三份，住建或者房屋管理行政部门、____街道办事处和____社区居民委员会各一份。

____小区物业管理委员会(签章)

______年____月____日

第四编

重要文件范例

范例一：《××小区管理规约》

××小区管理规约

使 用 说 明

一、本规约文本为示范文本，由北京市住房和城乡建设委员会制定，适用于本市住宅区业主、业主大会的相关活动。

二、本规约是由全体业主共同制定，对全体业主具有普遍约束力的自律性规范；是有效调整业主之间、业主与业主大会之间权利与义务关系的基础性文件。

三、业主可以根据实际情况共同决定对示范文本的内容进行选择、修改、增补或者删减。

四、非住宅区可以参照使用本示范文本。

××小区管理规约

第一章　物业基本情况

第一条　物业管理区域

（一）坐落：________________________________。

（二）四至：

东至________________________________；

南至________________________________；

西至________________________________；

北至________________________________。

物业管理区域内的物业构成明细、物业共用部分明细详见商品房预售合同、商品房现房买卖合同。

第二条　物业服务用房

物业服务用房建筑面积为__________平方米，其中地上建筑面积为______平方米，位于______【幢】【座】______层______单元__________号；地下建筑面积为______平方米，位于______【幢】【座】______层______单元______号。其中业主大会及业主委员会办公用房建筑面积为________平方米，位于______【幢】【座】________层______单元______号。

(注:物业服务用房为多处时,可根据实际情况增加以上内容)

第三条 物业共用部分

根据有关法律、法规规定和房屋买卖合同约定,业主共用部分包括:

(一)道路、绿地,但是属于城市公共道路、城市公共绿地或者明示属于私人所有的除外;

(二)占用业主共有的道路或者其他场地用于停放汽车的车位;

(三)建筑物的基础、承重结构、外墙、屋顶等基本结构部分,通道、楼梯、大堂等公共通行部分,消防、公共照明等附属设施、设备,避难层、架空层、设备层或者设备间等;

(四)物业服务用房和其他公共场所、共用设施;

(五)法律、法规规定或者房屋买卖合同依法约定的其他共有部分。

第二章 物业管理方式

第四条 本物业管理区域内,实行下列第______种物业管理方式:

(一)由全体业主自行管理;

(二)全体业主依法选聘物业服务企业管理;

(三)全体业主依法选聘专业单位管理;

(四)全体业主依法选聘其他物业管理人管理。

采取第(一)种物业管理方式的,应书面告知物业所在地的街道办事处、乡镇人民政府和房屋行政主管部门;采取第(二)、(三)、(四)种方式的,双方依据物业服务合同对物业共用部分进行管理、维修、养护,并维护相关区域的环境卫生和公共秩序。

第三章 业主共同管理的权利和义务

第一节 业主、业主大会及业主委员会

第五条 业主在物业管理活动中依照《中华人民共和国民法典》《物业管理条例》《北京市物业管理条例》以及相关法律、法规、规章和规范性文件的规定,享有相应的权利,履行相应的义务。

第六条 业主对物业管理区域共用部分实施共同管理。下列事项由业主共同决定:

(一)制定和修改业主大会议事规则;

(二)制定和修改管理规约；

(三)选举业主委员会或者更换业主委员会成员；

(四)选聘和解聘物业服务人；

(五)使用建筑物及其附属设施的维修资金；

(六)筹集建筑物及其附属设施的维修资金；

(七)改建、重建建筑物及其附属设施；

(八)改变共有部分的用途或者利用共有部分从事经营活动；

(九)有关共有和共同管理权利的其他重大事项。

业主共同决定事项，应当由专有部分面积占比 2/3 以上的业主且人数占比 2/3 以上的业主参与表决。决定前款第(六)项至第(八)项规定的事项，应当经参与表决专有部分面积 3/4 以上的业主且参与表决人数 3/4 以上的业主同意。决定前款其他事项，应当经参与表决专有部分面积过半数的业主且参与表决人数过半数的业主同意。

第七条 业主可以以幢、单元、楼层为单位，共同决定本单位范围内的物业管理事项，事项范围和决定程序由业主大会议事规则规定或者物业管理区域内全体业主共同决定。

业主大会、业主委员会依法作出的决定，对业主具有约束力；业主应当遵守业主大会、业主委员会依法作出的决定。

业主大会、业主委员会作出的决定违反法律法规的，业主可以依法请求人民法院予以撤销。

第八条 业主大会选聘物业服务人之前，应当按照本物业管理区域业主大会议事规则的约定召开业主大会会议，对选聘方式、具体实施者、物业服务合同的主要内容等进行表决。

第九条 业主大会与其依法选聘的物业服务人签订物业服务合同，应当由业主委员会 2/3 以上委员在场签名并加盖业主大会或者业主委员会印章。

第二节 物业服务费用及其交纳、监督

第十条 经全体业主同意，物业服务收费采取______(包干制/酬金制)方式，按业主专有部分面积大小共同负担。其中专有部分面积按房屋所有权证或不动产权证登记的建筑面积计算；尚未办理权属登记的，按房屋买卖合同记载的建筑面积

计算。

业主应按照本规约和物业服务合同约定足额交纳,接受业主大会、业主委员会的监督。

业主因故不能按期交纳的,应委托他人按期代交或者及时补交。业主未按规定交纳物业服务费用的,业主委员会应当督促其限期交付。

业主拒交物业服务费用____个月以上的,业主委员会可以在本物业管理区域内公布物业服务费用收交情况,并注明欠缴费用的业主房门号及欠费金额;仍不交纳的,业主大会、物业服务人可以依法向人民法院提起诉讼。

业主与物业使用人约定由物业使用人交纳物业服务费用的,从其约定,业主负连带交纳责任。

第十一条 物业服务人应当向全体业主公布上一年物业服务资金的收支情况,并接受审计监督;审计监督的实施方式由物业服务合同另行约定。

第十二条 业主委托物业服务人提供物业服务合同约定以外的其他专项服务、特约服务的,其费用由双方约定;物业服务人应当将服务项目、服务质量、服务标准进行公示。

第三节 专项维修资金的交存和使用

第十三条 业主应当按照住宅专项维修资金管理有关规定、本规约及业主大会决议使用、管理和续筹住宅专项维修资金。

第十四条 使用专项维修资金的,物业服务人应当按有关规定向业主大会提出维修资金使用方案。

第十五条 业主委员会应当将维修资金使用方案、所需资金、工程进展以及资金划拨等情况在物业管理区域内向全体业主或者相关业主公布;并每____个月定期向全体业主或者相关业主公布一次专项维修资金使用情况。

第十六条 一幢或者一户门号的专项维修资金余额不足首次交存的30%时,由业主委员会向该幢或者该户门号业主续筹专项维修资金。

第十七条 业主共同决定前述专项维修资金的筹集和使用方案时,应当按照法律法规规定经业主同意。

第十八条 业主转让物业、办理转移登记后,其交存的专项维修资金随物业一并转让。因征收或者其他原因而造成物业灭失的,专项维修资金余额归业主所有。

第四节　水、电、气等费用的交纳及其设施的维修责任

第十九条　本物业管理区域内,业主应当按照相关规定和相关供用合同的约定向供水、供电、供气、信息、环卫等专业单位交纳有关费用。

物业服务人接受供水、供电、供气、信息、环卫等专业单位的委托代收前款费用的,应当公布委托合同。

业主应当按照相关规定和相关供用合同、委托合同的约定向物业服务人按时足额交纳水、电、气、信息、环卫等费用。业主拖欠、拒交上述费用的,应按相关供用合同约定承担违约责任。

第二十条　水、电、气、信息、环卫等设施的维修责任,由业主、专业单位按照《北京市物业管理条例》第八十七条的相关规定承担;属于业主专有部分的,由业主承担维修费用。

第二十一条　业主大会应当代表业主,及时与供水、供电、供气、信息、环卫等专业单位建立供用合同关系,并与开发建设单位办理户名变更手续。

第二十二条　当业主和物业服务人对物业服务质量和服务费用、物业共用部位和共用设施设备管理状况以及物业项目进行交接查验发生争议不能协商解决时,可以委托专业评估机构进行评估。

第二十三条　业主、物业使用人应遵守物业管理区域内物业共有共用区域、部位或者设施设备的使用、公共秩序和环境卫生的维护等方面的规章制度,积极支持、配合物业服务人的服务和管理活动。

第二十四条　业主应当向物业服务人以及业主委员会提供联系地址、通信方式,联系方式变更的应及时进行更新。

第二十五条　业主、物业使用人应遵守本规约中关于物业的使用、维护和管理的约定。

第二十六条　业主在物业使用和维护中,应遵守相关法律、法规、政策规定和本规约约定及业主共同决定,按照有利于物业使用效能发挥、秩序良好以及公平、合理的原则,正确处理供水、排水、通行、通风、采光以及设施设备维修、房屋装饰装修、环境卫生维护、环境保护等方面的相邻关系。

第二十七条　业主应履行房屋安全使用责任。

第二十八条　业主不承担共同管理责任,损害业主共同权益,业主大会或者相

关业主共同决定可以限制其行使以下第____项(可多选)成员权利:

(一)不得担任业主委员会委员或候补委员;

(二)业主大会会议表决权;

(三)共用部分经营收益分配权;

(四)________________________。

限制时限至业主承担完成相应共同管理责任时终止。

第四章 共用部分的经营和收益分配及管理单位违法所得

第一节 物业共用部分的经营

第二十九条 利用物业共用部分经营的,应当符合法律、法规的规定和本规约的约定,并经业主大会或者相关业主共同决定。

第二节 物业共用部分经营收益分配

第三十条 物业服务人利用共用部分从事经营活动的,应当将公共收益单独列账。

公共收益归全体业主所有。专项维修资金余额不足首期应筹集金额30%的,50%以上的公共收益金额应当优先用于补充专项维修资金,剩余部分的使用由业主共同决定。

第三十一条 属于全体业主共用部分的经营收益,按下列第______种方式使用:

(一)用于补充建筑物及其附属设施维修资金,统一归集到维修资金监管专户;

(二)________________________________。

第三十二条 属于相关业主共用部分的经营收益,按下列第______种方式使用:

(一)用于补充建筑物及其附属设施维修资金,统一归集到市维修资金监管专户;

(二)________________________________。

第三十三条 业主委员会、物业服务人应当______(至少每半年)在物业管理区域内公布全体业主共用部分、部分业主共用部分物业经营所得收益的收支情况,接受业主大会、业主的监督。

第三十四条 业主转让建筑物内的专有部分,其对共用部分享有的共用和共同管理的权利一并转让。

第五章　物业的使用、维护和管理

第一节　物业的使用

第三十五条　本物业管理区域内的业主、物业使用人应当遵守相关法律、法规、政策规定和本物业管理区域质量保证书、房屋建筑使用说明书及其他文件的约定，并按照下列规定使用物业：

（一）按照规划管理部门批准或者不动产登记簿载明的用途使用物业专有部分，不得擅自改变物业专有部分使用性质。因特殊情况需要改变物业用途的，除遵守法律、法规以及本规约外，应当征得有利害关系的业主同意。

（二）进行室内装饰装修时，应遵守住宅室内装饰装修管理的有关规定。

在工程开工前，应当事先告知物业服务人，并与其签订室内装饰装修管理服务协议；遵守装饰装修的注意事项，不从事装饰装修的禁止行为，不得影响毗邻房屋的使用安全；主动配合物业服务人依据有关规定和物业服务合同的约定对装饰装修活动的监督检查。

在指定地点放置装饰装修材料及装修垃圾，不擅自占用共用部分。施工期间应采取有效措施，减轻或者避免施工过程中对相邻业主或者使用人日常生活造成的影响，晚间____时至次日上午____时和节假日，不得从事敲、凿、锯、钻等产生严重噪声的施工。

因装饰装修房屋影响物业共用部分安全使用以及侵害相邻业主合法权益的，应当及时恢复原状，造成相邻业主财产损失的，应当承担相应的赔偿责任。

（三）安装空调，应当按照房屋设计预留的位置安装，未预留位置的，按照有关规定或者物业服务人指定的位置安装。

（四）合理使用水、电、气、环卫等共用设施设备，不擅自拆改相关管线、设备。

（五）使用电梯，应遵守本物业管理区域内电梯使用管理规定。

（六）停放车辆，应遵守本物业管理区域内车辆停放有关规定。机动车在本物业区域内行驶应避让行人，车速不超过____千米/小时，严禁鸣喇叭；车辆出入应按规定出示相应证件或者登记；机动车有序停放，严禁在消防通道、消防井盖、人行便道和绿地等场所停放，不得占用无障碍停车位、盲道等无障碍设施；车位只可用作停放车辆，不得用于其他用途；需在指定位置充电。

（七）阳台封闭，应遵守本物业管理区域内阳台封闭的有关规定。阳台外和窗外不吊挂和晾晒物品，不擅自张贴或者安装可通过外观看到、有碍观瞻的标识牌、广告牌或者标语等。

（八）业主饲养宠物，应当遵守相关管理规定，及时清理宠物粪便，乘坐电梯的，应当避开乘梯的高峰时间。

（九）遵守《北京市生活垃圾管理条例》，依法履行生活垃圾产生者的责任，减少生活垃圾产生，承担生活垃圾分类义务；不任意弃置垃圾、排放污染物。

（十）遵守《北京市文明行为促进条例》，患有传染病时，配合相关检验、隔离治疗等措施；控制家庭室内活动噪声，避免干扰他人正常生活。

（十一）法律、法规、规章的其他规定。

第三十六条 业主、物业使用人、物业服务人等不得实施下列行为：

（一）损坏、擅自拆改建筑物承重结构、主体结构；

（二）擅自利用共用部位、共用设施设备进行经营；

（三）违法搭建建筑物、构筑物、障碍物或者私挖地下空间；

（四）违反国家规定，制造、储存、使用、处置爆炸性、毒害性、放射性、腐蚀性物质或者传染病病原体等危险物质；

（五）违规私拉电线、电缆为电动汽车、电动自行车、电动摩托车和电动三轮车等充电；

（六）擅自拆改供水、排水、再生水等管线；

（七）从建筑物中抛掷物品；

（八）制造超标噪音；

（九）侵占绿地、毁坏绿化植物和绿化设施；

（十）擅自通过设置地锁、石墩、栅栏等障碍物和乱堆乱放杂物等方式，占用、堵塞、封闭消防通道、疏散通道等共用部位，或者损坏消防设施等共用设施设备；

（十一）擅自改变物业规划用途；

（十二）违反规定饲养动物；

（十三）违反规定出租房屋。

发生上述行为的，利害关系人有权投诉、举报，业主委员会或者物业管理委员会、物业服务人应当及时劝阻；劝阻无效的，应当向街道办事处、乡镇人民政府或者行政执法机关报告。

第二节 物业的维修、养护

第三十七条 业主、物业使用人按照下列规定维修养护物业：

（一）对物业专有部分的维修养护，不侵害其他业主的合法权益。

（二）因维修养护物业确需进入相关业主的物业专有部分时，业主、物业服务人应当事先告知相关业主，相关业主应给予必要配合；相关业主阻挠维修养护造成物业损坏及其他损失的，应当负责维修并承担赔偿责任。

（三）因维修物业或者公共利益，确需临时占用、挖掘道路、场地的，须向物业服务人提出申请，经其书面同意后方可实施，并在约定期限内恢复原状；造成损失的，应当赔偿。

（四）物业专有部分存在安全隐患，危及公共利益或他人合法权益的，相关业主应当及时采取修缮以及其他消除危险的安全治理措施；业主不履行或者无法履行维修养护义务的，且需进入物业专有部位应急维修的，物业服务人报经业主委员会、物业管理委员会同意，或者在公安部门、街道办事处、乡镇人民政府的监督下，代为维修养护或者采取应急防范措施，费用由业主承担。

（五）当物业服务人对物业共用部分维修养护时，相关业主应予以配合；有造成本物业共用部分或者其他业主房屋及附属设施设备损坏的，由造成损坏的责任人承担赔偿责任。

（六）本物业管理区域内物业在国家规定的保修期限和保修范围内出现非使用不当的质量问题或者使用功能障碍，由建设单位负责解决。

应当由建设单位维修，建设单位拒绝维修或者拖延维修的，业主可以自行或者委托他人维修，维修费用及维修期间造成的其他损失由建设单位承担。

第三节 物业维修、更新、改造的实施

第三十八条 物业共用部分的维修、更新、改造符合下述情形之一的，由物业服务人直接组织实施，费用按规定列支：

（一）法律、法规规定的急修项目；

（二）物业发生危及房屋使用安全或者公共安全的紧急情况；

（三）经安全鉴定机构鉴定的危险房屋；

（四）出现法规、规章和有关技术标准规定必须维修房屋的情形；

（五）物业维修、更新、改造费用在__________元以下；

（六）____。

第三十九条 物业共用部分的维修、更新、改造符合下述情形之一的，经业主大会同意或者相关业主共同同意后，由物业服务人组织实施，费用按规定列支：

（一）物业维修、更新、改造费用在______元以上；

（二）____；

（三）____。

第四节 物业转让、出租的相关事项

第四十条 业主转让或者出租物业专有部分时，须将本规约作为物业专有部分转让合同或者租赁合同的附件。业主转让或者出租物业专有部分后，当事人应当于物业专有部分买卖合同或者租赁合同签订之日起30日内，将物业专有部分转让或者出租情况和通信方式书面告知物业服务人、业主委员会。

第四十一条 房屋出租应当遵守相关法律、法规、政策规定，尊重社会公德，不得危及物业的安全，不得损害其他业主的合法权益。无论出租或者转租的，业主均应承担相应的责任。

房屋出租必须符合本市规定的房屋出租条件和人均承租面积标准；不得擅自改变房屋原设计功能和布局，对房屋进行分割搭建，按床位出租或者转租，或者将厨房、卫生间、不分门进出的客厅改成卧室出租或者转租。

对违反本规约出租或者转租的，业主委员会有权书面责成业主、物业使用人立即终止租赁行为。

第四十二条 业主转让物业专有部分，应当与物业服务人结清物业服务费用、专项维修资金；出租物业，约定由承租人交纳物业服务费用的，从其约定，业主负连带交纳责任。

第四十三条 业主、物业使用人在物业使用过程中，有违反本规约物业使用禁止行为的，其他业主、使用人可以向有关行政主管部门报告，由有关部门依法查处；受侵害的相关业主可以依法向人民法院提起诉讼。

第六章 紧急情况下的应急预案

第四十四条 物业管理区域突发失管状态时，街道办事处、乡镇人民政府应当组织有关单位确定应急物业服务人，提供供水、垃圾清运、电梯运行等维持业主基本生活服务事项的应急服务。提供应急物业服务的，街道办事处、乡镇人民政府应

当将服务内容、服务期限、服务费用等相关内容在物业管理区域内显著位置公示。应急物业服务期限不超过6个月，费用由全体业主承担。

第七章　违约责任

第四十五条　业主、物业使用人违反本规约，侵害他人合法权益的，业主大会、业主委员会、物业服务人有权要求其改正；业主、物业使用人拒不改正的，应承担以下违约责任，并由业主委员会在本物业管理区域内公布该业主、物业使用人的姓名及违约事实：

（一）向全体业主或者相应业主支付违约金________；

（二）损害赔偿；

（三）______________________________________。

限期未改正的，业主大会也可以依本规约对其提起诉讼。

第四十六条　物业使用人违反本规约的，相关业主承担连带责任。

第八章　纠纷的处理与相关民事诉讼

第四十七条　业主之间因本规约发生的纠纷，可以协商解决。协商不成的，可以采用以下________方式解决：

（一）业主委员会调解；

（二）社区居民委员会调解；

（三）物业管理纠纷人民调解组织调解；

（四）申请仲裁或者向人民法院提起诉讼。

因物业管理纠纷而引起的民事诉讼，其费用由参加诉讼的业主依法承担；属共同诉讼的，经业主授权，推荐诉讼代表人具体实施，诉讼费用由参加共同诉讼的业主依法共同承担。

第九章　附　　则

第四十八条　本规约对本物业管理区域内的各业主和物业使用人均具有约束力。物业的所有人发生变更时，本规约的效力及于物业的继受人。

第四十九条　本规约未尽事项由业主大会会议补充。

第五十条　制定和修改的管理规约，按照规定报物业所在地的街道办事处、乡镇人民政府备案。

____区（市）县____（物业名称）业主大会

××××年××月××日

范例二：《××小区业主大会议事规则》

××小区业主大会议事规则使用说明

1. 业主大会议事规则是全体业主关于业主大会组织架构与活动规范的约定。

2. 根据《中华人民共和国民法典》《物业管理条例》《北京市物业管理条例》《北京市住宅区业主大会和业主委员会指导规则》和北京市委组织部《关于党建引领物业服务企业和业主委员会建设的指导意见》，结合本物业管理区域实际，制定业主大会议事规则。

3. 本市物业管理纳入社区治理体系，建立健全社区党组织领导下居民委员会、业主委员会或者物业管理委员会、业主、物业服务人等共同参与的治理架构。

4. 首次业主大会会议筹备组应当在首次业主大会会议召开 15 日前拟定业主大会议事规则草案并在物业管理区域内显著位置公示。

业主大会议事规则草案应当以书面形式在首次业主大会会议召开 15 日前，在物业管理区域内显著位置公示 7 天。公示期间，换届小组应当记录业主提出的修改意见和建议。公示期满后 7 日内，换届小组应当研究处理并在首次业主大会会议召开前，向提出修改意见和建议的业主作出答复，并确定正式的业主大会议事规则草案。

业主大会议事规则草案与现行法律法规相抵触的，换届小组应当及时修改，并将修改后的业主大会议事规则草案在物业管理区域内显著位置重新公示。

5. 业主大会由物业管理区域内的全体业主组成，在物业管理活动中，业主基于建筑物区分所有权，依据法律、法规、规章的规定和管理规约、业主大会议事规则的约定行使共同管理权利并承担共同管理责任。

6. 业主大会、业主委员会应当依据法律、法规、规章的规定和管理规约、业主大会议事规则的约定行使共同管理权、履行职责。

业主大会、业主委员会依法行使共同管理权。

业主大会、业主委员会不得作出与物业管理无关的决定，不得从事与物业管理无关的活动。

7. 业主大会选举产生业主委员会，业主大会可以设立监事会，聘任财务人员、秘书等人员。

8. 业主大会、业主委员会应当依法履行职责。街道办事处对业主大会、业主委员会作出的违反法律、法规和规章的决定，应当责令限期改正或者撤销其决定，并通告全体业主。

9. 物业服务人利用共用部分从事经营活动的，公共收益归全体业主所有，并应当将公共收益单独列账。业主委员会（物业管理委员会）办公经费、业主委员会委员（物业管理委员会委员）津贴或者补助可从公共收益中列支。公共收益的使用由业主共同决定。

10. 有下列情形之一的，街道办事处负责组建物业管理委员会，物业管理委员会作为临时机构，依照《北京市物业管理条例》承担相关职责，组织业主共同决定物业管理事项。

（一）不具备成立业主大会条件；

（二）具备成立业主大会条件，但是确有困难未成立；

（三）业主大会成立后，未能选举产生业主委员会。

成立物业管理委员会的，业主大会活动参照本规范。

11. 本议事规则文本为示范文本，由北京市住房和城乡建设委员会制定。本规则适用于本市行政区域内的住宅区业主大会的活动，非住宅区业主大会活动参照本规则。

12. 业主大会议事规则内容以在政府备案的文件最终文本为准。

13. 本示范文本中相关条款后有空白行，供业主自行约定或补充约定。业主可以根据实际情况共同决定对示范文本的内容进行选择、修改、增补或者删减。

14. 业主大会议事规则正文应当用 A4 纸打印，空格部分应当用钢笔（黑色墨水、蓝黑墨水）、签字笔或者打印填写，空格部分若不填写内容，应当用“×”画掉。非住宅区可以参照适用本示范文本。

××小区业主大会议事规则

依据《中华人民共和国民法典》《物业管理条例》《北京市物业管理条例》《北京市住宅区业主大会和业主委员会指导规则》和北京市委组织部《关于党建引领物业服务企业和业主委员会建设的指导意见》等相关法律、法规的规定，经××小区业主大会通过，制定本规则，专为规范本物业管理区域内召开业主大会和业主委员会会议的目的使用。

第一章　业主大会

第一条　【名称】本业主大会名称为____××小区业主大会。

第二条　【业主身份的认定】本物业管理区域内的业主包括：

（一）房屋的所有权人为业主；

（二）公房尚未出售的，产权单位是业主；已出售的，购房人是业主；

（三）尚未登记取得所有权，但是基于买卖、赠与、拆迁补偿等旨在转移所有权的行为已经合法占有建筑物专有部分的单位或者个人；

（四）因人民法院、仲裁机构的生效法律文书取得建筑物专有部分所有权的单位或者个人；

（五）因继承取得建筑物专有部分所有权的个人；

（六）因合法建造取得建筑物专有部分所有权的单位或者个人；

（七）其他符合法律法规规定的单位或者个人。

第三条　【组成】业主大会由本物业管理区域内的全体业主共同组成。业主大会代表和维护本物业管理区域内全体业主在物业管理活动中的合法权益，对全体业主负责。业主大会应当履行以下职责：

（一）制定或者修改管理规约和业主大会议事规则；

（二）选举、更换和罢免业主委员会委员和候补委员；

（三）确定或者调整物业服务方式、服务内容、服务标准和服务价格；

（四）选聘、解聘物业服务人或者不再接受物业服务人事实服务；

（五）管理和使用建筑物及其附属设施的专项维修资金；

（六）筹集建筑物及其附属设施的专项维修资金；

（七）申请改建、重建建筑物及其附属设施；

（八）决定共用部分的经营方式，管理、使用共用部分经营收益等共有资金；

（九）确定业主委员会委员津贴或者补助的标准，对业主委员会主任实施任期、离任经济责任审计；

（十）改变或者撤销业主委员会作出的与业主大会决定相抵触的决议；

（十一）有关共有和共同管理权利的其他重大物业管理事项。

业主委员会、专有部分占建筑物总面积20%以上的业主或者占总人数20%以上的业主可以就前款规定的决定事项向业主大会提出讨论方案。

第四条　【表决比例】业主共同决定第三条的事项，应当由专有部分面积占比2/3以上的业主且人数占比2/3以上的业主参与表决。决定前款第（六）项至第（八）项规定的事项，应当经参与表决专有部分面积3/4以上的业主且参与表决人数3/4以上的业主同意。决定前款其他事项，应当经参与表决专有部分面积过半数的业主且参与表决人数过半数的业主同意。决定第三条第（六）、（七）项事项应当经专有部分占建筑物总面积2/3以上的业主且占总人数2/3以上的业主同意；决定前款其他事项，应当经专有部分面积过半数的业主且参与表决人数过半数的业主同意。

第五条　【会议形式】业主大会以【□集体讨论】/【□书面征求意见】/【□集体讨论与书面征求意见相结合】的形式召开会议。

第六条　【业主大会会议的召集】业主大会会议一般由业主委员会负责组织召开。业主委员会亦可根据需要在街道办事处和社区居民委员会的指导下组织成立业主大会筹备组。业主大会会议分为定期会议和临时会议。

第七条　【定期会议】1. 业主大会每年召开一次定期会议，召开时间为每年第____季度，由业主委员会负责召集。通过业主委员会会议决议确定当年度的业主大会召开日期的，业主委员会应当将定期会议的召开决议在本物业管理区域内的显著位置公示7日。

2. 业主大会定期会议召开前，业主委员会应当向业主公告以下内容：

（1）上一年度物业管理实施情况报告；

（2）上一年度业主委员会履职情况报告；

（3）上一年度业主大会收支情况报告；

（4）物业管理的其他有关事项。

3. 业主大会定期会议应当讨论并决议以下内容：

（1）审查业主委员会和物业服务企业或者其他管理人的年度工作计划；

（2）选举需要补选或者定期改选的业主委员会委员；

（3）决议下一年度物业管理有关事项；

（4）决议下一年度业主大会收支预算；

（5）决议物业管理其他有关事项。

4. 业主委员会在业主大会定期会议召开60日前，应当就有关物业管理工作征询业主意见，并对业主提出的意见、建议等，召开业主委员会会议审议，形成议案提交业主大会会议决定。

第八条 【临时会议】1. 有下列情形之一的，业主委员会应当自下列情形发生之日起 45 日内组织召开业主大会临时会议：

(1) 专有部分占建筑物总面积 20%以上业主或占总人数 20%以上业主就物业管理共同事项提议的；

(2) 经业主委员会半数(含半数)以上委员提议变更业主委员会委员的；

(3) 业主委员会委员空缺达半数(含半数)以上的；

(4) 业主委员会认为业主小组决定的事项，与业主大会或业主委员会作出的决定有抵触，提议召开业主大会临时会议的；

(5) 发生重大事故或者紧急事件需要及时处理的，包括但不限于拟调整物业服务企业、临时使用住宅专项维修资金、发生重大自然灾害、发生安全事故等；

(6) 因需要召开临时会议的其他情形发生，经业主委员会会议决议召开的。

2. 专有部分占建筑物总面积 20%以上的业主或者占总人数 20%以上的业主就明确议题提议召开临时会议的，提议者应向业主委员会提交召开临时会议的书面申请。

(1) 书面申请应包含的内容：临时会议议题、提议业主的联名签字以及建议召开临时会议的时间等内容。业主委员会接到申请后，应于 30 日之内进行核查，并作出是否召开临时会议的书面决定，在物业管理区域内的显著位置公告。经审核，相关业主提议真实有效的，业主委员会必须组织召开临时会议。

(2) 业主委员会拒不履行职责的，业主可以请求物业所在地的街道办事处责令限期召集。

(3) 业主委员会逾期仍未召集的或者业主委员会无法履行职责的，经专有部分占建筑物总面积 20%以上业主或占总人数 20%以上业主向物业所在地的街道办事处申请组织召集业主大会临时会议重新选举业主委员会。

3. 业主委员会对提议业主人数有异议的，应当自收到业主提议之日起 30 日内自行核查或者向物业所在地的居民委员会、街道办事处申请核查，并作出是否召集业主大会临时会议的书面决定，在物业管理区域内显著位置公告。

4. 业主对业主委员会自行核查的结果有异议的，业主可以于自行核查结果公示后 3 日内向居民委员会、街道办事处申请核查，并请求居民委员会、街道办事处将核查结果在物业管理区域内显著位置公示。

第九条　【会议通知期限】召开业主大会会议的，业主委员会应当于会议召开15日前通知全体业主，将会议议题及其具体内容、时间、地点、方式等在物业管理区域内显著位置公示，并报物业所在地的居民委员会。居民委员会应当派代表列席会议。

业主大会会议不得就已公示议题以外的事项进行表决。

第十条　【工作规则】业主大会会议按照如下方式和程序召开。

(一)采用集体讨论方式，按照以下程序进行：

1. 鉴于本小区住宅业主人数较多，各楼座住宅业主可以以本楼座为单位，共同推选业主代表5~7名，代表本楼座全体住宅业主参与业主大会会议讨论。业主代表应符合如下要求：

(1)业主代表必须是实际生活在本楼座范围之内的具有完全民事行为能力的业主，业主在不同楼座拥有两套(含两套)以上住宅的，只能在一个楼座被推选为业主代表；

(2)业主代表必须遵守管理规约和本规则的规定，业主实施了违反上述规定的行为，尚未整改或者整改后尚未届满一年的，不担任业主代表；

(3)热心公益，具有较好的分析判断和语言表达能力；

(4)本楼座全体住宅业主在推选代表时共同约定的其他条件；

(5)业主代表应于到会之前，充分征询、收集本楼座住宅业主的意见和建议，并形成书面意见，送交业主委员会或会议筹备组。

2. 业主代表应于业主委员会或会议筹备组通知的会议召开时间按时参加业主大会，代表本楼座业主充分发表意见，积极参与议题的讨论，并于会后将会议讨论情况如实、充分地向本楼座住宅业主汇报。

3. 小区商用房屋和其他已经合法登记具有业主身份的所有人，参照以上规定执行。

(二)采用书面征求意见方式，按照以下程序进行：

1. 业主委员会应于依照本规则确定会议提议事项之日起，将业主大会拟表决事项在本物业管理区域内的显著位置公示，公示期不少于15日，并告知相关社区居民委员会。

公示期届满后，业主委员会应当确定表决事项，以书面征求意见的方式，召集全体业主进行决策。

2. 业主委员会和志愿者就表决事项向本物业管理区域内全体业主送达书面征求意见函（表决票），函件应载明表决事项、表决业主姓名、房号、专有部分面积数据、业主表决意见、反馈表决意见的截止时间和地点等栏目和信息。

3. 业主或其代理人应如实填写表决意见和相关信息，字迹工整，内容准确，并及时将填写完毕的书面征求意见函向业主委员会提交。

业主是法人单位或非法人组织的，书面征求意见函应加盖法人单位或非法人组织的公章，非法人组织没有公章的，应由其负责人签字。

一个专有部分有两个或两个以上的共有权人的，应自行推举一人，代表全体共有权人行使表决权（签写、提交书面征求意见函）。其他共有权人在产权登记业主或被推举人行使表决权后 7 日内，未向业主委员会提出书面表决异议的，该表决视为该专有部分全体共有权人的共同意思表示。

4. 业主委员会负责以票箱封存的方式收集和保管业主提交的填写完毕的书面征求意见函，在开票日之前，任何人不得查看、篡改、毁损业已封存的书面征求意见函。业主委员会应于公告确定的开票日期组织开箱验票，并以公开的方式统计有效反馈意见。

书面征求意见函的开票和统计应邀请和接受业主及社区居民委员会代表现场监督。符合上述要求的，方为有效书面征求意见函。

业主委员会应于开票当日内，完成统计确认工作，将统计结果在本物业管理区域内的显著位置公示，明确表决事项是否通过和有效。

5. 业主因故不能参加会议，无法在规定期限内填写并及时到场提交书面征求意见函的，可以按照如下规定处理：

（1）可以要求业主委员会以邮寄方式向其送达会议通知，告知会议时间、会议形式、确定的会议表决事项和书面征求意见函，并作出必要的解释和说明。业主按要求签写完毕后，将书面征求意见函以邮寄方式及时送达至业主委员会。

以邮寄方式送达函件的，业主委员会应将向相关业主邮寄会议通知的邮件面单（或其他邮寄凭证）、业主寄回书面征求意见函的邮件妥善保管，以备查验。

（2）可以书面委托具有完全民事行为能力的亲人、朋友、房屋使用人或本物业管理区域内的其他业主，代为行使业主参会表决权力，代为填写和提交书面征求意见函。书面委托书应由业主本人签写，由代理人随同书面征求意见函一并交付。

（3）业主未成年或因故丧失部分或全部民事行为能力的，由其法定监护人参加会议,依照本规则规定发表意见和行使表决权。

(三)采用互联网方式表决的,应当通过市住房和城乡建设主管部门建立的电子投票系统进行。

业主委员会应于互联网表决结束后3日内,完成统计确认工作,将统计结果在本物业管理区域内的显著位置公示,明确表决事项是否通过和有效。

第十一条 【召开程序】业主大会会议按下列程序召开:

(一)会议筹备工作

1. 业主委员会负责开会前的准备工作。根据业主、业主代表的提议和意见建议,经业主委员会会议审议后草拟议案,制定征询意见表或表决票,并核实业主情况。

2. 经专有部分占建筑物总面积20%以上且占总人数20%以上的业主联名提出的议案必须提交业主大会表决。

3. 其他重大议案是否提交业主大会表决,由业主委员会审议决定。议案未通过审议的,应向提案人书面反馈原因并接受提案人的质询。

4. 业主大会对所提议案已经作出决定的,业主在6个月内不得以同一内容再次提议召开业主大会会议进行表决。

(二)发布公告

1. 业主委员会应当于会议召开15日前通知全体业主,将会议议题及其具体内容、时间、地点、召开方式等在物业管理区域内显著位置公示,并报物业所在地的社区居民委员会。

2. 业主大会会议应当自决定召开之日起60日内完成。

3. 发生重大事故或紧急事件等,需要及时处理的,要及时通知和公告,并同时告知街道办事处和社区居民委员会。

4. 公告包括以下内容:

(1)会议形式;

(2)会议日期、地点;

(3)提交会议审议的事项;

(4)会务常设联系人姓名、联系电话;

(5)其他需公告的事项。

5. 公告期内,业主可以对拟表决事项提出建议和意见,业主委员会应当接受业主质询,可以对拟表决事项的具体内容进行修改。拟表决事项经修改后应重新公告,公告期不少于 15 日。

(三)会议召开

1. 业主委员会负责组织召开业主大会会议。

2. 采用书面征求意见形式的,业主委员会应在投票日期 15 日前发放征询意见表或表决票(选票),将业主大会议事内容书面征询物业管理区域内业主意见。

3. 召开业主大会会议时,应当报物业所在地的居民委员会。居民委员会应当派代表列席会议。

(四)表决形式

业主大会会议可以现场表决、书面表决或采用互联网方式表决,采用互联网方式表决的,应当通过市住房和城乡建设主管部门建立的电子投票系统进行。

(五)公告业主大会会议决定

业主大会会议的决定应当自作出之日起 3 日内在物业管理区域内显著位置公示。

业主委员会做好业主大会会议书面记录;业主大会会议决定的议事文件由业主委员会发布或签署,并由出席会议的业主委员会委员签字并存档,业主大会已刻制印章的,业主委员会委员签字并向街道办事处或者居民委员会提出加盖业主大会印章后存档。

第十二条 【决议效力】业主大会会议依法作出的决定,对本物业管理区域内的全体业主具有约束力,业主必须共同遵守。持不同意见的业主不得抵制业主大会决定的执行,不得干扰业主大会的正常工作。

物业使用人应当依法遵守业主大会会议的决定。物业使用人,是指除业主以外合法占有、使用物业的单位或者个人,包括但不限于物业的承租人。

业主大会作出的决定违反法律、法规和规章的,业主可以向物业所在地的街道办事处举报;经街道办事处查实,由街道办事处责令限期改正或者撤销其决定,并通告全体业主。

业主大会作出的决定侵害业主合法权益的,受侵害的业主也可以依法请求人民法院予以撤销。

第十三条 【票数计算】业主的表决权按照面积和人数计算。

(一)业主的面积表决权数按照下列方法认定:

1. 专有部分面积，按照不动产登记簿记载的面积计算；尚未进行物权登记的，暂按测绘机构的实测面积计算；尚未进行实测的，暂按房屋买卖合同记载的面积计算。

2. 建筑物总面积，按照前项的统计总和计算，但按照管理规约和业主大会议事规则约定，对因损害业主共同权益而被限制选举权、表决权的业主所拥有的专有部分面积不计入建筑物总面积。

（二）业主的人数表决权数按照下列方法认定：

1. 业主人数，按照专有部分的数量计算，一个专有部分按一人计算。但建设单位尚未出售和虽已出售但尚未交付的部分，以及同一买受人拥有一个以上专有部分的，按一人计算。

2. 总人数，按照前项的统计总和计算，但按照管理规约和业主大会议事规则约定，对因损害业主共同权益而被限制选举权、表决权的业主人数不计入总人数。

按照规划建设的已经办理了不动产转移登记的车库、车位，按照不动产登记簿记载的面积计算；尚未进行不动产转移登记但是具有销售（预售）许可证的车库、车位，按测绘机构的实测面积计算；尚未进行实测的，暂按买卖合同记载的面积计算。按照规划建设的人防工程面积不计算投票权。

第十四条　【经费保障】业主大会、业主委员会工作经费开支包括：

（一）电话费、纸张费、邮递费等日常办公等费用；

（二）有关人员工资和津贴（具体数额由业主委员会组织召开业主大会会议讨论通过）。

以上费用由物业共用部分经营所得收益支出。业主大会、业主委员会工作经费归全体业主共有，依据法律、法规、规章和管理规约、本议事规则进行财务管理，并由具有相关资质的第三方公司进行年度审计。经费收支账目于每月中旬在物业管理区域内公布一次，接受业主大会、业主的监督。

第十五条　【业主大会终止】业主大会发生下列情形之一的，应当由业主委员会向社会公告，并向物业所在地的街道办事处做书面报告，在街道办事处的指导下，做好财务清算工作：

（一）建筑物灭失的；

（二）物业管理区域发生变化的；

（三）其他原因导致业主大会无法续存的。

财务清算结束后 30 日内,业主委员会应按规定向有关部门办理业主大会注销以及业主大会、业主委员会印章注销等手续。因物业管理区域合并或者分立而导致业主大会解散的,业主委员会应该将保管的其他档案资料移交给调整后物业管理区域内的业主委员会,建筑物灭失的或其他原因导致业主大会事实灭失的,业主大会应该将保管的其他档案资料移交给当地街道办事处。

第二章　业主委员会

第十六条　【法律地位】业主委员会是业主大会的执行机构,根据本议事规则的规定以及业主大会的决定执行管理事务。

第十七条　【职责】业主大会授权业主委员会履行下列职责:

(一)召集业主大会会议,报告年度物业管理的实施情况、业主委员会履职情况;

(二)代表业主与业主大会选聘的物业服务人签订物业服务合同,与解聘的物业服务人进行交接;

(三)拟定共有部分、共有资金使用与管理办法;

(四)监督专项维修资金的使用以及组织专项维修资金的补建、再次筹集;

(五)及时了解业主、物业使用人的意见和建议,督促业主交纳物业费,监督物业服务人履行物业服务合同;

(六)监督管理规约的实施,对业主、物业使用人违反管理规约的行为进行制止;

(七)制作和保管会议记录、共有部分的档案、会计凭证和账簿、财务报表等有关文件;

(八)定期向业主通报工作情况,每半年公示业主委员会委员、候补委员交纳物业费、停车费情况;

(九)协调解决因物业使用、维护和管理产生的纠纷;

(十)在物业管理区域内配合行政执法机关开展执法工作;

(十一)配合、支持居民委员会依法履行职责,并接受其指导和监督;

(十二)业主大会赋予的其他职责。

业主委员会不得擅自决定本议事规则第三条规定事项;业主大会不得授权业主委员会决定本议事规则第二条规定事项。

第十八条 【工作制度与方案】业主委员会应该拟定以下工作制度和工作方案：

（一）工作制度

1. 印章管理制度；

2. 财务管理制度；

3. 会议制度；

4. 档案管理制度；

5. 值班接待制度；

6. 公示、公告制度；

7. 其他制度。

（二）工作方案

1. 拟订选聘物业服务企业的方案；

2. 拟订业主委员会的年度财务预算方案、决算方案；

3. 拟订业主大会议事规则和管理规约修改方案；

4. 拟订物业管理区域内公共秩序和环境卫生维护等方面的规章制度的方案；

5. 拟订物业管理区域内物业共用部位和共用设施设备的使用、收益方案；

6. 拟订专项维修资金使用、续筹方案；

7. 其他工作方案。

第十九条 【任职资格】业主委员会委员、候补委员应当为本物业管理区域的自然人业主或者单位业主授权的自然人代表。

业主是自然人的，应当符合下列条件：

（一）遵纪守法、热心公益事业、责任心强、具有一定组织能力；

（二）具有完全民事行为能力；

（三）符合业主委员会委员候选人产生办法中关于居住期限的要求；

（四）按时足额交纳物业费、不存在欠缴专项维修资金及其他需要业主共同分担费用的情况；

（五）本人、配偶及其直系亲属与物业服务人无直接的利益关系；

（六）未被列为失信被执行人；

（七）未有《北京市物业管理条例》规定的房屋使用禁止规定的行为；

（八）未有法律法规规定的其他不宜担任业主委员会委员的情形；

（九）业主共同决定的其他条件；

（十）同等条件下，在职党员或自管党员优先。

业主是法人或者非法人组织的，可以授权自然人参加业主委员会委员的选举。一个物业管理区域内，一个法人或者非法人组织只能由一个自然人代表。房屋共有的，业主可以授权共有人参加业主委员会的选举。

第二十条 【禁止性规定】有以下行为的业主，不能担任业主委员会委员或候补委员：

（一）损坏、擅自拆改建筑物承重结构、主体结构；

（二）擅自利用共用部位、共用设施设备进行经营；

（三）违法搭建建筑物、构筑物、障碍物或者私挖地下空间；

（四）违反国家规定，制造、储存、使用、处置爆炸性、毒害性、放射性、腐蚀性物质或者传染病病原体等危险物质；

（五）违规私拉电线、电缆为电动汽车、电动自行车、电动摩托车和电动三轮车等充电；

（六）擅自拆改供水、排水、再生水等管线；

（七）从建筑物中抛掷物品；

（八）制造超标噪声；

（九）侵占绿地、毁坏绿化植物和绿化设施；

（十）擅自通过设置地锁、石墩、栅栏等障碍物和乱堆乱放杂物等方式，占用、堵塞、封闭消防通道、疏散通道等共用部位，或者损坏消防设施等共用设施设备；

（十一）擅自改变物业规划用途；

（十二）违反规定饲养动物；

（十三）违反规定出租房屋；

第二十一条 【组成与任期】业主委员会设委员____名（单数），其中主任一名，副主任一名。主任、副主任在全体委员中选举产生。

本物业管理区域选举候补委员__名。

业主委员会委员实行任期制，委员每届任期不超过五年，可以连选连任。

第二十二条 【候选人产生】业主委员会委员候选人通过下列方式产生：

（一）社区党组织推荐；

（二）居民委员会推荐；

（三）业主自荐或者联名推荐。

按照前款方式推荐确定的业主委员会委员候选人名单，报社区党组织。社区党组织引导和支持业主中的党员积极参选业主委员会委员，通过法定程序担任业主委员会委员。

第二十三条 【选举】1. 业主委员会委员候选人（新一届）确定后，由业主委员会（或筹备组）在各楼道单元前公布，公示的内容包括候选人姓名、性别、年龄、职业、所在幢数、政治面貌等情况。

2. 业主委员会实行【□差额选举】/【□等额选举】。

3. 业主委员会委员按照本议事规则规定实行差额选举的，差额比例不高于__%。

4. 选举得票票数超过半数的，按得票从高到低顺序当选委员、候补委员，候补委员不超过正式委员总数的50%。

第二十四条 【主任、副主任委员的产生】业主委员会自选举产生之日起7日内召开首次会议，在业主委员会委员中推选业主委员会主任和副主任，并在推选完成之日起3日内，在物业管理区域内显著位置公示业主委员会主任、副主任和其他委员的名单。业主委员会主任或者副主任委员资格终止的，业主委员会应及时召开会议，重新推选产生业主委员会主任或者副主任。

第二十五条 【主任委员职责】业主委员会主任负责业主委员会的日常事务，履行以下职责：

（一）负责召集业主委员会会议；

（二）主持制定业主委员会工作计划和实施方案；

（三）主持制定印章使用管理、档案资料管理和财务管理等制度；

（四）代表业主委员会向业主大会汇报工作；

（五）组织、协调、解决本物业管理区域物业管理实施工作中的日常问题；

（六）执行业主大会、业主委员会决定；

（七）完成业主委员会交办的工作。

第二十六条 【副主任委员职责】业主委员会副主任履行以下职责：

（一）协助业主委员会主任工作；

（二）根据业主委员会主任的授权，召集业主委员会会议、主持业主委员会工作；

（三）业主委员会主任缺席时，代行其职责；

(四)执行业主大会、业主委员会的决定;

(五)完成业主委员会交办的工作。

第二十七条 【委员职责】业主委员会委员依法履行以下职责:

(一)参加业主委员会会议等有关活动;

(二)参与制定业主委员会工作计划和实施方案;

(三)参与制定印章使用管理、档案资料管理和财务管理等制度;

(四)参与组织、协调、解决本物业管理区域物业管理实施工作中的日常问题;

(五)密切联系业主、业主代表,广泛了解本物业管理区域内物业管理动态、情况和问题,向业主委员会或者通过业主委员会向业主大会反映业主的意见和建议;

(六)承担业主委员会布置的专项工作;

(七)执行业主大会、业主委员会的决定,完成业主委员会交办的工作。

第二十八条 【禁止性规定】业主委员会委员、候补委员不得实施下列行为:

(一)阻挠、妨碍业主大会行使职权或者不执行业主大会决定;

(二)虚构、篡改、隐匿、毁弃物业管理活动中形成的文件资料;

(三)拒绝、拖延提供物业管理有关的文件资料,妨碍业主委员会换届交接工作;

(四)擅自使用业主大会、业主委员会印章;

(五)违反业主大会议事规则或者未经业主大会授权与物业服务人签订、修改物业服务合同;

(六)将业主共有财产借给他人或者设定担保等挪用、侵占业主共有财产;

(七)与物业服务人有可能影响其公正履行职务的经济往来或者利益交换;

(八)泄露业主信息;

(九)侵害业主合法权益的其他行为。

业主委员会委员、候补委员有本条第一款规定的第(一)项至第(五)项行为的,街道办事处责令业主委员会提请业主大会罢免有关委员资格。在委员资格被罢免前,业主委员会应当停止该委员履行职责,并向业主公示。

第二十九条 【缺额补选】业主委员会委员出现空额的,由候补委员按照得票顺序递补剩余任期;候补委员名额用完,出现业主委员会委员经递补人数仍不足总数的 1/2 等无法正常履行职责的情形,或者业主委员会拒不履行职责的,物业所在地的居民委员会或者街道办事处应当组织召开业主大会临时会议,重新选举业主委员会。在委员增补之前，不得以业主委员会的名义从事组织召开业主大会会议决定增补委员以外的活动。业主委员会委员补足后，应当及时办理变更备案手续。

业主委员会委员集体提出辞职的，应当向业主大会报告工作、说明辞职理由，并以书面形式报告物业所在地的街道办事处。在报告同时，应当将其保管的档案资料、印章及其他财物账目交由街道办事处暂时保管。

新的业主委员会产生后，及时与街道办事处进行档案资料、印章及其他财物账目等的移交工作。

第三十条　【看守责任】业主委员会的委员空缺数达半数以上的，在未增补至额定委员人数的半数以上前，只得行使看守责任，组织业主委员会委员的补足工作，监督物业服务机构或个人的履职情况，不得对外新订与本住宅区建筑物管理和物业服务有关系的任何合同。

第三十一条　【换届改选】业主委员会任期届满前 6 个月，应当书面报告街道办事处。街道办事处应当在收到书面报告之日起 60 日内组建换届小组，并在业主委员会任期届满前，由换届小组组织召开业主大会会议选举产生新一届业主委员会。换届小组应当做好以下换届选举筹备工作：

（一）起草业主委员会工作情况的报告；

（二）确定业主大会会议召开的时间、地点、形式和内容；

（三）确认业主身份，确定业主在业主大会会议上的投票权数；

（四）将业主委员会委员候选人的照片、姓名、性别、学历、工作履历以及交纳物业服务费用的证明和交纳建筑物及其附属设施维修资金的证明等在本物业管理区域内公示；

（五）做好召开业主大会会议的其他准备工作。

业主委员会未按规定提出申请的，街道办事处应当督促其履行职责。街道办事处也可以应业主书面要求组建换届小组。

换届小组依照筹备组的人员构成组建。

第三十二条　【资格终止】业主委员会委员有下列情形之一的，其委员资格自情形发生之日起自动终止，由业主委员会向业主公示：

（一）任职期限届满的；

（二）不再是本物业管理区域内业主的；

(三)因健康等原因长期无法履行职责的且未提出辞职的；

(四)被依法认定为限制民事行为能力人或者无民事行为能力人的；

(五)被依法追究刑事责任,无法履行委员职责的；

(六)以书面形式向业主大会或者业主委员会提出辞职的并经批准的。

第三十三条 【资格中止】有下列情形之一的,经业主委员会决定,业主委员会委员、候补委员资格中止：

(一)丧失履行职责能力的；

(二)索取、收受物业服务企业或者相关单位、个人财物和报酬的；

(三)不遵守管理规约、拒不履行业主义务的；

(四)损坏房屋承重结构、违法搭建、破坏房屋外貌、擅自改变物业使用性质的；

(五)无故欠缴物业服务费或专项维修资金的；

(六)违法出租房屋的；

(七)业主委员会委员一年内累计缺席业主委员会会议总次数一半以上的；

(八)其他原因不宜继续担任业主委员会委员、候补委员的。

出现委员、候补委员资格中止情形的,业主委员会应当在____日内提请业主代表大会审议决定终止资格,并在物业管理区域内公告。

业主委员会未提请的,街道办事处可以责令业主委员会提请业主大会罢免有关委员资格。在委员资格被罢免前,业主委员会应当停止该委员履行职责,并向业主公示。

第三十四条 【资格丧失的法律后果】业主委员会委员资格终止或者中止的,应当自发生之日起3日内向业主委员会移交其保管的有关凭证、档案等文件资料、印章及其他属于全体业主共有的财物。

第三十五条 【会议形式】业主委员会会议应当以集体讨论的形式召开。

第三十六条 【会议召集】业主委员会会议分为定期会议和临时会议。

定期会议每2月召开一次。会议由主任或其委托的副主任负责召集。

有下列情形之一的,业主委员会应当自下列情形发生之日起7日内组织召开业主委员会临时会议：

(一)经1/3以上业主委员会委员提议的；

(二)业主委员会主任认为有必要的；

(三)业主委员会就业主提议形成议案的。

定期会议和临时会议应当有过半数委员参加，委员不得委托他人参会。

第三十七条 【会议召集规则】业主委员会会议应当按照下列规则召开：

（一）会议由主任或其委托的副主任负责召集，并决定会议召开的时间、地点等；主任和副主任均不履职的，1/3以上的委员可以自行召集业主委员会会议；业主委员会主任、副主任无正当理由不召集业主委员会会议的，业主委员会其他委员或者业主可以请求物业所在地的居民委员会或者街道办事处责令限期召集；逾期仍未召集的，由物业所在地的居民委员会或者街道办事处组织召集，并重新推选业主委员会主任、副主任。

（二）委员因故不能参加会议的，提前1日向业主委员会召集人说明。

（三）提前7日将会议通知及有关材料送达每位委员。

（四）讨论、决定物业管理公共事项的，于会议召开3日前在物业管理区域内以书面形式公告会议议程，听取业主的意见和建议。

（五）业主委员会应当在会议召开前5日将会议议题告知物业所在地的居民委员会，并听取意见和建议。居民委员会可以根据情况派代表参加。

（六）做好会议书面记录，并由主持人和记录人签字；涉及重要事项的会议由出席会议的全体委员签字。

（七）会议有过半数委员出席，业主委员会确定的事项应当经半数以上的委员签字同意。

（八）业主委员会会议决定的议事文件由业主委员会发布或签署，并由出席会议的业主委员会委员签字并加盖业主委员会印章后存档。

（九）业主委员会会议结束后3日内，业主委员会应当将会议情况以及确定事项在物业管理区域内显著位置公示，接受业主的查询和监督。

第三十八条 【会议记录】业主委员会应当做好业主大会会议、业主委员会会议的书面记录，并安排专人负责会议记录和会议资料的存档。

业主委员会会议书面记录由会议主持人（业主委员会主任或副主任）、记录人和参会过半数委员签字，并加盖业主委员会印章后存档；涉及重要事项的会议由会议主持人（业主委员会主任或副主任）、记录人和出席会议的全体业主委员会委员签字，并加盖业主委员会印章后存档。

第三十九条 【决议效力】业主委员会依法作出的决议，对业主委员会委员和业主具有约束力，业主委员会委员和业主必须共同遵守；持不同意见的委员、业主不得抵制业主委员会决议的贯彻执行，不得干扰业主委员会的正常工作。

业主委员会作出的决议违反法律、法规和规章的，业主可以向物业所在地的街道办事处举报；经街道办事处查实，由街道办事处责令限期改正或者撤销其决议，并通告全体业主。

业主委员会作出的决议侵害业主合法权益的，受侵害的业主也可以依法请求人民法院予以撤销。

第四十条 【业主查阅权】业主可以查阅业主委员会所有会议资料，并有权就涉及自身利益的事项向业主委员会提出询问，业主委员会应当在接受询问之日起7日内予以答复。

第四十一条 【报告义务】召开业主大会定期会议时，由业主委员会主任代表业主委员会向业主大会报告工作，工作报告内容应与本议事规则第十七条约定的业主委员会工作职责相一致，并分为日常工作报告、特定工作报告、财务报告和工作计划等部分。

第四十二条 【接待制度】业主委员会在物业管理区域内显著位置或业主大会及业主委员会办公用房设提案箱、提案簿，并安排专门的委员每月负责收集、整理当月业主、业主代表就物业管理有关事项的提议、意见、建议，向业主委员会主任报告，由业主委员会主任决定召开业主委员会会议进行审议的时间、地点等。

业主委员会根据业主、业主代表的提议、意见、建议和相关法律法规的要求，召开业主委员会会议审议后，形成有编号的业主委员会议案，提交业主大会会议决议。

第四十三条 【印章保管制度】业主大会可以委托街道办事处或者居民委员会代为保管业主大会印章；需要使用业主大会印章的，由业主委员会向街道办事处或者居民委员会提出。

业主委员会印章由业主委员会保管，需要使用业主委员会印章的，应当由业主委员会半数以上委员签字确认后方可使用。

印章保管人不得将印章转借他人，如确因工作需要或印章保管人外出，印章由业主委员会会议决定暂时保管人，并办理暂时交管手续。

印章保管人对印章必须妥善保管，防止印章丢失、被盗和被盗用，如发现上述情况必须立即向业主委员会报告并采取补救措施。

第四十四条 【印章保管职责】业主大会和业主委员会依据各自的职责范围

使用印章。每次印章使用应当有记录，记录内容包括申请使用人姓名、用途、盖章人姓名。记录应当存档，业主有权查阅印章使用记录。

第四十五条 【责任承担】依业主大会决定、业主委员会决定而使用业主大会印章、业主委员会印章的，由印章保管人承担责任；造成经济损失或不良影响的，依法追究印章保管人的相应责任。

业主大会、业主委员会印章遗失的，业主委员会应当向社会公告，并按照相关规定向街道办事处重新申请刻制业主大会、业主委员会印章。违反上述规定，印章遗失后造成经济损失或不良影响的，由印章遗失责任人承担相应的责任。

第四十六条 【档案制度】下列档案资料应当编号造册，并由业主委员会指定专人保管：

（一）物业管理区域内的物业资料；

（二）各类会议记录、纪要；

（三）业主大会、业主委员会作出的决议、决定等书面材料；

（四）业主大会成立备案及业主委员会产生、委员产生、备案及更新备案的材料；

（五）管理规约、本议事规则、物业服务合同、专项服务合同等；

（六）业主清册及联系方式；

（七）有关法律、法规和业务往来文件；

（八）业主和使用人的提议、书面意见、建议书；

（九）建筑物及其附属设施维修资金收支情况清册；

（十）利用物业共用部分经营所得收益的收支情况清册；

（十一）业主大会、业主委员会工作经费的收支情况清册；

（十二）共有部分的档案、会计凭证和账簿、财务报表；

（十三）业主委员会印章使用记录和工作档案查阅记录；

（十四）业主委员会工作中产生的其他书面材料和音像资料；

（十五）其他有关材料。

上述档案资料遗失的，由档案保管人承担责任；造成经济损失或不良影响的，依法追究档案保管人的相应责任。

第四十七条 【财务制度】本业主大会的财务管理按照以下原则执行：

（一）属于本物业管理区域内全体业主或相关业主所有的资金的收支范围按

本物业管理区域管理规约、本议事规则相关约定执行，并由业主委员会负责业主大会的财务管理。

（二）财务管理人员由出纳、会计和监督人组成。出纳负责现金的提取和存入；会计负责账目的记录和核对；监督人负责现金和账目的吻合性。

（三）全体业主或相关业主在取得物业共用部分经营所得收益时，统一由负责财务管理的会计或者出纳入账，并出具收据，加盖财务专用章。严禁任何人截留、挪作他用、私分、私存物业共用部分经营所得收益。

（四）业主委员会主任负责业主委员会办公经费的审批签字。但一次支出超过人民币壹仟元（含本数）时，需经业主委员会会议通过后，方可使用与划转。

（五）业主委员会应当按照国家规定的财务管理制度进行财务管理，业主大会财务专用章由会计负责保管；财务账目实行公开化，于每月中旬在物业管理区域内公布一次，并由具有相关资质的第三方公司进行年度审计，接受业主的监督。

（六）业主大会以及业主委员会不得向任何单位及个人借款或为任何第三方提供担保。

（七）在财务总结年度内，业主大会的资金使用有节余时，自动结转到下一年度；资金发生不足时，由业主委员会草拟筹集方案，提交业主大会会议决定。

（八）业主、业主委员会及其委员不得侵占属于本物业管理区域全体业主或部分业主所有的资金；侵占全体业主或部分业主所有资金的，受侵害的业主可以依法向人民法院提起诉讼。

第四十八条 【委员职责】保管业主大会印章、业主委员会印章、档案资料或财务凭证、财物的业主委员会委员资格终止的，应当自资格终止之日起3日内向业主委员会移交其保管的业主大会印章、业主委员会印章、档案资料或财务凭证、财物。业主委员会重新确定印章、档案资料或财务凭证、财物保管人，并完成印章、档案资料或财务凭证、财物交接工作。

业主委员会委员集体提出辞职的，应当向业主大会报告工作、说明辞职理由，并以书面形式报告物业所在地的街道办事处。在报告同时，应当将其保管的档案资料、印章及其他财物账目交由街道办事处暂时保管。

新的业主委员会产生后，与街道办事处进行档案资料、印章及其他财物账目等的移交工作。

第三章 监事会(非必设机构)

第四十九条 【监事会职责】监事会是业主大会下设的监督机构,由业主大会选举产生,对业主大会负责,依据业主大会授权开展工作,对业主大会决定的执行和财务活动进行监督,监事会作出的决定经业主大会通过后生效。监事会可根据需要组建专门工作小组,开展专项工作。

监事会的职责范围包括:

(一)制订年度工作计划,报业主大会批准;

(二)在业主大会会议期间,向业主大会报告物业管理监督工作的实施情况;

(三)监督业主委员会的工作和财务状况;

(四)了解业主的意见和建议,了解物业服务企业履行物业服务合同的情况;

(五)派员列席业主委员会会议;

(六)接受业主对业主委员会或业主委员会委员的投诉,并决定是否启动调查程序;

(七)监督业主委员会委员的更换选举;

(八)对业主委员会或业主委员会委员的行为进行调查、提出处理意见并提交业主大会表决;

(九)业主大会赋予的其他职责。

第五十条 【召集人】业主大会选举产生监事会,监事会由 3 人组成。

监事会监事每次选举产生后,召开监事会会议推选产生召集人 1 名和副召集人 1 名,并在物业管理区域内公示,公示时间不少于 7 日。

第五十一条 【召集人职责】监事会召集人履行以下职责:

(一)召集和主持监事会会议;

(二)主持制定监事会工作计划和实施方案;

(三)组织了解本物业管理区域业主大会决议、决定的执行情况,业主代表及业主委员会委员的工作情况;

(四)组织草拟监事会提交业主大会的请求、建议和意见;

(五)指派监事参加业主委员会会议;

(六)代表监事会向业主大会汇报工作。

第五十二条 【监事的条件】监事会监事由物业管理区域内的业主担任,并应当符合下列条件：

（一）遵纪守法、热心公益事业、责任心强、具有一定组织能力；

（二）具有完全民事行为能力；

（三）符合监事会监事候选人产生办法中关于居住期限的要求；

（四）按时足额交纳物业费、不存在欠缴专项维修资金及其他需要业主共同分担费用的情况；

（五）本人、配偶及其直系亲属与物业服务人无直接的利益关系；

（六）未被列为失信被执行人；

（七）未有《北京市物业管理条例》规定的房屋使用禁止规定的行为；

（八）未有法律法规规定的其他不宜担任监事的情形；

（九）业主共同决定的其他条件；

（十）同等条件下，在职党员或自管党员优先。

第五十三条 【监事会会议】监事会会议应当按照下列规则召开：

（一）会议由召集人或其委托的副召集人负责召集，并决定会议召开的时间、地点等；

（二）监事因故不能参加会议的，应提前 1 日向监事会召集人说明；

（三）提前 7 日将会议通知及有关材料送达每位监事；

（四）做好会议书面记录，并由主持人和记录人签字，涉及重要事项的会议由出席会议的全体监事签字；

（五）会议应有过半数监事出席，作出的监事会决定须经全体监事半数以上表决通过并签字；

（六）监事会会议决定的议事文件由监事会发布或签署，并由出席会议的监事会监事签字后存档；

（七）监事会应当将监事会的决定在作出之日起 3 日内以书面形式在物业管理区域内公示，接受业主的查询和监督。

第四章　业主委员会秘书和财务人员

第五十四条 【秘书职责】业主委员会秘书和财务人员的任免由业主委员会会议决定，决定结果在物业管理区域内公示，公示时间不少于 7 日。

业主委员会秘书的职责：

（一）起草业主大会会议和业主委员会会议的会议通知，并在物业管理区域显著位置公布；

（二）负责业主大会和业主委员会的会议记录工作；

（三）协助业主委员会的工作；

（四）执行业主委员会的决议；

（五）接收业主委员会委员的书面辞职申请；

（六）接收离任的业主委员会委员所保管的档案资料及财物；

（七）收取合理的复印费后，向业主提供有关业主委员会和业主大会的会议记录的复印件。

第五十五条　【财务人员职责】业主大会的财务管理由业主委员会负责，财务管理人员由监督人、会计和出纳组成，监督人由业主委员会推选的一名委员担任。财务管理人员不能继续履行职责时，业主委员会应及时确定接管人员。

财务人员的职责：

（一）严格遵守、执行国家财经法律法规和财会制度；

（二）认真审查各种报销或支出的原始凭证；

（三）根据原始凭证，做好现金和银行账目；

（四）负责到银行办理经费领取手续，支付和结算；

（五）负责支票签发管理；

（六）保管现金、空白支票、空白收据；

（七）做好工资、补贴的造册发放工作；

（八）定期向业主委员会汇报财务收支情况；

（九）做好财务收支明细表；

（十）在收取合理的复印费后，向业主提供业主大会预算的复印件、业主大会财务报表的复印件等财务资料。

第五章　附　　则

第五十六条　【未尽事项】本议事规则由业主委员会根据业主大会的决议修改。修改后的议事规则，经业主大会会议表决通过之日起生效。

本议事规则未尽事项由业主大会会议补充。

本议事规则未规定的事项，按照有关法律、法规、规章的规定执行。

第五十七条 【议事规则效力】物业的所有人发生变更时，议事规则的效力及于物业的继受人。

本议事规则自业主大会会议表决通过之日（××××年××月××日）起生效。

第五十八条 【备案】业主委员会的名称、委员、业主大会议事规则和管理规约发生变更的，业主委员会或者物业管理委员会在30日内向街道办事处办理变更备案手续。

第五十九条 【其他】本议事规则由业主各执1份，业主委员会保存4份，物业所在地的区县房屋行政主管部门、街道办事处、社区居民委员会各1份。

范例三：《××小区车位分配和管理办法》

××小区车位分配和管理办法

第一章 总 则

第一条 为规范本物业管理区域车位、车库的分配和管理，营造文明、有序的居住环境，根据《中华人民共和国民法典》《北京市物业管理条例》等法律法规，结合实际，制定本办法。

第二条 本物业管理区域用于停放汽车的车位、车库，应当首先满足本区域内业主的停车需要。

本物业管理区域车位、车库的分配和管理遵循公平、公正、公开的原则。

第三条 本物业管理区域车位、车库共____个，房屋____套，平均每套房屋____个车位、车库（配置比例）。其中规划车位、车库____个（地上____个，地下____个）；经业主大会决定，合法利用本物业管理区域内道路、绿地等业主共有部位增设车位、车库____个。

第四条 本物业管理区域停车场管理单位是________。

第五条 车位、车库的产权归属、收益归属，按照法律法规的规定、生效法律文书的确认执行。

第二章 车位、车库的分配

第六条 本物业管理区域内停车用户类型包括：

□固定车位月卡用户；

□非固定车位月卡用户;

□经登记的内部临时车用户;

□外部临时车用户。

固定车位与非固定车位月卡用户统称月卡用户。

第七条　本物业管理区域车位、车库分配执行方案为:

□车位、车库富余。车位、车库配置比例大于等于2,每套房屋可办理____张月卡、登记____辆内部临时车。

□车位、车库相对宽裕。车位、车库配置比例大于等于1且小于2;车位、车库满足现有停车需求。每套房屋办理(预留)一张月卡,剩余车位、车库的使用按申请顺序办理月卡,每套房屋最多办理____张月卡、登记____辆内部临时车。

□车位、车库相对平衡。车位、车库配置比例大于等于0.85且小于1;车位、车库基本满足现有停车需求。每套房屋只能办理一张月卡,尚未办理第一张月卡的房屋预留一张月卡办理资格。有第二辆车停车需求的,暂时登记为内部临时车,每套房屋可登记____辆内部临时车。

□车位、车库紧缺。车位、车库配置比例小于0.85;车位不能满足业主、物业使用人现有停车需求。每套房屋只能办理一张月卡。在办理的月卡数量达到车位、车库数量时,尚未办理第一张月卡的可暂时登记为内部临时车,本物业管理区域共登记为内部临时车的数量限定为____辆。

□特定类型房屋车位、车库。依据主管部门(含规划、城市更新和土地整备、保障性住房主管部门)对该类车位、车库的数量及配置比例的规定,分配情况如下:

○人才住房,分配____张月卡、____个内部临时车资格;

○安居型商品房,分配____张月卡、____个内部临时车资格;

○公共租赁住房,分配____张月卡、____个内部临时车资格;

○其他保障性住房,分配____张月卡、____个内部临时车资格。

第八条　本物业管理区域内固定车位情况为:

□无固定车位;

□有固定车位。

对于本办法表决前原已分配的固定车位的情形处理如下:

○尊重历史,维持固定车位原有状态。

○与开发商、停车场管理单位有合同协议约定,且通过公开途径告知全体业主的固定车位，维持原有状态；对没有任何合同协议约定，且在分配时未通过公开途径告知全体业主的，取消该种固定车位使用资格，供无月卡房屋作为非固定车位使用。

○另行制定方案：______。

第九条 物业管理区域内已经办理的停车月卡数量等于车位、车库数量，且无法满足本物业管理区域内车辆停放需求时，停止办理停车月卡，业主委员会与停车场管理单位一同建立、管理月卡轮候库。

本物业管理区域月卡轮候库的建立、管理方案为：

□继续使用停车场管理单位已经建立的月卡轮候库，停车场管理单位与业主委员会共同管理。

□本办法表决通过后立即建立新的月卡轮候库。

□暂不需要建立月卡轮候库，授权业主委员会在后期需要时与停车场管理单位一同建立月卡轮候库。

□特定类型房屋的月卡轮候库处理采用：

○单独建立该类型房屋的月卡轮候库，按第七条规定分配的月卡数量在该类型房屋内部使用；

○与普通商品房使用同一个月卡轮候库。

第十条 本物业管理区域配套的教育机构（如幼儿园、小学、中学等）的车位、车库分配方式为：

□分配固定车位____个；

□无法分配固定车位，分配____张月卡；

□不共用物业管理区域内道路、车位、车库，无须分配。

第十一条 本物业管理区域内，设置有新能源汽车公共充电桩的车位、车库____个。

已安装新能源汽车公共充电桩的车位、车库优先供新能源汽车充电使用。

非新能源汽车确需停放在该类车位的，在车辆显眼位置留下联系电话，在新能源汽车有充电需求，且有其他车位、车库空余情况下，予以让位停放。

第三章 车位、车库的管理

第十二条 办理月卡、登记为内部临时车的车主，应当按停车场管理单位的要求提交相关资料进行登记。未经登记均视为外部临时车。

在本套房屋业主陪同且提交相关证明材料(如户口簿、结婚证、房屋租赁合同等复印件)情况下,以下人员名下车辆可办理月卡、登记为内部临时车:

□配偶;□父母;□子女;□租户;□其他:______。

第十三条 如因新增第一张月卡需要取消内部临时车登记的,按照内部临时车登记的先后顺序,从最先登记的开始取消登记。

第十四条 外部临时车用户进入停车场时,放行前的操作程序为:

□询问来访事由;

□与受访人员确认;

□登记联系方式;

□其他:________。

第十五条 本物业管理区域停车高峰期是指每日的下午____点至次日上午____点,停车平峰期是指每日的上午____点至下午____点。

各类型停车用户的停车费标准如下:

□固定车位月卡用户,人民币____元/每月。

□非固定车位月卡用户,人民币____元/每月。

□经登记的内部临时车用户采用:

○按月收费,人民币____元/每月;

○按不同峰期收费,高峰期停车收费方案为:______;平峰期停车收费方案为:______。

□外部临时车用户采用:

○定额收费:______;

○按不同峰期收费,高峰期停车收费方案为:______;平峰期停车收费方案为:______。

□阶梯收费,用于○固定车位月卡用户/○非固定车位月卡用户/○经登记的内部临时车用户,同类停车用户第二辆比第一辆多____%,第三辆比第一辆多____%,第四辆比第一辆多____%。

□连续6个月从未离开本物业管理区域停车场的外部临时车,自第7个月起收费方案为:______。

大车及摩托车等机动车停车收费标准见本物业管理区域公示的《北京市停车

场收费标价牌》。

本物业管理区域成立首届业主大会后，可根据市场情况，通过业主大会会议表决调整机动车停车收费标准。

第十六条 本物业管理区域停车场在停车高峰期对第(____)类用户开放进入权限，在停车平峰期对第(____)类用户开放进入权限：

(一)经登记的内部临时车；

(二)外部临时车。

本物业管理区域无空余车位、车库时，所有车辆停止进入，待有空余车位、车库，按排队顺序进入。

第十七条 各类型用户车辆进出停车场时，做到减速慢行、礼让行人，文明行驶、有序排队。

第十八条 各类用户使用停车场时，应当遵守本办法，服从管理人员的指挥。

停车场内禁止下列行为：

(一)阻塞停车场出入口；

(二)逆向行驶；

(三)将车辆停放在消防通道；

(四)将车辆停放在停车场内部通行道路、行人通道、绿化用地等非划定的停车区域；

(五)不按划定的停车线停放；

(六)擅自在停车位加装地锁等设施设备，致使他人无法正常使用停车位；

(七)其他：______。

停车用户存在下列任何一种情形的，均视为严重违规：

□本条第二款禁止行为第(____)项情形每出现一次；

□连续____个月内累计出现____次及以上本条第二款禁止行为第(____)项情形之一。

受访人应当提示、督促来访车辆遵守本办法，来访人员在本物业管理区域停车场发生纠纷时，受访人应当协助处理。

第十九条 除固定车位月卡用户外，所有进入停车场的车辆按进入停车场的先后顺序自主选择车位停放，车辆先到先停，停满为止。

第二十条 各类用户出现第十八条禁止行为中的任一行为时，物业服务企业或业主委员会予以劝阻；受侵害、受影响的车主可将相关资料提交业主委员会、物业服务企业。业主委员会、物业服务企业将不听劝阻和经审核认定相关行为存在违规的相关情况进行公示。

公示方式为在本物业管理区域显著位置张贴（如公告栏张贴、其他纸质张贴方式），但应仅限于本物业管理区域范围内。公示时间不低于10日，不超过15日。

公示时应当仅做事实陈述，不得含有任何评价性文字；仅对不文明现象进行公示，不得涉及个人评价。根据具体情况公示如下信息：□姓名（隐去部分）；□车牌号码；□显示违规行为的图片；□在本物业管理区域的房屋号码。

第二十一条 对于连续6个月从未离开停车场的车辆，停车场管理单位可以根据实际情况采取以下措施：

（一）联系该车辆的车主核实情况，如为外部临时车，联系该车辆进入停车场时登记的受访人员核实情况；

（二）核查是否支付停车费，对于超期未交费的月卡车辆，自欠费之日起按外部临时车标准收费；

（三）对于无法联系且欠费或能联系上但拒不缴费的，将相关情况报告公安交管部门；

（四）对于欠费金额较大的车辆，可通过司法途径追讨停车费和拖车费。

第二十二条 停车用户有下列情形时，停车场管理单位可取消其停车月卡、内部临时车：

□本办法第十八条规定的严重违规情形；

□已转让本物业管理区域房屋；

□非固定车位的用户不再承租本物业管理区域房屋；

□固定车位的用户不再承租本物业管理区域房屋；

□用户自愿申请取消月卡、内部临时车资格；

□未按时支付停车费；

□因原未办理第一张月卡的房屋办理月卡而导致内部临时车取消时；

□其他：______。

因上述第____项情形取消停车月卡、内部临时车的，____个月后方可重新申请或轮候。

第二十三条 业主委员会应当按照《北京市物业管理条例》第四十四条之规

定,每半年公示业主委员会委员、候补委员、监事、财务人员交纳停车费情况以及停车位使用情况。

停车场管理单位按月公示如下内容:

□可使用的车位、车库总数;

□停车月卡、经登记的内部临时车的期初、期末数量;

□上一自然月的外部临时车数量;

□其他:______。

第四章　附　　则

第二十四条　本办法中下列用语的含义:

(一)固定车位,必须同时满足以下条件:本物业管理区域内的业主使用;业主与建设单位或停车场管理单位之间有书面的协议;取得方式是建设单位或停车场管理单位以公开、公平、公正的方式,告知全体业主自主选择,在本办法制定前提供给单一业主使用;能够确定具体位置。

(二)车位、车库配置比例,是指规划确定的建筑区划内规划用于停放汽车的车位、车库数量与经合法程序增设的车位、车库数量之和,与房屋套数的比例。

(三)停车场管理单位,是指负责提供机动车停放服务的专业停车场管理企业或者其他单位。

第二十五条　本办法由××××负责制定和解释。

范例四:《××小区业主共有部分公共收益资金使用与管理办法》

××小区业主共有部分公共收益资金使用与管理办法

第一章　总　　则

第一条　为加强本物业管理区域共有部分的管理,规范使用公共收益资金,维护业主的合法权益,根据《中华人民共和国民法典》《北京市物业管理条例》等法律、法规、规章和规范性文件,结合实际,制定本办法。

第二条　中国共产党社区党委会领导业主、物业服务人依法依规履行本办法的规定。

第三条　本物业管理区域内的业主共有部分,是指在本物业管理区域内,除专有部分、市政公用设施设备以外的属于业主共有的物业共用部位和共用设施设备。其包括：

（一）建筑区划内的道路（属于城市公共道路的除外）；

（二）建筑区划内的绿地（属于城市公共绿地或者明示属于私人所有的除外）；

（三）业主委员会办公用房、物业服务办公用房、物业管理设施设备用房，建筑物的基础、承重结构、外墙、屋顶等基本结构部分，通道、楼梯、门厅、大堂等公共通行部分，消防、公共照明等附属设施设备，避难层、架空层、设备层或者设备间等结构部分；

（四）附属设施设备，包括电梯、天线、照明、消防设施、路灯、沟渠、池、井；

（五）建筑区划内的其他公共场所，具体为＿＿；

（六）本物业管理区域的土地出让合同和建设规划中明确为业主共有的地下车库，或本物业管理区域的土地出让合同和建设规划中虽未明确，但依法可以确定为业主共有的地下车库。

第四条　本办法所称业主公共收益，是指建设单位、物业服务人或者其他管理人等利用业主的共有部分产生的扣除合理成本之后的收入。其包括：

（一）业主共有部分收益，具体包括（可多选）：

□利用电梯、外墙、楼顶等物业共用部位、共用设施设备发布广告的收益；

□利用公共配套设施如活动场地、会所、游泳池等经营的收益；

□小区地上停车位等公共停车场的收益；

□商业或促销类型的活动进入小区产生的收益，包括摊位租金、摊位费、入场费、场地费、＿＿＿＿＿＿等；

□地下室等物业共用部位及属于全体业主共有的商业用房出租产生的租赁费、＿＿＿＿＿＿＿＿＿＿＿＿＿＿等；

□部分通信运营管理费、＿＿＿＿＿＿＿＿＿＿等；

□物业共用部位和共用设施设备被损坏或违法使用得到的赔偿；

□因使用物业共用部位、共用设施设备而收取的违约金、滞纳金等；

□其他利用物业共用部位、共用设施设备经营产生的收益。

（二）物业专项维修资金。

（三）物业管理费。

(四)本办法所称业主公共收益的其他合法收入包括：

□孳息及合法投资产生的收益；

□物业服务人违反物业服务合同约定所支付的违约金和赔偿金；

□________________________________。

第五条 业主共有部分公共收益资金的使用与管理实行业主决策、利益共享、公开透明、全程监督的原则。

第六条 业主依照法律法规对本小区的业主共有部分公共收益资金使用与管理进行监督。

第二章 业主共有部分的使用与管理

第七条 业主对建筑物专有部分以外的共有部分，享有权利，承担义务；不得以放弃权利为由不履行义务；禁止任何单位、个人侵占、处分或者未经业主大会同意改作他用。

第八条 在前期物业服务合同终止后，业主大会与物业服务人办理交接时，由业主委员会组织查验业主共有部分，对利用业主共有部分经营的相关资料、公共水电分摊费用交纳记录和提供物业服务期间形成的有关物业及设施设备改造、维修、运行、保养的有关完整资料进行妥善接收。

第九条 业主、物业使用人、物业服务人应当遵守临时管理规约及物业管理区域车辆停放、电梯使用、空调安装、垃圾投放等管理制度和约定，不得损害全体业主或任何第三方的合法权益。

业主、物业使用人、物业服务人使用建筑区划内的业主共有部分应当遵守法律、法规、规章和本物业管理区域的临时管理规约，按照有利于物业使用、安全以及公平、合理的原则，正确处理供水、排水、通行、通风、采光、噪声、维修、装饰装修、环境卫生、环境保护等方面的关系。

第十条 利用物业共用部分经营的，应当符合法律、法规、临时管理规约和本办法的规定。

第十一条 本物业管理区域业主共有部分的管理包括：

(一)对业主共有部分及相关资料物品等进行交接；

(二)对业主共有部分进行维修养护；

(三)对业主共有部分进行改建或重建；

（四）改变业主共有部分的用途；

（五）利用业主共有部分从事经营活动；

（六）________________________________。

第十二条　本物业管理区域内的业主共有部分由物业服务人作为业主共有部分管理人进行管理。

业主共有部分管理人、使用人对其所管理或使用的业主共有部分的窗户、阳台、搁置物、悬挂物等可能影响公共安全的物品和设施承担安全管理责任。

业主共有部分管理人应当加强对业主共有部分楼顶、外墙、楼梯间等物业共用部位的日常巡查。发现安全隐患的，应当及时处理；发现存在影响市政专营设施安全的情况的，应当及时报告市政专营单位；发现电梯、消防设施故障，外墙墙面存在脱落危险，屋顶或者外墙出现渗漏等危及物业安全的紧急情况的，应进行应急维修。

业主共有部分管理人对维护保养、改造物业及配置固定设施设备而形成的资料，应当妥善保管并建立档案。

第三章　共有资金的使用与管理

第十三条　本物业管理区域由物业服务人开设业主公共收益账户，并依照《北京市物业管理条例》和本办法等法律、法规和规范性文件规定进行管理。

第十四条　本物业管理区域内发生应急维修情形，涉及全体业主的，可以使用业主公共收益（含物业专项维修资金）；涉及部分业主的，原则上使用物业专项维修资金，物业专项维修资金不足的，由该部分业主自行筹集。

第十五条　业主公共收益（除物业专项维修资金外）用于：

（一）补充相应的物业专项维修资金；

（二）支付物业服务费用；

（三）经公示的年度预算支出；

（四）财务、审计、物业服务评估、聘请专业第三方机构等产生的费用；

（五）依法应当支出的其他合法费用。

第十六条　由物业服务人与数据共享银行签署业主公共收益监管协议。

单笔支出超过○______________元（所填金额少于10万元）○10万元（包含10万元）的资金转账必须由物业服务人将支出项目的支付对方、支付原因等情况在物业管理信息平台公示,数据共享银行在支出时未查询到公示信息不可继续转账。

第十七条 物业服务人应当依照国家相关法律、法规、规章等规定建立健全业主公共收益财务管理制度,保证资金安全。同时建立业主公共收益财务档案,聘请具有相应从业资格的财务管理人员或委托专业机构健全账簿,妥善保管财务原始凭证及相关会计资料,指定专人保管。管理人员变更的,应当及时移交保管的财务档案。

本物业管理区域不得聘请有违法记录的机构或财务人员。

任何个人和单位不得转移、隐匿、篡改、毁弃会计凭证、会计账簿、财务会计报告以及其他与财务收支有关的资料。

第十八条 物业服务人将本物业管理区域日常收取的专项维修资金按月存入物业专项维修资金专户,由市物业专项维修资金管理机构统一管理。

第十九条 本物业管理区域业主公共收益除银行储蓄或依法购买国债外,不得用于其他投资,不得借贷给他人或者为他人提供担保。

第二十条 本物业管理区域由物业服务人制定年度预算,该预算应当公示,并按规定支付。具体流程为:

(一)制定预算

物业服务人每年____月____日前制定下一年度总预算申请,预算含支出项目名称、来源依据、项目金额、测算标准、支出进度等。

年度预算包括的项目有:聘用相关人员的费用,物业共用部位、共用设施设备的日常运行、维护费用,物业管理区域清洁卫生费用,物业管理区域绿化养护费用,物业管理区域秩序维护费用,办公费用,物业安全、房屋及公共设施维修保险费用,物业天面和外墙的清洗粉刷费用,房屋安全检验费,公共收益收支情况审计费等费用。

(二)公示预算

年度预算应在物业管理区域显著位置公开张贴并同时在物业管理信息平台发布,时间不少于10日。

(三)审核付款

已列入年度预算并经公示的项目支出,由物业服务人办理支付程序。进行大额资金转账的,数据共享银行在物业管理信息平台查看资金支出的公示编号后办理资金转账。

第二十一条　本物业管理区域发生应急维修情况的，应急维修资金的支出程序如下：

（一）属于建设单位依法负责的保修期限的，由建设单位按照房地产买卖合同约定的保修期限负责维修。

（二）不属于保修期限的应急维修，由物业服务人及时向街道办事处报告关于本物业管理区域内业主共有部分需要应急维修的情况。从物业专项维修资金专户中支出，由物业服务人持街道办事处审核意见申请划拨；应急维修费用10万元以上的，应当持街道办事处的审核意见或整改通知书等资料及专业预算报告申请划拨。

（三）应急维修完成后，物业服务人应将应急维修资金使用情况报告、费用列支清单及发票依法进行公示。

第二十二条　物业服务人定期与数据共享银行核对业主公共收益账目，并按季度在物业管理信息平台公示下列情况：

（一）业主公共收益交存、使用、增值收益和结余情况；

（二）发生列支的项目、费用和分摊情况；

（三）业主拖欠物业管理费、物业专项维修资金和其他分摊费用的情况；

（四）其他有关业主公共收益使用和管理的情况。

第二十三条　经物业管理区域占业主总人数20%以上的业主或者占全体业主所持投票权数20%以上的业主联名，可以提议对业主公共收益收支情况的审计事项进行表决。

第二十四条　业主拖欠物业服务费和其他应依法分摊的费用的，由物业服务人向欠费业主发出欠费交纳通知单。欠费交纳通知单一般包含欠费金额、缴费期限、滞纳金计算方法、缴费账户、缴费方法、相关后果等内容。

物业服务人按照临时管理规约的约定决定，在物业管理区域内显著位置公示欠费业主信息及欠费金额。公示的业主信息应当符合临时管理规约的约定。

业主逾期仍不交纳的，物业服务人可依法予以追缴，所产生的费用（包括但不限于律师费、诉讼费）由欠费业主承担。

第四章　附　　则

第二十五条　本办法由××××负责制定和解释。

范例五：《××小区住宅专项维修资金使用管理办法》

××小区住宅专项维修资金使用管理办法

为加强本小区专项维修资金管理,保障本物业管理区域内共用部位、共用设施设备的维修和正常使用,维护专项维修资金所有者的合法权益,根据《北京市物业管理条例》、《北京市住宅专项维修资金管理办法》和《关于业主委员会开立专项维修资金账户等有关问题的通知》以及国家有关法律和法规,特制定本使用管理办法。本物业管理区域内专项维修资金的使用管理,适用本办法。

第一条 定义

1. 专项维修资金(以下简称维修资金):是指业主缴存的,专项用于本物业管理区域内物业共用部位、共用设施设备保修期满后的维修工程的资金。业主缴存的维修资金属于业主所有。

2. 物业共用部位、共用设施设备:是指本物业管理区域内属全体业主或部分业主共同所有且共同使用的部位及设施设备。

3. 物业共用部位、共用设施设备的维修工程:是指除日常运行维修养护范围以外的中修、大修以及更新、改造。

4. 本物业管理区域维修资金账户的日常管理人:可依照业主大会会议决议委托业主委员会负责管理账户或委托物业服务企业、会计师事务所或资产管理公司进行管理。

第二条 维修资金的开户

1. 维修资金以本小区业主委员会名义在银行开立账户,并由全体业主共同决定的业主委员会、物业服务企业、会计师事务所作为本物业管理区域维修资金专用账户的日常管理人。

2. 维修资金委托____银行分支机构开立专用账户,按政策实行管理。

3. 由本小区业主委员会主任、副主任作为本物业管理区域维修资金专用账户的负责人。

4. 本小区业主委员会只能在一家银行(分支机构)开立一个维修资金专用账户。账户开立后,原则上不得变更开户行;确需变更的,须经业主大会会议决议通过,并按照首次开户办法重新开立。

5. 除办理定期存款外，业主大会、本小区业主委员会只能委托开户银行购买一级市场国债，禁止其他任何有风险的理财投资，以确保账户内的资金安全和正常使用。

6. 本物业管理区域维修资金专用账户开立后，本小区业主委员会应于3个工作日内，登录北京市专项维修资金管理系统（www. bjzxwxzj. gjj. beijing. gov. cn）进行用户注册登记，并将开户资料报送北京市住房资金管理中心区级管理部门备案。

7. 本小区业主委员会向市住房资金管理部门申请划转本物业管理区域内业主交存的住宅专项维修资金。市住房资金管理部门在收到申请之日起30日内，将该物业管理区域内业主交存的住宅专项维修资金账面余额划转至业主委员会开立的维修资金账户，并将有关账目移交本小区业主委员会。

第三条　维修资金专用账户的监督管理及维修资金的使用

1. 本物业管理区域维修资金账户的日常管理人负责本小区维修资金存取款、记账、对账、分摊核算及受理变更业务等日常管理工作。全体业主及业主大会负责维修资金使用的监督管理工作。

1.1　本小区业主委员会应当每年至少一次与业主委员会开户银行核对维修资金账目，并向业主公布下列情况：

1.1.1　维修资金交存、使用、增值收益和结存的金额；

1.1.2　发生列支的项目、费用和分摊；

1.1.3　其他有关维修资金使用和管理的情况；

1.1.4　业主对公布的情况有异议的，可以要求业主委员会复核。

1.2　业主大会开户银行应当每年至少一次向市住房资金管理部门、业主委员会发送维修资金对账单。本小区业主委员会对资金账户变化有异议的，可以要求开户银行进行复核。

1.3　本小区业主委员会可委托具有专业资质的社会中介机构代理维修资金使用涉及的维修工程可行性研究、预决算审核、施工质量监理和验收、费用分摊明细的审核等。本小区业主委员会应就委托事项、委托费用及费用来源等事项签订书面协议。委托费用标准应按照国家规定执行且在相关业主维修资金账户中列支。

2. 维修资金使用原则及范围：

2.1　维修资金使用管理遵循方便快捷、公开透明、受益人和负担人相一致的原则。

2.2　开立业主大会维修资金专户，以物业管理区域为单位设账，按房屋户门号设分户账。维修资金专户只能使用信汇凭证或电汇凭证结算，不得支取现金，不得使用其他票据或结算凭证。用于支付维修及更新、改造工程费用的维修资金只能支付到约定的施工单位或物业服务企业账户中。

2.3　维修资金专项用于物业共用部位、共用设施设备保修期满后的维修工程。保修期内的维修责任按照国家有关规定执行。

2.4　共用部位的维修和更新、改造范围包括：

2.4.1　屋面防水层破损，顶层房间渗漏的；

2.4.2　楼房外墙出现雨水渗漏，引起外墙内表面浸湿的；

2.4.3　地下室出现渗漏、积水的；

2.4.4　楼房外墙外装饰层出现裂缝、脱落或空鼓率超过国家相应标准、规范的规定值的；

2.4.5　增加保温层、建筑保温层出现破损或脱落，或建筑保温不良引起外墙内表面出现潮湿、结露、结霜或霉变的；

2.4.6　外墙及楼梯间、公共走廊涂饰层出现开裂、锈渍、起泡、翘皮、脱落、污染的；

2.4.7　公共区域窗台、门廊挑檐、楼梯踏步及扶手、维护墙、院门等出现破损的；

2.4.8　公共区域门窗或窗纱普遍破损的；

2.4.9　其他情况。

2.5　共用设施设备的维修和更新、改造范围包括：

2.5.1　电梯主要部件需要进行维修或更换的；

2.5.2　二次供水系统设备部件磨损、锈蚀严重的；

2.5.3　避雷设施不满足安全要求的；

2.5.4　配电设备部分电缆、电线、配电箱（柜）内元件损坏的；

2.5.5　消防系统出现功能障碍，或部分设备、部件损坏严重的；

2.5.6　楼内排水（排污）设备出现故障，给、排水管道漏水、锈蚀严重、排污泵锈蚀或其他设备损坏的；

2.5.7 其他情况。

3.维修资金使用的分摊原则：

3.1 物业管理区域内、楼宇外立面的维修工程费用由物业管理区域内全体业主按所拥有建筑面积的比例分摊；

3.2 楼宇内的维修工程费用由该楼宇全体业主按所拥有建筑面积的比例分摊；

3.3 一幢楼宇有两个或两个以上单元门的，专属一个单元业主的共用部位、共用设施设备，维修工程费用由该单元全体业主按所拥有建筑面积的比例分摊；

3.4 专属一个楼层业主的共用部位、共用设施设备，维修工程费用由该楼层全体业主按所拥有建筑面积的比例分摊；

3.5 属人为损坏等因素造成的维修工程费用，由责任人承担，不得使用维修资金；

3.6 未建立及尚未补建、续交维修资金的，住宅物业管理区域内发生中修、大修及更新、改造时所需分摊的维修费用，由相关住宅、非住宅业主承担。

4.下列费用不得从住宅专项维修资金中列支：

4.1 依法应当由建设单位或者施工单位承担的住宅共用部位、共用设施设备维修、更新和改造费用；

4.2 依法应当由相关单位承担的供水、供电、供气、供热、通信、有线电视等管线和设施设备的维修、养护费用；

4.3 应当由当事人承担的因人为损坏住宅共用部位、共用设施设备所需的修复费用；

4.4 根据物业服务合同约定，属于物业服务内容的住宅共用部位、共用设施设备的日常维修和养护费用。

5.下列资金应当转入住宅专项维修资金滚存使用：

5.1 住宅专项维修资金的存储利息；

5.2 利用住宅专项维修资金购买国债的增值收益；

5.3 利用住宅共用部位、共用设施设备进行经营的，业主所得收益，但业主大会另有决定的除外；

5.4 住宅共用设施设备报废后回收的残值。

6. 维修资金使用条件：

6.1　本小区业主委员会应将由物业服务企业于每年年底提交的物业共用部位共用设施设备维修计划、编制费用预算和分摊明细，在物业管理区域显著位置向业主公示。

6.2　涉及物业管理区域内全体业主的维修工程，本小区业主委员会应当组织召开业主大会会议，应当由专有部分面积占比 2/3 以上的业主且人数占比 2/3 以上的业主参与表决，且应当经参与表决专有部分面积过半数的业主且参与表决人数过半数的业主同意。

6.3　涉及部分楼宇、单元、楼层的共用部位、共用设施设备的维修工程，本小区业主委员会应当组织召开所涉及范围内业主会议，应当由该部分专有部分面积占比 2/3 以上的业主且人数占比 2/3 以上的业主参与表决，且应当经参与表决专有部分面积过半数的业主且参与表决人数过半数的业主同意。

6.4　本小区业主委员会应依照业主大会决议，按分摊明细核对所涉及业主个人账户内的维修资金余额是否足以支付。对于不足支付的，本小区业主委员会应在 3 日内公示需补足维修资金的业主名单及所需金额，待资金到位后可按本办法第三条的规定组织实施。

7. 维修资金的使用程序：

7.1　物业服务企业提出使用方案，使用方案应当包括拟维修和更新、改造的项目，费用预算，列支范围，发生危及房屋安全等紧急情况以及其他需临时使用专项维修资金的情况及处置办法等；

7.2　涉及物业管理区域内全体业主的维修工程，由业主大会会议依法通过使用方案；涉及部分楼宇、单元、楼层的共用部位、共用设施设备的维修工程，经所涉及范围内业主大会会议依法通过使用方案；

7.3　物业服务企业组织实施使用方案；

7.4　物业服务企业持有关材料向本小区业主委员会提出列支专项维修资金方案；

7.5　本小区业主委员会依据使用方案审核同意列支专项维修资金方案后，报区房管局房屋安全和设备管理部门备案；

7.6　本小区业主委员会向开户银行发出划转专项维修资金的通知；

7.7　业主大会开户银行将所需专项维修资金划转至维修单位。

8. 维修资金的续交：

8.1 业主的分户账面维修资金经使用后，余额不足首次交存额的30%时，业主需要续交；

8.2 维修资金的续交标准及办法为：业主按照首次缴费标准将差额部分一次性补足；

8.3 业主大会开户银行向应续交业主发出续交通知的，业主在接到通知之日起30日内，将续交的资金存储到业主大会开户银行；

8.4 业主未按规定补交、续交维修资金的，本小区业主委员会应当督促其交纳，也可以依据管理规约向人民法院提起诉讼。

9. 维修资金账户的转让变更：

9.1 房屋所有权转让时，房屋分户账中结余的维修资金随房屋所有权同时过户，受让人应持房屋权属证明及本人身份证明到业主大会开户银行办理变更手续。

9.2 维修资金划转至业主大会开户银行后，业主补建、续交维修资金、业主信息变更等业务由开户银行办理。

9.3 因本小区业主委员会发生变更引起银行账户或者银行预留印鉴发生变化的，必须及时到银行办理账户变更手续。未及时办理变更手续的，账户内的维修资金不得支取使用。

10. 本小区维修资金的应急支取应按照《北京市专项维修资金应急支取预案》规定的紧急情况进行支取，本小区业主委员会应依照物业服务企业公示的分摊明细核对所涉及业主个人账户内的维修资金余额是否足以支付。对于不足支付的，本小区业主委员会应在3日内公示需补足维修资金的业主名单及所需金额。如公示后5日内资金未到位，由物业服务企业垫付并补足资金。被垫付人除应偿还该资金外，还需支付每日2‰的滞纳金，滞纳金归垫付资金的物业服务企业所有。

第四条 维修资金的查询和提余

1. 业主可凭开户银行向业主提供的维修资金查询卡（简称一卡通）查询个人账户内维修资金收支情况。

2. 业主可通过登录北京市专项维修资金系统（www. bjzxwxzj. gjj. beijing. gov. cn）查询个人维修资金的交纳、费用分摊、支用、结息及余额等情况。

3. 因拆迁或其他原因而造成房屋灭失的，业主应到市资金中心区县管理部办理销户手续，提取明细户账面余额。

第五条 维修资金的追索

1. 业主未按规定或业主大会决议续交、补建或使用维修资金的，本小区业主委员会或其他利益关系人可以向人民法院起诉。

2. 物业服务企业挪用维修资金的，本小区业主委员会可书面提请物业管理行政部门按照《北京市物业管理条例》的规定，追回挪用的维修资金。

3. 本小区业主委员会挪用维修资金的，业主大会可依法追究责任人的法律责任。

第六条 附则

1. 本办法如有与法律、法规、规章和规范性文件相抵触的条款，该条款无效，但不影响其他条款的有效性。

2. 本办法自____业主大会(××××年××月至××月第__次业主大会)表决通过之日起施行，本办法由业主委员会负责解释。

3. 本办法的修改，须按《北京市××小区业主大会议事规则》组织召开业主大会会议表决通过。

范例六：《××小区业主委员会工作制度》

××小区业主委员会工作制度

(建议具体的小区按照实际运行情况进行修改)

第一章 总 则

第一条 制定的依据

根据《中华人民共和国民法典》、国务院《物业管理条例》和《北京市物业管理条例》等相关法律法规，依照《______小区业主大会议事规则》和《______小区管理公约》，并结合本小区的实际情况，特制定______小区业主委员会工作制度(以下简称本制度)。

第二条 业主委员会工作职责

(一)召集业主大会会议，报告年度物业管理的实施情况、业主委员会履职情况；

（二）代表业主与业主大会选聘的物业服务人签订物业服务合同，与解聘的物业服务人进行交接；

（三）拟定共有部分、共有资金使用与管理办法；

（四）监督专项维修资金的使用以及组织专项维修资金的补建、再次筹集；

（五）及时了解业主、物业使用人的意见和建议，督促业主交纳物业费，监督物业服务人履行物业服务合同；

（六）监督管理规约的实施，对业主、物业使用人违反管理规约的行为进行制止；

（七）制作和保管会议记录、共有部分的档案、会计凭证和账簿、财务报表等有关文件；

（八）定期向业主通报工作情况，每半年公示业主委员会委员、候补委员交纳物业费、停车费情况；

（九）协调解决因物业使用、维护和管理产生的纠纷；

（十）在物业管理区域内配合行政执法机关开展执法工作；

（十一）配合、支持居民委员会、村民委员会依法履行职责，并接受其指导和监督；

（十二）业主大会赋予的其他职责。

第三条 业主委员会工作监督

业主委员会的工作接受本小区业主大会监事会（如有）和广大业主的监督。

业主委员会的工作坚持党建引领，接受物业所在地的居民委员会、村民委员会或者街道办事处、乡镇人民政府的监督和指导。

第四条 业主委员会工作原则

业主委员会坚持分工负责和权责对应的工作原则，实行业主委员会主任领导下的委员分工负责制的管理模式，在业主委员会内部建立相应的约束机制和监督体系。

第二章 业主委员会委员工作职责

第五条 业主委员会主任负责业主委员会的日常事务，履行以下职责：

（一）负责召集业主委员会会议；

（二）主持制定业主委员会工作计划、实施方案，安排业主委员会副主任和委员的职责分工；

（三）主持制定印章使用管理、档案资料管理和财务管理等制度；

（四）代表业主委员会向业主大会汇报工作；

（五）组织、协调、解决本物业管理区域物业管理实施工作中的日常问题；

（六）执行业主大会、业主委员会决定；

（七）完成业主委员会交办的工作。

第六条 业主委员会副主任履行以下职责：

（一）协助业主委员会主任工作；

（二）根据业主委员会主任的授权，召集业主委员会会议、主持业主委员会工作；

（三）业主委员会主任缺席时，代行其职责；

（四）执行业主大会、业主委员会决定；

（五）落实业主委员会安排的专职工作；

（六）完成业主委员会交办的其他工作。

第七条 业主委员会委员依法履行以下职责：

（一）参加业主委员会会议等有关活动；

（二）参与制定业主委员会工作计划和实施方案；

（三）参与制定印章使用管理、档案资料管理和财务管理等制度；

（四）参与组织、协调、解决本物业管理区域物业管理实施工作中的日常问题；

（五）密切联系业主、业主代表，广泛了解本物业管理区域内物业管理动态、情况和问题，向业主委员会或者通过业主委员会向业主大会反映业主的意见和建议；

（六）承担业主委员会布置的专项工作；

（七）执行业主大会、业主委员会的决定，完成业主委员会交办的工作。

第三章 业主委员会日常工作规定

第八条 业主委员会设置业主意见箱，按月由分管的副主任和委员收集广大业主的意见和建议，以书面形式向业主委员会报告。

第九条 业主委员会针对收集的业主意见，按照及时回复原则处理。因情况复杂不能及时回复的，应向业主说明情况并及时组织或请示相应机构核实并提供解决方案。

第十条 涉及小区公共收益使用或合同洽谈事宜,须由业主委员会全体成员出席。

第四章 业主委员会会议制度

第十一条 业主委员会会议分为定期会议和临时会议。定期会议每 2 月召开一次。

定期会议和临时会议应当有过半数委员参加,委员不得委托他人参会。

有下列情形之一的,业主委员会应当自下列情形发生之日起 7 日内组织召开业主委员会临时会议:

(一)经 1/3 以上业主委员会委员提议的;

(二)业主委员会主任认为有必要的;

(三)业主委员会就业主提议形成议案的。

第十二条 业主委员会会议按照下列规则召开:

(一)会议由主任或其委托的副主任负责召集,并决定会议召开的时间、地点等。

(二)主任和副主任均不履职的,1/3 以上的委员可以自行召集业主委员会会议。

(三)业主委员会主任、副主任无正当理由不召集业主委员会会议的,业主委员会其他委员或者业主可以请求物业所在地的居民委员会或者街道办事处责令限期召集;逾期仍未召集的,由物业所在地的居民委员会或者街道办事处组织召集,并重新推选业主委员会主任、副主任。

(四)委员因故不能参加会议的,须提前 1 日向业主委员会会议召集人说明。

(五)会议召集人应提前____日将会议通知及有关材料送达每位委员。

(六)讨论、决定物业管理公共事项的,应于会议召开前____日在本物业管理区域内以书面形式公告会议议程,听取业主的意见和建议。

(七)业主委员会应当在会议召开前____日将会议议题告知物业所在地的居民委员会,并听取意见和建议。居民委员会可以根据情况派代表参加。

(八)做好会议书面记录,并由主持人和记录人签字;涉及重要事项的会议由出席会议的全体委员签字。

(九)会议有过半数委员出席方为有效;业主委员会会议确定的事项应当经半

数以上的委员签字同意。

(十)业主委员会会议决定的议事文件由业主委员会发布或签署,并由出席会议的业主委员会委员签字并加盖业主委员会印章后存档。

(十一)业主委员会会议结束后____日内,业主委员会应当将会议情况以及确定事项在物业管理区域内显著位置公示,并接受业主的查询和监督。

第十三条 业主委员会应当做好业主大会会议、业主委员会会议的书面记录,并安排专人负责会议记录和会议资料的存档。

业主委员会会议书面记录由会议主持人(业主委员会主任或副主任)、记录人和参会过半数委员签字,并加盖业主委员会印章后存档;涉及重要事项的会议由会议主持人(业主委员会主任或副主任)、记录人和出席会议的全体业主委员会委员签字,并加盖业主委员会印章后存档。

第十四条 业主有权查阅业主委员会所有会议资料,并有权就涉及自身利益的事项向业主委员会提出询问,业主委员会应当在接受询问之日起____日内予以答复。

第五章 业主委员会财务制度

第十五条 财务制度

(一)属于本物业管理区域内全体业主或相关业主所有的资金的收支范围按本物业管理区域管理规约、议事规则相关约定执行,并由业主委员会负责业主大会的财务管理。

(二)财务管理人员由出纳、会计和负责人组成。出纳负责现金的提取和存入;会计负责账目的记录和核对;负责人负责现金和账目的吻合性。

(三)全体业主或相关业主在取得物业共用部分经营所得收益时,统一由负责财务管理的会计或者出纳入账,并出具收据,加盖财务专用章。严禁任何人截留、挪作他用、私分、私存物业共用部分经营所得收益。

(四)业主委员会主任负责业主委员会办公经费的审批签字。但一次支出超过人民币 1000 元(含本数)时,需经业主委员会会议通过后,方可使用与划转。

(五)业主委员会应当按照国家规定的财务管理制度进行财务管理,业主大会财务专用章由会计负责保管;财务账目实行公开化,于每月中旬在物业管理区域内公布一次,并由具有相关资质的第三方公司进行年度审计,接受业主的监督。

（六）业主委员会不得向任何单位及个人借款或为任何第三方提供担保。

（七）在财务总结年度内，业主大会的资金使用有节余时，自动结转到下一年度；资金发生不足时，由业主委员会草拟筹集方案，提交业主大会会议决定。

（八）业主、业主委员会及其委员不得侵占属于本物业管理区域全体业主或部分业主所有的资金；侵占全体业主或部分业主所有资金的，受侵害的业主可以依法向人民法院提起诉讼。

第六章　业主委员会档案制度

第十六条　档案管理范围

（一）业主大会、业主委员会的会议记录和会议决定；

（二）各类会议记录，有关业务往来文件；

（三）《××小区业主大会议事规则》《××小区管理规约》和物业服务合同；

（四）业主委员选举及备案资料；

（五）专项维修资金使用及账目；

（六）业主及业主代表名册；

（七）物业服务用房清册，共用设施设备清册，建筑面积规划总平面等文件资料；

（八）业主的意见、建议和议事规则所罗列的档案等资料；

（九）业主委员会工作经费的收支情况清册。

第十七条　档案管理的要求

（一）除工作制度中另有规定的外，工作档案应由专人负责保管。

（二）查阅、外借档案资料需要书面申请并经主任委员签字同意。

（三）上述档案资料遗失或泄密，由档案管理人承担责任，造成经济损失和不良影响的，依法追究档案保管人的相关责任。

（四）保管档案的委员资格终止、业主委员会成员集体辞职或业主委员会换届时，应在10日内向新一届业主委员会或街道办事处完成档案移交工作。

第七章　业主委员会印章管理制度

第十八条　印章管理制度

（一）业主委员会刻制“××业主委员会”印章1枚；

（二）业主委员会印章由专人保管，经主任委员签字同意后用印章并按规定存档；

（三）任何人私自用印章造成经济损失和不良影响的，由私人独自承担相应的法律责任；

（四）保管印章人员资格终止、业主委员会成员集体辞职或业主委员会换届时，应在10日内向新的接任人、新一届业主委员会或街道办事处完成印章交接工作。

第八章　业主委员会公示制度

第十九条　公示制度

（一）公示方式：公告栏和快递邮寄两种方式；

（二）《××小区管理规约》和《××小区业主大会议事规则》由每届业主委员会公示1次；

（三）物业服务合同：合同签订之日起15日内公示；

（四）专业维修资金使用情况每年公示1次(2次)；

（五）全体业主共有部分的使用收益情况每年公示1次；

（六）业主大会和业主委员会工作经费的收支情况每年公示1次；

（七）业主大会和业主委员会会议的其他决定随时公示，公示期间不得少于15日。

第九章　物业服务的监督制度

第二十条　监督制度

（一）业主委员会应当监督物业服务人按照服务合同约定履行物业服务合同，不定期进行检查，并将检查结果反馈给物业服务人；

（二）每月由主管副主任与物业服务人进行一次交流，互通信息和双方的工作开展情况；

（三）每季度由业主委员会会议对物业服务人服务进行一次综合考核评定；

（四）业主委员会分管人员不定期对物业维修、消防、保洁、绿化、设备设施保养进行检查，督促物业服务人及时维修损坏部分，确保设施设备正常使用，如需动用专项维修资金应按业主委员会会议及议事规则和管理规约执行。

第十章　附　　则

第二十一条　本制度由××××年××月××日业主委员会会议全体委员表决通过

生效。

第二十二条　本制度是业主委员会内部管理制度,应根据需要适时进行修改。

范例七:《××小区业主大会和业主委员会财务管理制度》

××小区业主大会和业主委员会财务管理制度

为加强××小区(以下简称本小区)的财务管理,根据《中华人民共和国会计法》和《民间非营利组织会计制度》等法律法规,按照《××小区业主大会议事规则》和《××小区管理规约》的规定,特制定本制度。

第一章　总　　则

第一条　本小区财务管理的主要任务是:健全内部财务制度,加强财务收支管理;管理各项收入,降低成本费用;加强经济核算,提高资金使用效益;开展财务分析,规范财务信息披露。

第二条　本小区财务管理制度的内容包括:财务管理体制、预算管理、收入管理、支出管理、成本管理、资产管理、财务分析与财务监督、财务决算和财务信息披露等。

第三条　本小区财务管理的各项具体制度包括:内部控制制度、预算管理制度、资产管理制度和各项管理细则(包括财务审批制度、现金管理制度等),这些制度和细则共同组成本小区财务管理的规范体系。各项具体管理制度由业主大会授权业主委员会制定并施行。

第四条　业主委员会下辖财务办公室是本小区进行财务管理的职能部门。业主委员会根据《××小区业主大会议事规则》配备专职财务人员,具体负责财务日常管理工作。

第五条　财务办公室负责统一管理业主大会的各类资金。资金使用采取集中管理、分级审批、严格预算、专款专用,保证各项业务活动和财务活动合理有序进行。

第二章　财务管理体制

第六条　本小区的最高决策机构是业主大会。业主大会定期审议财务报告,决定财务工作中的重大问题。财务日常管理工作由业主委员会负责。

第七条 本小区业主大会配备具有从业资格的会计人员，会计不得兼任出纳。会计人员必须按照《民间非营利组织会计制度》进行会计核算，实行会计监督。会计人员调动工作或离职时，必须与接管人员办理交接手续。

第八条 本小区的财务活动严格遵守国家法律法规和有关规章制度，接受小区业主和政府有关部门的监督，每年按照《××小区业主大会议事规则》进行审计。

第九条 本小区业主委员会换届或更换主任委员之前，应当进行财务审计或者离任审计。

第三章 预 算 管 理

第十条 本小区业主委员会根据年度工作计划和任务，按照资源统筹规划、保障工作重点、收入支出协调、勤俭节约的原则，编制本小区年度财务预算。

第十一条 年度预算草案由财务办公室会同业主委员会编制。预算内容应包括小区公共收入、业主大会和业主委员会活动成本、管理费用等。预算草案经业主委员会审核后，报业主大会年度会议表决批准后执行。

第十二条 业主委员会须严格执行财务预算，不得超预算或无预算安排支出。在季度末和年末，财务办公室应总结、分析预算执行情况及存在的问题，及时向业主委员会提出改进意见。

第四章 收 入 管 理

第十三条 本小区的收入来自以下方面：

(一)本小区共用部分经营所得收益；

(二)物业费中提取的管理费用；

(三)本小区业主捐赠；

(四)其他收入。

第十四条 分类核算各类收入，根据收入性质，严格划分支出方向。

各项收入均归口财务办公室统一管理和核算，严格收入票据及其他票据的使用和签发。

第五章 支 出 管 理

第十五条 按照业主大会批准的年度预算，执行支出。

第十六条 经办人员在办理报销手续时，要主动递交真实完整的原始凭证，按要求填写支出报销单。特殊性支出，无论金额大小，均由资金使用部门或经手人作出文字说明，经审批后办理结算。

第十七条　财务人员在办理报销业务时，要认真履行职责，对不真实、不合法的原始凭证不予受理，对记载不正确、不完整的原始凭证予以退回，并要求按照有关规定更正、补充。

第六章　成本(费用)管理

第十八条　财务办公室根据《民间非营利组织会计制度》制定相应的成本费用核算办法，建立和健全项目成本(费用)核算制度。

第十九条　有关成本(费用)核算的原始记录、凭证、账簿、费用汇总和分配表等资料，内容必须完整、真实，记载和编制必须及时，如实反映本小区管理过程中的各种耗费。

第七章　资 产 管 理

第二十条　资产是本小区拥有或者控制的、能以货币形式计量的经济资源，包括流动资产和非流动资产。

第二十一条　本小区货币资金由财务办公室统一开设账户和进行钱账分管。固定资产由财务办公室统一建账、核算，由办公室进行采购、登记和管理，使用部门验收。实物形态的资产由资产使用部门负责保管，财务办公室与办公室定期进行清查盘点，保证账账相符，账实相符、账表相符。

第二十二条　单位价值在规定标准1000元以上、耐用时间在1年以上的办公设备或其他设施列入固定资产管理；单位价值虽未达到规定标准，但耐用时间在1年以上的批量物资，也应作为固定资产管理；单位价值虽已超过规定标准，但易损坏，更换频繁的，不作为固定资产管理。

第二十三条　财务办公室应加强对固定资产调拨、转让、报损、报废的管理，确属不能、不宜使用或闲置的固定资产，可以按规定的程序作相应处理，避免造成损失浪费。

第二十四条　不够固定资产标准的各种工器具以及办公用品等的制作、购买、验收、进出库、保管等均由业主委员会指定专人负责，规范审批程序，科学管理控制。在保证工作需要的前提下，降低非固定资产的库存和消耗。

第二十五条　本小区接受的捐赠物资由财务办公室负责验收、登记、入账和财务监督，并开具收据。在调拨使用时，应充分尊重捐赠人的意愿。

第八章　财务分析与财务监督

第二十六条　财务分析与财务监督是认识、掌握财务活动规律，提高财务管理水平和资金使用效益，维护财经纪律，促进业主委员会依法运行的重要手段。

第二十七条　财务分析的主要内容包括：预算执行情况，资金运用情况，成本（费用）情况，财产物资的使用管理情况等。通过分析，反映本小区业务活动和经济活动的效果，并将分析结果及时反映给业主委员会和业主大会，为其进行决策提供科学可靠的依据。

第二十八条　财务监督的主要内容包括：审核、检查预算编制、执行和财务决算的真实性、准确性和完整性；对各项收入、支出的范围和标准进行审查，对违反国家法律法规、财务制度和财经纪律的行为，要及时予以制止、纠正。

第九章　财 务 决 算

第二十九条　年度财务决算是年度会计期间本小区的收入及成本、资产质量、财务效益等基本情况的综合反映，是全面了解和掌握小区运行状况的重要手段。

第三十条　财务办公室严格按照《民间非营利组织会计制度》的规定编制财务报告，并接受财务审计。

第十章　财务信息披露

第三十一条　财务信息披露是建立社会公信力的重要环节，其主要形式是年度审计报告和财务会计报表。

第三十二条　年度审计报告和财务会计报表由会计报表、会计报表附注和财务情况说明书构成。按照《民间非营利组织会计制度》的规定，机构会计报表包括资产负债表、业务活动表和现金流量表，同时包括会计报表附注，说明机构采用的主要会计政策、会计报表中反映的重要项目的具体说明和未在会计报表中反映的重要信息的说明等。

第三十三条　建立本小区定期财务信息披露制度，提供真实、及时、公允的财务信息。按照《××小区业主大会议事规则》的规定，每年在机构网站及相关媒体上公布年度审计报告和财务会计报表。

第十一章　会计档案管理

第三十四条　会计档案是记录和反映机构经济业务事项的重要历史资料和证

据。会计档案包括会计凭证、会计账簿、财务报告以及其他会计资料等。

第三十五条　本小区会计档案按照《会计档案管理办法》执行，实行专人管理。会计档案由财务办公室负责整理归档。

第三十六条　本小区会计档案不得外借，遇有特殊情况，经业主委员会批准后，可以提供查阅或复制，并办理登记手续。

第三十七条　销毁会计档案须按规定程序审批。

第十二章　附　　则

第三十八条　本制度由业主委员会负责解释，经业主大会审议通过之日起施行。如因经济环境和条件的变化需对本制度进行修改，可由业主委员会提出修改意见，报业主大会审议。

范例八：《××小区业主大会和业主委员会档案管理规定》

××小区业主大会和业主委员会档案管理规定

第一章　总　　则

第一条　本规定根据《中华人民共和国档案法》《中华人民共和国档案法实施办法》的有关规定制定。

第二条　为加强××小区业主大会和业主委员会的档案管理工作，提高归档的质量，充分发挥档案在反映××小区业主大会和业主委员会主要职能活动方面的作用，根据××小区业主大会和业主委员会实际工作情况制定本规范。

第三条　本规定所称档案，是指××小区业主大会和业主委员会在业务和管理活动中直接形成的具有保存价值的各种文书材料、照片、音像等形式的历史记录。

第二章　管 理 机 制

第四条　××小区业主大会和业主委员会档案工作实行业主委员会分管主任/委员负责制，建立综合档案管理体系。

第五条　业主委员会负责本小区的档案管理工作。档案管理的主要职责是：

（一）制定××小区业主大会和业主委员会档案管理制度，并负责监督、指导和检查执行情况；

（二）负责××小区业主大会和业主委员会各类档案、文件资料的接收、整理、分类、保管、利用、统计、鉴定和移交；

（三）负责日常文件整理工作，组织完成××小区业主大会和业主委员会文件材料的立卷、归档；

（四）招募专职/兼职档案管理员。

第六条 ××小区业主大会和业主委员会统一举办的、涉及广大业主的大型活动，应制作专题档案。

第七条 档案工作列入××小区业主大会和业主委员会各部门的年度工作计划，明确档案管理人员的岗位职责，并保持档案管理人员的相对稳定。同时，××小区业主大会和业主委员会应在档案工作经费、库房、设备等工作条件上给予保障。

第三章 管理规范

第八条 归档范围

鉴于××小区业主大会和业主委员会的工作现状，需要归档的文件材料包括以下几个方面：

（一）业主委员会委员资料管理，包括委员个人信息、离任审计等资料；

（二）综合管理，包括内部管理规章制度，××小区业主大会和业主委员会工作计划、工作总结、项目报告等文件资料，以及大事记、年报、通信、宣传册、年检报告、重要的电话记录、公章使用等信息资料；

（三）合同协议，包括××小区业主大会和业主委员会与合作单位或个人签订的关于捐赠、合作、委托、承办等事项的协议书、合同书等；

（四）往来文件，包括××小区业主大会和业主委员会与外部单位形成的各种往来文书，外单位重要来文，××小区业主大会和业主委员会制发的办字、基字、函字、报字、复字类等文书；

（五）宣传活动，包括各类宣传、大型活动的策划方案、总结评估报告、讲话发言稿、新闻稿，以及在活动中形成或采集到的媒体报道剪辑、图片、声像等材料；

（六）财务管理，包括财务管理制度、会计政策、年度财务收支审计报告、财务统计分析等资料；

（七）资产管理，包括资产管理制度、资产评估报告、资产统计分析等材料；

（八）会议，包括××小区业主大会和业主委员会工作会议材料。

第九条 整理原则

××小区业主大会和业主委员会文件实行“双套制”归档，即纸质文件归档时，应同时归档其对应的电子文件(包括扫描件)。

第十条 应根据实际工作情况，编制科学、完整、相对固定的分类方案。同级类目的分类标准应保持一致，避免文件重复和交叉的情况出现。若出现归属不明确的文件，可暂时放入“其他类”，待分类明晰后转入所属类目。

第四章 电子文件管理

第十一条 电子文件命名和目录格式必须规范，以便查考和计算机辅助检索。以对应的纸质文件分类归档模式设置文件夹及其层次。

第十二条 电子文件以不可擦写的电子介质存储，应有备份，分开保管，并注明相应的纸质档案档号。

第十三条 定期对电子文件的技术环境和数据内容进行维护，确保其长期、有效利用。

第五章 保管和利用

第十四条 档案库应配备必要的设备、装具，符合安全防护要求。

第十五条 档案存放位置标识清楚，便于查找。

第十六条 档案管理人员必须经常检查档案保管情况，及时修复破损、变质档案。

第十七条 应建立档案业主查阅制度，提供便捷的信息资源检索工具。

第六章 附 则

第十八条 本规定适用于××小区业主大会和业主委员会所有档案资料管理。

第十九条 本规定最终解释权归××小区业主大会和业主委员会。

第五编

重要法律法规汇编

中华人民共和国民法典(节录)

(2020年5月28日第十三届全国人民
代表大会第三次会议通过)

第六章　业主的建筑物区分所有权

第二百七十一条　业主对建筑物内的住宅、经营性用房等专有部分享有所有权,对专有部分以外的共有部分享有共有和共同管理的权利。

第二百七十二条　业主对其建筑物专有部分享有占有、使用、收益和处分的权利。业主行使权利不得危及建筑物的安全,不得损害其他业主的合法权益。

第二百七十三条　业主对建筑物专有部分以外的共有部分,享有权利,承担义务;不得以放弃权利为由不履行义务。

业主转让建筑物内的住宅、经营性用房,其对共有部分享有的共有和共同管理的权利一并转让。

第二百七十四条　建筑区划内的道路,属于业主共有,但是属于城镇公共道路的除外。建筑区划内的绿地,属于业主共有,但是属于城镇公共绿地或者明示属于个人的除外。建筑区划内的其他公共场所、公用设施和物业服务用房,属于业主共有。

第二百七十五条　建筑区划内,规划用于停放汽车的车位、车库的归属,由当事人通过出售、附赠或者出租等方式约定。

占用业主共有的道路或者其他场地用于停放汽车的车位,属于业主共有。

第二百七十六条　建筑区划内,规划用于停放汽车的车位、车库应当首先满足业主的需要。

第二百七十七条　业主可以设立业主大会,选举业主委员会。业主大会、业主委员会成立的具体条件和程序,依照法律、法规的规定。

地方人民政府有关部门、居民委员会应当对设立业主大会和选举业主委员会给予指导和协助。

第二百七十八条 下列事项由业主共同决定：

（一）制定和修改业主大会议事规则；

（二）制定和修改管理规约；

（三）选举业主委员会或者更换业主委员会成员；

（四）选聘和解聘物业服务企业或者其他管理人；

（五）使用建筑物及其附属设施的维修资金；

（六）筹集建筑物及其附属设施的维修资金；

（七）改建、重建建筑物及其附属设施；

（八）改变共有部分的用途或者利用共有部分从事经营活动；

（九）有关共有和共同管理权利的其他重大事项。

业主共同决定事项，应当由专有部分面积占比三分之二以上的业主且人数占比三分之二以上的业主参与表决。决定前款第六项至第八项规定的事项，应当经参与表决专有部分面积四分之三以上的业主且参与表决人数四分之三以上的业主同意。决定前款其他事项，应当经参与表决专有部分面积过半数的业主且参与表决人数过半数的业主同意。

第二百七十九条 业主不得违反法律、法规以及管理规约，将住宅改变为经营性用房。业主将住宅改变为经营性用房的，除遵守法律、法规以及管理规约外，应当经有利害关系的业主一致同意。

第二百八十条 业主大会或者业主委员会的决定，对业主具有法律约束力。

业主大会或者业主委员会作出的决定侵害业主合法权益的，受侵害的业主可以请求人民法院予以撤销。

第二百八十一条 建筑物及其附属设施的维修资金，属于业主共有。经业主共同决定，可以用于电梯、屋顶、外墙、无障碍设施等共有部分的维修、更新和改造。建筑物及其附属设施的维修资金的筹集、使用情况应当定期公布。

紧急情况下需要维修建筑物及其附属设施的，业主大会或者业主委员会可以依法申请使用建筑物及其附属设施的维修资金。

第二百八十二条 建设单位、物业服务企业或者其他管理人等利用业主的共有部分产生的收入，在扣除合理成本之后，属于业主共有。

第二百八十三条 建筑物及其附属设施的费用分摊、收益分配等事项，有约定的，按照约定；没有约定或者约定不明确的，按照业主专有部分面积所占比例确定。

第二百八十四条　业主可以自行管理建筑物及其附属设施，也可以委托物业服务企业或者其他管理人管理。

对建设单位聘请的物业服务企业或者其他管理人，业主有权依法更换。

第二百八十五条　物业服务企业或者其他管理人根据业主的委托，依照本法第三编有关物业服务合同的规定管理建筑区划内的建筑物及其附属设施，接受业主的监督，并及时答复业主对物业服务情况提出的询问。

物业服务企业或者其他管理人应当执行政府依法实施的应急处置措施和其他管理措施，积极配合开展相关工作。

第二百八十六条　业主应当遵守法律、法规以及管理规约，相关行为应当符合节约资源、保护生态环境的要求。对于物业服务企业或者其他管理人执行政府依法实施的应急处置措施和其他管理措施，业主应当依法予以配合。

业主大会或者业主委员会，对任意弃置垃圾、排放污染物或者噪声、违反规定饲养动物、违章搭建、侵占通道、拒付物业费等损害他人合法权益的行为，有权依照法律、法规以及管理规约，请求行为人停止侵害、排除妨碍、消除危险、恢复原状、赔偿损失。

业主或者其他行为人拒不履行相关义务的，有关当事人可以向有关行政主管部门报告或者投诉，有关行政主管部门应当依法处理。

第二百八十七条　业主对建设单位、物业服务企业或者其他管理人以及其他业主侵害自己合法权益的行为，有权请求其承担民事责任。

第二十四章　物业服务合同

第九百三十七条　物业服务合同是物业服务人在物业服务区域内，为业主提供建筑物及其附属设施的维修养护、环境卫生和相关秩序的管理维护等物业服务，业主支付物业费的合同。

物业服务人包括物业服务企业和其他管理人。

第九百三十八条　物业服务合同的内容一般包括服务事项、服务质量、服务费用的标准和收取办法、维修资金的使用、服务用房的管理和使用、服务期限、服务交接等条款。

物业服务人公开作出的有利于业主的服务承诺，为物业服务合同的组成部分。

物业服务合同应当采用书面形式。

第九百三十九条 建设单位依法与物业服务人订立的前期物业服务合同，以及业主委员会与业主大会依法选聘的物业服务人订立的物业服务合同，对业主具有法律约束力。

第九百四十条 建设单位依法与物业服务人订立的前期物业服务合同约定的服务期限届满前，业主委员会或者业主与新物业服务人订立的物业服务合同生效的，前期物业服务合同终止。

第九百四十一条 物业服务人将物业服务区域内的部分专项服务事项委托给专业性服务组织或者其他第三人的，应当就该部分专项服务事项向业主负责。

物业服务人不得将其应当提供的全部物业服务转委托给第三人，或者将全部物业服务支解后分别转委托给第三人。

第九百四十二条 物业服务人应当按照约定和物业的使用性质，妥善维修、养护、清洁、绿化和经营管理物业服务区域内的业主共有部分，维护物业服务区域内的基本秩序，采取合理措施保护业主的人身、财产安全。

对物业服务区域内违反有关治安、环保、消防等法律法规的行为，物业服务人应当及时采取合理措施制止、向有关行政主管部门报告并协助处理。

第九百四十三条 物业服务人应当定期将服务的事项、负责人员、质量要求、收费项目、收费标准、履行情况，以及维修资金使用情况、业主共有部分的经营与收益情况等以合理方式向业主公开并向业主大会、业主委员会报告。

第九百四十四条 业主应当按照约定向物业服务人支付物业费。物业服务人已经按照约定和有关规定提供服务的，业主不得以未接受或者无需接受相关物业服务为由拒绝支付物业费。

业主违反约定逾期不支付物业费的，物业服务人可以催告其在合理期限内支付；合理期限届满仍不支付的，物业服务人可以提起诉讼或者申请仲裁。

物业服务人不得采取停止供电、供水、供热、供燃气等方式催交物业费。

第九百四十五条 业主装饰装修房屋的，应当事先告知物业服务人，遵守物业服务人提示的合理注意事项，并配合其进行必要的现场检查。

业主转让、出租物业专有部分、设立居住权或者依法改变共有部分用途的，应当及时将相关情况告知物业服务人。

第九百四十六条 业主依照法定程序共同决定解聘物业服务人的，可以解除物业服务合同。决定解聘的,应当提前六十日书面通知物业服务人,但是合同对通知期限另有约定的除外。

依据前款规定解除合同造成物业服务人损失的,除不可归责于业主的事由外,业主应当赔偿损失。

第九百四十七条 物业服务期限届满前,业主依法共同决定续聘的,应当与原物业服务人在合同期限届满前续订物业服务合同。

物业服务期限届满前,物业服务人不同意续聘的,应当在合同期限届满前九十日书面通知业主或者业主委员会,但是合同对通知期限另有约定的除外。

第九百四十八条 物业服务期限届满后,业主没有依法作出续聘或者另聘物业服务人的决定,物业服务人继续提供物业服务的,原物业服务合同继续有效,但是服务期限为不定期。

当事人可以随时解除不定期物业服务合同,但是应当提前六十日书面通知对方。

第九百四十九条 物业服务合同终止的,原物业服务人应当在约定期限或者合理期限内退出物业服务区域,将物业服务用房、相关设施、物业服务所必需的相关资料等交还给业主委员会、决定自行管理的业主或者其指定的人,配合新物业服务人做好交接工作,并如实告知物业的使用和管理状况。

原物业服务人违反前款规定的,不得请求业主支付物业服务合同终止后的物业费;造成业主损失的,应当赔偿损失。

第九百五十条 物业服务合同终止后,在业主或者业主大会选聘的新物业服务人或者决定自行管理的业主接管之前,原物业服务人应当继续处理物业服务事项,并可以请求业主支付该期间的物业费。

中华人民共和国人民防空法

（1996年10月29日第八届全国人民代表大会常务委员会第二十二次会议通过　1996年10月29日中华人民共和国主席令第七十八号公布　根据2009年8月27日中华人民共和国主席令第十八号第十一届全国人民代表大会常务委员会第十次会议《关于修改部分法律的决定》修正）

目　　录

第一章　总　　则

第一条　为了有效地组织人民防空，保护人民的生命和财产安全，保障社会主义现代化建设的顺利进行，制定本法。

第二条　人民防空是国防的组成部分。国家根据国防需要，动员和组织群众采取防护措施，防范和减轻空袭危害。

人民防空实行长期准备、重点建设、平战结合的方针，贯彻与经济建设协调发展、与城市建设相结合的原则。

第三条　县级以上人民政府应当将人民防空建设纳入国民经济和社会发展计划。

第四条 人民防空经费由国家和社会共同负担。

中央负担的人民防空经费,列入中央预算;县级以上地方各级人民政府负担的人民防空经费,列入地方各级预算。

有关单位应当按照国家规定负担人民防空费用。

第五条 国家对人民防空设施建设按照有关规定给予优惠。

国家鼓励、支持企业事业组织、社会团体和个人,通过多种途径,投资进行人民防空工程建设;人民防空工程平时由投资者使用管理,收益归投资者所有。

第六条 国务院、中央军事委员会领导全国的人民防空工作。

大军区根据国务院、中央军事委员会的授权领导本区域的人民防空工作。

县级以上地方各级人民政府和同级军事机关领导本行政区域的人民防空工作。

第七条 国家人民防空主管部门管理全国的人民防空工作。

大军区人民防空主管部门管理本区域的人民防空工作。

县级以上地方各级人民政府人民防空主管部门管理本行政区域的人民防空工作。

中央国家机关人民防空主管部门管理中央国家机关的人民防空工作。

人民防空主管部门的设置、职责和任务,由国务院、中央军事委员会规定。

县级以上人民政府的计划、规划、建设等有关部门在各自的职责范围内负责有关的人民防空工作。

第八条 一切组织和个人都有得到人民防空保护的权利,都必须依法履行人民防空的义务。

第九条 国家保护人民防空设施不受侵害。禁止任何组织或者个人破坏、侵占人民防空设施。

第十条 县级以上人民政府和军事机关对在人民防空工作中做出显著成绩的组织或者个人,给予奖励。

第二章 防护重点

第十一条 城市是人民防空的重点。国家对城市实行分类防护。

城市的防护类别、防护标准,由国务院、中央军事委员会规定。

第十二条 城市人民政府应当制定防空袭方案及实施计划,必要时可以组织演习。

第十三条 城市人民政府应当制定人民防空工程建设规划,并纳入城市总体规划。

第十四条 城市的地下交通干线以及其他地下工程的建设,应当兼顾人民防空需要。

第十五条 为战时储备粮食、医药、油料和其他必需物资的工程,应当建在地下或者其他隐蔽地点。

第十六条 对重要的经济目标,有关部门必须采取有效防护措施,并制定应急抢险抢修方案。

前款所称重要的经济目标,包括重要的工矿企业、科研基地、交通枢纽、通信枢纽、桥梁、水库、仓库、电站等。

第十七条 人民防空主管部门应当依照规定对城市和经济目标的人民防空建设进行监督检查。被检查单位应当如实提供情况和必要的资料。

第三章 人民防空工程

第十八条 人民防空工程包括为保障战时人员与物资掩蔽、人民防空指挥、医疗救护等而单独修建的地下防护建筑,以及结合地面建筑修建的战时可用于防空的地下室。

第十九条 国家对人民防空工程建设,按照不同的防护要求,实行分类指导。

国家根据国防建设的需要,结合城市建设和经济发展水平,制定人民防空工程建设规划。

第二十条 建设人民防空工程,应当在保证战时使用效能的前提下,有利于平时的经济建设、群众的生产生活和工程的开发利用。

第二十一条 人民防空指挥工程、公用的人员掩蔽工程和疏散干道工程由人民防空主管部门负责组织修建;医疗救护、物资储备等专用工程由其他有关部门负责组织修建。

有关单位负责修建本单位的人员与物资掩蔽工程。

第二十二条 城市新建民用建筑,按照国家有关规定修建战时可用于防空的地下室。

第二十三条 人民防空工程建设的设计、施工、质量必须符合国家规定的防护标准和质量标准。

人民防空工程专用设备的定型、生产必须符合国家规定的标准。

第二十四条　县级以上人民政府有关部门对人民防空工程所需的建设用地应当依法予以保障；对人民防空工程连接城市的道路、供电、供热、供水、排水、通信等系统的设施建设，应当提供必要的条件。

第二十五条　人民防空主管部门对人民防空工程的维护管理进行监督检查。

公用的人民防空工程的维护管理由人民防空主管部门负责。

有关单位应当按照国家规定对已经修建或者使用的人民防空工程进行维护管理，使其保持良好使用状态。

第二十六条　国家鼓励平时利用人民防空工程为经济建设和人民生活服务。平时利用人民防空工程，不得影响其防空效能。

第二十七条　任何组织或者个人不得进行影响人民防空工程使用或者降低人民防空工程防护能力的作业，不得向人民防空工程内排入废水、废气和倾倒废弃物，不得在人民防空工程内生产、储存爆炸、剧毒、易燃、放射性和腐蚀性物品。

第二十八条　任何组织或者个人不得擅自拆除本法第二十一条规定的人民防空工程；确需拆除的，必须报经人民防空主管部门批准，并由拆除单位负责补建或者补偿。

第四章　通信和警报

第二十九条　国家保障人民防空通信、警报的畅通，以迅速准确地传递、发放防空警报信号，有效地组织、指挥人民防空。

第三十条　国家人民防空主管部门负责制定全国的人民防空通信、警报建设规划，组织全国的人民防空通信、警报网的建设和管理。

县级以上地方各级人民政府人民防空主管部门负责制定本行政区域的人民防空通信、警报建设规划，组织本行政区域人民防空通信、警报网的建设和管理。

第三十一条　邮电部门、军队通信部门和人民防空主管部门应当按照国家规定的任务和人民防空通信、警报建设规划，对人民防空通信实施保障。

第三十二条　人民防空主管部门建设通信、警报网所需的电路、频率，邮电部门、军队通信部门、无线电管理机构应当予以保障；安装人民防空通信、警报设施，有关单位或者个人应当提供方便条件，不得阻挠。

国家用于人民防空通信的专用频率和防空警报音响信号，任何组织或者个人不得占用、混同。

第三十三条 通信、广播、电视系统，战时必须优先传递、发放防空警报信号。

第三十四条 军队有关部门应当向人民防空主管部门通报空中情报，协助训练有关专业人员。

第三十五条 人民防空通信、警报设施必须保持良好使用状态。

设置在有关单位的人民防空警报设施，由其所在单位维护管理，不得擅自拆除。

县级以上地方各级人民政府根据需要可以组织试鸣防空警报；并在试鸣的五日以前发布公告。

第三十六条 人民防空通信、警报设施平时应当为抢险救灾服务。

第五章 疏 散

第三十七条 人民防空疏散由县级以上人民政府统一组织。

人民防空疏散必须根据国家发布的命令实施，任何组织不得擅自行动。

第三十八条 城市人民防空疏散计划，由县级以上人民政府根据需要组织有关部门制定。

预定的疏散地区，在本行政区域内的，由本级人民政府确定；跨越本行政区域的，由上一级人民政府确定。

第三十九条 县级以上人民政府应当组织有关部门和单位，做好城市疏散人口安置和物资储运、供应的准备工作。

第四十条 农村人口在有必要疏散时，由当地人民政府按照就近的原则组织实施。

第六章 群众防空组织

第四十一条 县级以上地方各级人民政府应当根据人民防空的需要，组织有关部门建立群众防空组织。

群众防空组织战时担负抢险抢修、医疗救护、防火灭火、防疫灭菌、消毒和消除沾染、保障通信联络、抢救人员和抢运物资、维护社会治安等任务，平时应当协助防汛、防震等部门担负抢险救灾任务。

第四十二条　群众防空组织由下列部门负责组建：

（一）城建、公用、电力等部门组建抢险抢修队；

（二）卫生、医药部门组建医疗救护队；

（三）公安部门组建消防队、治安队；

（四）卫生、化工、环保等部门组建防化防疫队；

（五）邮电部门组建通信队；

（六）交通运输部门组建运输队。

红十字会组织依法进行救护工作。

第四十三条　群众防空组织所需装备、器材和经费由人民防空主管部门和组建单位提供。

第四十四条　群众防空组织应当根据人民防空主管部门制定的训练大纲和训练计划进行专业训练。

第七章　人民防空教育

第四十五条　国家开展人民防空教育，使公民增强国防观念，掌握人民防空的基本知识和技能。

第四十六条　国家人民防空主管部门负责组织制定人民防空教育计划，规定教育内容。

在校学生的人民防空教育，由各级教育主管部门和人民防空主管部门组织实施。

国家机关、社会团体、企业事业组织人员的人民防空教育，由所在单位组织实施；其他人员的人民防空教育，由城乡基层人民政府组织实施。

第四十七条　新闻、出版、广播、电影、电视、文化等有关部门应当协助开展人民防空教育。

第八章　法 律 责 任

第四十八条　城市新建民用建筑，违反国家有关规定不修建战时可用于防空的地下室的，由县级以上人民政府人民防空主管部门对当事人给予警告，并责令限期修建，可以并处十万元以下的罚款。

第四十九条　有下列行为之一的，由县级以上人民政府人民防空主管部门对当事人给予警告,并责令限期改正违法行为,可以对个人并处五千元以下的罚款、对单位并处一万元至五万元的罚款;造成损失的,应当依法赔偿损失:

(一)侵占人民防空工程的;

(二)不按照国家规定的防护标准和质量标准修建人民防空工程的;

(三)违反国家有关规定,改变人民防空工程主体结构、拆除人民防空工程设备设施或者采用其他方法危害人民防空工程的安全和使用效能的;

(四)拆除人民防空工程后拒不补建的;

(五)占用人民防空通信专用频率、使用与防空警报相同的音响信号或者擅自拆除人民防空通信、警报设备设施的;

(六)阻挠安装人民防空通信、警报设施,拒不改正的;

(七)向人民防空工程内排入废水、废气或者倾倒废弃物的。

第五十条 违反本法规定,故意损坏人民防空设施或者在人民防空工程内生产、储存爆炸、剧毒、易燃、放射性等危险品,尚不构成犯罪的,依照治安管理处罚法的有关规定处罚;构成犯罪的,依法追究刑事责任。

第五十一条 人民防空主管部门的工作人员玩忽职守、滥用职权、徇私舞弊或者有其他违法、失职行为构成犯罪的,依法追究刑事责任;尚不构成犯罪的,依法给予行政处分。

第九章 附 则

第五十二条 省、自治区、直辖市人民代表大会常务委员会可以根据本法制定实施办法。

第五十三条 本法自 1997 年 1 月 1 日起施行。

最高人民法院关于审理建筑物区分所有权纠纷案件适用法律若干问题的解释

［2009 年 3 月 23 日最高人民法院审判委员会第 1464 次会议通过、2009 年 5 月 14 日公布、自 2009 年 10 月 1 日起施行（法释〔2009〕7 号）根据 2020 年 12 月 23 日最高人民法院审判委员会第 1823 次会议通过、2020 年 12 月 29 日公布、自 2021 年 1 月 1 日起施行的《最高人民法院关于修改〈最高人民法院关于在民事审判工作中适用《中华人民共和国工会法》若干问题的解释〉等二十七件民事类司法解释的决定》（法释〔2020〕17 号）修正］

为正确审理建筑物区分所有权纠纷案件，依法保护当事人的合法权益，根据《中华人民共和国民法典》等法律的规定，结合民事审判实践，制定本解释。

第一条　依法登记取得或者依据民法典第二百二十九条至第二百三十一条规定取得建筑物专有部分所有权的人，应当认定为民法典第二编第六章所称的业主。

基于与建设单位之间的商品房买卖民事法律行为，已经合法占有建筑物专有部分，但尚未依法办理所有权登记的人，可以认定为民法典第二编第六章所称的业主。

第二条　建筑区划内符合下列条件的房屋，以及车位、摊位等特定空间，应当认定为民法典第二编第六章所称的专有部分：

（一）具有构造上的独立性，能够明确区分；

（二）具有利用上的独立性，可以排他使用；

（三）能够登记成为特定业主所有权的客体。

规划上专属于特定房屋，且建设单位销售时已经根据规划列入该特定房屋买卖合同中的露台等，应当认定为前款所称的专有部分的组成部分。

本条第一款所称房屋，包括整栋建筑物。

第三条 除法律、行政法规规定的共有部分外，建筑区划内的以下部分，也应当认定为民法典第二编第六章所称的共有部分：

（一）建筑物的基础、承重结构、外墙、屋顶等基本结构部分，通道、楼梯、大堂等公共通行部分，消防、公共照明等附属设施、设备，避难层、设备层或者设备间等结构部分；

（二）其他不属于业主专有部分，也不属于市政公用部分或者其他权利人所有的场所及设施等。

建筑区划内的土地，依法由业主共同享有建设用地使用权，但属于业主专有的整栋建筑物的规划占地或者城镇公共道路、绿地占地除外。

第四条 业主基于对住宅、经营性用房等专有部分特定使用功能的合理需要，无偿利用屋顶以及与其专有部分相对应的外墙面等共有部分的，不应认定为侵权。但违反法律、法规、管理规约，损害他人合法权益的除外。

第五条 建设单位按照配置比例将车位、车库，以出售、附赠或者出租等方式处分给业主的，应当认定其行为符合民法典第二百七十六条有关"应当首先满足业主的需要"的规定。

前款所称配置比例是指规划确定的建筑区划内规划用于停放汽车的车位、车库与房屋套数的比例。

第六条 建筑区划内在规划用于停放汽车的车位之外，占用业主共有道路或者其他场地增设的车位，应当认定为民法典第二百七十五条第二款所称的车位。

第七条 处分共有部分，以及业主大会依法决定或者管理规约依法确定应由业主共同决定的事项，应当认定为民法典第二百七十八条第一款第（九）项规定的有关共有和共同管理权利的"其他重大事项"。

第八条 民法典第二百七十八条第二款和第二百八十三条规定的专有部分面积可以按照不动产登记簿记载的面积计算；尚未进行物权登记的，暂按测绘机构的实测面积计算；尚未进行实测的，暂按房屋买卖合同记载的面积计算。

第九条 民法典第二百七十八条第二款规定的业主人数可以按照专有部分的数量计算，一个专有部分按一人计算。但建设单位尚未出售和虽已出售但尚未交付的部分，以及同一买受人拥有一个以上专有部分的，按一人计算。

第十条 业主将住宅改变为经营性用房，未依据民法典第二百七十九条的规定经有利害关系的业主一致同意，有利害关系的业主请求排除妨害、消除危险、恢复原状或者赔偿损失的，人民法院应予支持。

将住宅改变为经营性用房的业主以多数有利害关系的业主同意其行为进行抗辩的，人民法院不予支持。

第十一条 业主将住宅改变为经营性用房，本栋建筑物内的其他业主，应当认定为民法典第二百七十九条所称"有利害关系的业主"。建筑区划内，本栋建筑物之外的业主，主张与自己有利害关系的，应证明其房屋价值、生活质量受到或者可能受到不利影响。

第十二条 业主以业主大会或者业主委员会作出的决定侵害其合法权益或者违反了法律规定的程序为由，依据民法典第二百八十条第二款的规定请求人民法院撤销该决定的，应当在知道或者应当知道业主大会或者业主委员会作出决定之日起一年内行使。

第十三条 业主请求公布、查阅下列应当向业主公开的情况和资料的，人民法院应予支持：

（一）建筑物及其附属设施的维修资金的筹集、使用情况；

（二）管理规约、业主大会议事规则，以及业主大会或者业主委员会的决定及会议记录；

（三）物业服务合同、共有部分的使用和收益情况；

（四）建筑区划内规划用于停放汽车的车位、车库的处分情况；

（五）其他应当向业主公开的情况和资料。

第十四条 建设单位、物业服务企业或者其他管理人等擅自占用、处分业主共有部分、改变其使用功能或者进行经营性活动，权利人请求排除妨害、恢复原状、确认处分行为无效或者赔偿损失的，人民法院应予支持。

属于前款所称擅自进行经营性活动的情形，权利人请求建设单位、物业服务企业或者其他管理人等将扣除合理成本之后的收益用于补充专项维修资金或者业主共同决定的其他用途的，人民法院应予支持。行为人对成本的支出及其合理性承担举证责任。

第十五条 业主或者其他行为人违反法律、法规、国家相关强制性标准、管理规约，或者违反业主大会、业主委员会依法作出的决定，实施下列行为的，可以认定为民法典第二百八十六条第二款所称的其他"损害他人合法权益的行为"：

（一）损害房屋承重结构，损害或者违章使用电力、燃气、消防设施，在建筑物

内放置危险、放射性物品等危及建筑物安全或者妨碍建筑物正常使用;

(二)违反规定破坏、改变建筑物外墙面的形状、颜色等损害建筑物外观;

(三)违反规定进行房屋装饰装修;

(四)违章加建、改建,侵占、挖掘公共通道、道路、场地或者其他共有部分。

第十六条 建筑物区分所有权纠纷涉及专有部分的承租人、借用人等物业使用人的,参照本解释处理。

专有部分的承租人、借用人等物业使用人,根据法律、法规、管理规约、业主大会或者业主委员会依法作出的决定,以及其与业主的约定,享有相应权利,承担相应义务。

第十七条 本解释所称建设单位,包括包销期满,按照包销合同约定的包销价格购买尚未销售的物业后,以自己名义对外销售的包销人。

第十八条 人民法院审理建筑物区分所有权案件中,涉及有关物权归属争议的,应当以法律、行政法规为依据。

第十九条 本解释自 2009 年 10 月 1 日起施行。

因物权法施行后实施的行为引起的建筑物区分所有权纠纷案件,适用本解释。

本解释施行前已经终审,本解释施行后当事人申请再审或者按照审判监督程序决定再审的案件,不适用本解释。

最高人民法院关于审理物业服务纠纷案件适用法律若干问题的解释

［2009年4月20日最高人民法院审判委员会第1466次会议通过、2009年5月15日公布、自2009年10月1日起施行(法释〔2009〕8号)　根据2020年12月23日最高人民法院审判委员会第1823次会议通过、2020年12月29日公布、自2021年1月1日起施行的《最高人民法院关于修改〈最高人民法院关于在民事审判工作中适用《中华人民共和国工会法》若干问题的解释〉等二十七件民事类司法解释的决定》(法释〔2020〕17号)修正］

为正确审理物业服务纠纷案件,依法保护当事人的合法权益,根据《中华人民共和国民法典》等法律规定,结合民事审判实践,制定本解释。

第一条　业主违反物业服务合同或者法律、法规、管理规约,实施妨碍物业服务与管理的行为,物业服务人请求业主承担停止侵害、排除妨碍、恢复原状等相应民事责任的,人民法院应予支持。

第二条　物业服务人违反物业服务合同约定或者法律、法规、部门规章规定,擅自扩大收费范围、提高收费标准或者重复收费,业主以违规收费为由提出抗辩的,人民法院应予支持。

业主请求物业服务人退还其已经收取的违规费用的,人民法院应予支持。

第三条　物业服务合同的权利义务终止后,业主请求物业服务人退还已经预收,但尚未提供物业服务期间的物业费的,人民法院应予支持。

第四条　因物业的承租人、借用人或者其他物业使用人实施违反物业服务合同,以及法律、法规或者管理规约的行为引起的物业服务纠纷,人民法院可以参照关于业主的规定处理。

第五条　本解释自2009年10月1日起施行。

本解释施行前已经终审,本解释施行后当事人申请再审或者按照审判监督程序决定再审的案件,不适用本解释。

物业管理条例

（2003年6月8日中华人民共和国国务院令第379号公布　根据2007年8月26日《国务院关于修改〈物业管理条例〉的决定》第一次修订　根据2016年2月6日《国务院关于修改部分行政法规的决定》第二次修订　根据2018年3月19日《国务院关于修改和废止部分行政法规的决定》第三次修订）

第一章　总　　则

第一条　为了规范物业管理活动，维护业主和物业服务企业的合法权益，改善人民群众的生活和工作环境，制定本条例。

第二条　本条例所称物业管理，是指业主通过选聘物业服务企业，由业主和物业服务企业按照物业服务合同约定，对房屋及配套的设施设备和相关场地进行维修、养护、管理，维护物业管理区域内的环境卫生和相关秩序的活动。

第三条　国家提倡业主通过公开、公平、公正的市场竞争机制选择物业服务企业。

第四条　国家鼓励采用新技术、新方法，依靠科技进步提高物业管理和服务水平。

第五条　国务院建设行政主管部门负责全国物业管理活动的监督管理工作。

县级以上地方人民政府房地产行政主管部门负责本行政区域内物业管理活动的监督管理工作。

第二章　业主及业主大会

第六条　房屋的所有权人为业主。

业主在物业管理活动中，享有下列权利：

（一）按照物业服务合同的约定，接受物业服务企业提供的服务；

（二）提议召开业主大会会议，并就物业管理的有关事项提出建议；

（三）提出制定和修改管理规约、业主大会议事规则的建议；

（四）参加业主大会会议，行使投票权；

（五）选举业主委员会成员，并享有被选举权；

（六）监督业主委员会的工作；

（七）监督物业服务企业履行物业服务合同；

（八）对物业共用部位、共用设施设备和相关场地使用情况享有知情权和监督权；

（九）监督物业共用部位、共用设施设备专项维修资金（以下简称专项维修资金）的管理和使用；

（十）法律、法规规定的其他权利。

第七条 业主在物业管理活动中，履行下列义务：

（一）遵守管理规约、业主大会议事规则；

（二）遵守物业管理区域内物业共用部位和共用设施设备的使用、公共秩序和环境卫生的维护等方面的规章制度；

（三）执行业主大会的决定和业主大会授权业主委员会作出的决定；

（四）按照国家有关规定交纳专项维修资金；

（五）按时交纳物业服务费用；

（六）法律、法规规定的其他义务。

第八条 物业管理区域内全体业主组成业主大会。

业主大会应当代表和维护物业管理区域内全体业主在物业管理活动中的合法权益。

第九条 一个物业管理区域成立一个业主大会。

物业管理区域的划分应当考虑物业的共用设施设备、建筑物规模、社区建设等因素。具体办法由省、自治区、直辖市制定。

第十条 同一个物业管理区域内的业主，应当在物业所在地的区、县人民政府房地产行政主管部门或者街道办事处、乡镇人民政府的指导下成立业主大会，并选举产生业主委员会。但是，只有一个业主的，或者业主人数较少且经全体业主一致同意，决定不成立业主大会的，由业主共同履行业主大会、业主委员会职责。

第十一条 下列事项由业主共同决定：

（一）制定和修改业主大会议事规则；

（二）制定和修改管理规约；

（三）选举业主委员会或者更换业主委员会成员；

（四）选聘和解聘物业服务企业；

（五）筹集和使用专项维修资金；

（六）改建、重建建筑物及其附属设施；

（七）有关共有和共同管理权利的其他重大事项。

第十二条 业主大会会议可以采用集体讨论的形式，也可以采用书面征求意见的形式；但是，应当有物业管理区域内专有部分占建筑物总面积过半数的业主且占总人数过半数的业主参加。

业主可以委托代理人参加业主大会会议。

业主大会决定本条例第十一条第（五）项和第（六）项规定的事项，应当经专有部分占建筑物总面积2/3以上的业主且占总人数2/3以上的业主同意；决定本条例第十一条规定的其他事项，应当经专有部分占建筑物总面积过半数的业主且占总人数过半数的业主同意。

业主大会或者业主委员会的决定，对业主具有约束力。

业主大会或者业主委员会作出的决定侵害业主合法权益的，受侵害的业主可以请求人民法院予以撤销。

第十三条 业主大会会议分为定期会议和临时会议。

业主大会定期会议应当按照业主大会议事规则的规定召开。经20%以上的业主提议，业主委员会应当组织召开业主大会临时会议。

第十四条 召开业主大会会议，应当于会议召开15日以前通知全体业主。

住宅小区的业主大会会议，应当同时告知相关的居民委员会。

业主委员会应当做好业主大会会议记录。

第十五条 业主委员会执行业主大会的决定事项，履行下列职责：

（一）召集业主大会会议，报告物业管理的实施情况；

（二）代表业主与业主大会选聘的物业服务企业签订物业服务合同；

（三）及时了解业主、物业使用人的意见和建议，监督和协助物业服务企业履行物业服务合同；

（四）监督管理规约的实施；

（五）业主大会赋予的其他职责。

第十六条 业主委员会应当自选举产生之日起30日内,向物业所在地的区、县人民政府房地产行政主管部门和街道办事处、乡镇人民政府备案。

业主委员会委员应当由热心公益事业、责任心强、具有一定组织能力的业主担任。

业主委员会主任、副主任在业主委员会成员中推选产生。

第十七条 管理规约应当对有关物业的使用、维护、管理,业主的共同利益,业主应当履行的义务,违反管理规约应当承担的责任等事项依法作出约定。

管理规约应当尊重社会公德,不得违反法律、法规或者损害社会公共利益。

管理规约对全体业主具有约束力。

第十八条 业主大会议事规则应当就业主大会的议事方式、表决程序、业主委员会的组成和成员任期等事项作出约定。

第十九条 业主大会、业主委员会应当依法履行职责,不得作出与物业管理无关的决定,不得从事与物业管理无关的活动。

业主大会、业主委员会作出的决定违反法律、法规的,物业所在地的区、县人民政府房地产行政主管部门或者街道办事处、乡镇人民政府,应当责令限期改正或者撤销其决定,并通告全体业主。

第二十条 业主大会、业主委员会应当配合公安机关,与居民委员会相互协作,共同做好维护物业管理区域内的社会治安等相关工作。

在物业管理区域内,业主大会、业主委员会应当积极配合相关居民委员会依法履行自治管理职责,支持居民委员会开展工作,并接受其指导和监督。

住宅小区的业主大会、业主委员会作出的决定,应当告知相关的居民委员会,并认真听取居民委员会的建议。

第三章 前期物业管理

第二十一条 在业主、业主大会选聘物业服务企业之前,建设单位选聘物业服务企业的,应当签订书面的前期物业服务合同。

第二十二条 建设单位应当在销售物业之前,制定临时管理规约,对有关物业的使用、维护、管理,业主的共同利益,业主应当履行的义务,违反临时管理规约应当承担的责任等事项依法作出约定。

建设单位制定的临时管理规约,不得侵害物业买受人的合法权益。

第二十三条 建设单位应当在物业销售前将临时管理规约向物业买受人明示,并予以说明。

物业买受人在与建设单位签订物业买卖合同时,应当对遵守临时管理规约予以书面承诺。

第二十四条 国家提倡建设单位按照房地产开发与物业管理相分离的原则,通过招投标的方式选聘物业服务企业。

住宅物业的建设单位,应当通过招投标的方式选聘物业服务企业;投标人少于3个或者住宅规模较小的,经物业所在地的区、县人民政府房地产行政主管部门批准,可以采用协议方式选聘物业服务企业。

第二十五条 建设单位与物业买受人签订的买卖合同应当包含前期物业服务合同约定的内容。

第二十六条 前期物业服务合同可以约定期限;但是,期限未满、业主委员会与物业服务企业签订的物业服务合同生效的,前期物业服务合同终止。

第二十七条 业主依法享有的物业共用部位、共用设施设备的所有权或者使用权,建设单位不得擅自处分。

第二十八条 物业服务企业承接物业时,应当对物业共用部位、共用设施设备进行查验。

第二十九条 在办理物业承接验收手续时,建设单位应当向物业服务企业移交下列资料:

(一)竣工总平面图,单体建筑、结构、设备竣工图,配套设施、地下管网工程竣工图等竣工验收资料;

(二)设施设备的安装、使用和维护保养等技术资料;

(三)物业质量保修文件和物业使用说明文件;

(四)物业管理所必需的其他资料。

物业服务企业应当在前期物业服务合同终止时将上述资料移交给业主委员会。

第三十条 建设单位应当按照规定在物业管理区域内配置必要的物业管理用房。

第三十一条 建设单位应当按照国家规定的保修期限和保修范围,承担物业的保修责任。

第四章　物业管理服务

第三十二条　从事物业管理活动的企业应当具有独立的法人资格。

国务院建设行政主管部门应当会同有关部门建立守信联合激励和失信联合惩戒机制，加强行业诚信管理。

第三十三条　一个物业管理区域由一个物业服务企业实施物业管理。

第三十四条　业主委员会应当与业主大会选聘的物业服务企业订立书面的物业服务合同。

物业服务合同应当对物业管理事项、服务质量、服务费用、双方的权利义务、专项维修资金的管理与使用、物业管理用房、合同期限、违约责任等内容进行约定。

第三十五条　物业服务企业应当按照物业服务合同的约定，提供相应的服务。

物业服务企业未能履行物业服务合同的约定，导致业主人身、财产安全受到损害的，应当依法承担相应的法律责任。

第三十六条　物业服务企业承接物业时，应当与业主委员会办理物业验收手续。

业主委员会应当向物业服务企业移交本条例第二十九条第一款规定的资料。

第三十七条　物业管理用房的所有权依法属于业主。未经业主大会同意，物业服务企业不得改变物业管理用房的用途。

第三十八条　物业服务合同终止时，物业服务企业应当将物业管理用房和本条例第二十九条第一款规定的资料交还给业主委员会。

物业服务合同终止时，业主大会选聘了新的物业服务企业的，物业服务企业之间应当做好交接工作。

第三十九条　物业服务企业可以将物业管理区域内的专项服务业务委托给专业性服务企业，但不得将该区域内的全部物业管理一并委托给他人。

第四十条　物业服务收费应当遵循合理、公开以及费用与服务水平相适应的原则，区别不同物业的性质和特点，由业主和物业服务企业按照国务院价格主管部门会同国务院建设行政主管部门制定的物业服务收费办法，在物业服务合同中约定。

第四十一条　业主应当根据物业服务合同的约定交纳物业服务费用。业主与物业使用人约定由物业使用人交纳物业服务费用的，从其约定，业主负连带交纳责任。

已竣工但尚未出售或者尚未交给物业买受人的物业，物业服务费用由建设单位交纳。

第四十二条 县级以上人民政府价格主管部门会同同级房地产行政主管部门，应当加强对物业服务收费的监督。

第四十三条 物业服务企业可以根据业主的委托提供物业服务合同约定以外的服务项目，服务报酬由双方约定。

第四十四条 物业管理区域内，供水、供电、供气、供热、通信、有线电视等单位应当向最终用户收取有关费用。

物业服务企业接受委托代收前款费用的，不得向业主收取手续费等额外费用。

第四十五条 对物业管理区域内违反有关治安、环保、物业装饰装修和使用等方面法律、法规规定的行为，物业服务企业应当制止，并及时向有关行政管理部门报告。

有关行政管理部门在接到物业服务企业的报告后，应当依法对违法行为予以制止或者依法处理。

第四十六条 物业服务企业应当协助做好物业管理区域内的安全防范工作。发生安全事故时，物业服务企业在采取应急措施的同时，应当及时向有关行政管理部门报告，协助做好救助工作。

物业服务企业雇请保安人员的，应当遵守国家有关规定。保安人员在维护物业管理区域内的公共秩序时，应当履行职责，不得侵害公民的合法权益。

第四十七条 物业使用人在物业管理活动中的权利义务由业主和物业使用人约定，但不得违反法律、法规和管理规约的有关规定。

物业使用人违反本条例和管理规约的规定，有关业主应当承担连带责任。

第四十八条 县级以上地方人民政府房地产行政主管部门应当及时处理业主、业主委员会、物业使用人和物业服务企业在物业管理活动中的投诉。

第五章 物业的使用与维护

第四十九条 物业管理区域内按照规划建设的公共建筑和共用设施，不得改变用途。

业主依法确需改变公共建筑和共用设施用途的，应当在依法办理有关手续后告知物业服务企业;物业服务企业确需改变公共建筑和共用设施用途的,应当提请业主大会讨论决定同意后,由业主依法办理有关手续。

第五十条 业主、物业服务企业不得擅自占用、挖掘物业管理区域内的道路、场地,损害业主的共同利益。

因维修物业或者公共利益,业主确需临时占用、挖掘道路、场地的,应当征得业主委员会和物业服务企业的同意;物业服务企业确需临时占用、挖掘道路、场地的,应当征得业主委员会的同意。

业主、物业服务企业应当将临时占用、挖掘的道路、场地,在约定期限内恢复原状。

第五十一条 供水、供电、供气、供热、通信、有线电视等单位,应当依法承担物业管理区域内相关管线和设施设备维修、养护的责任。

前款规定的单位因维修、养护等需要,临时占用、挖掘道路、场地的,应当及时恢复原状。

第五十二条 业主需要装饰装修房屋的,应当事先告知物业服务企业。

物业服务企业应当将房屋装饰装修中的禁止行为和注意事项告知业主。

第五十三条 住宅物业、住宅小区内的非住宅物业或者与单幢住宅楼结构相连的非住宅物业的业主,应当按照国家有关规定交纳专项维修资金。

专项维修资金属于业主所有,专项用于物业保修期满后物业共用部位、共用设施设备的维修和更新、改造,不得挪作他用。

专项维修资金收取、使用、管理的办法由国务院建设行政主管部门会同国务院财政部门制定。

第五十四条 利用物业共用部位、共用设施设备进行经营的,应当在征得相关业主、业主大会、物业服务企业的同意后,按照规定办理有关手续。业主所得收益应当主要用于补充专项维修资金,也可以按照业主大会的决定使用。

第五十五条 物业存在安全隐患,危及公共利益及他人合法权益时,责任人应当及时维修养护,有关业主应当给予配合。

责任人不履行维修养护义务的,经业主大会同意,可以由物业服务企业维修养护,费用由责任人承担。

第六章　法 律 责 任

第五十六条　违反本条例的规定，住宅物业的建设单位未通过招投标的方式选聘物业服务企业或者未经批准，擅自采用协议方式选聘物业服务企业的，由县级以上地方人民政府房地产行政主管部门责令限期改正，给予警告，可以并处 10 万元以下的罚款。

第五十七条　违反本条例的规定，建设单位擅自处分属于业主的物业共用部位、共用设施设备的所有权或者使用权的，由县级以上地方人民政府房地产行政主管部门处 5 万元以上 20 万元以下的罚款；给业主造成损失的，依法承担赔偿责任。

第五十八条　违反本条例的规定，不移交有关资料的，由县级以上地方人民政府房地产行政主管部门责令限期改正；逾期仍不移交有关资料的，对建设单位、物业服务企业予以通报，处 1 万元以上 10 万元以下的罚款。

第五十九条　违反本条例的规定，物业服务企业将一个物业管理区域内的全部物业管理一并委托给他人的，由县级以上地方人民政府房地产行政主管部门责令限期改正，处委托合同价款 30%以上 50%以下的罚款。委托所得收益，用于物业管理区域内物业共用部位、共用设施设备的维修、养护，剩余部分按照业主大会的决定使用；给业主造成损失的，依法承担赔偿责任。

第六十条　违反本条例的规定，挪用专项维修资金的，由县级以上地方人民政府房地产行政主管部门追回挪用的专项维修资金，给予警告，没收违法所得，可以并处挪用数额 2 倍以下的罚款；构成犯罪的，依法追究直接负责的主管人员和其他直接责任人员的刑事责任。

第六十一条　违反本条例的规定，建设单位在物业管理区域内不按照规定配置必要的物业管理用房的，由县级以上地方人民政府房地产行政主管部门责令限期改正，给予警告，没收违法所得，并处 10 万元以上 50 万元以下的罚款。

第六十二条　违反本条例的规定，未经业主大会同意，物业服务企业擅自改变物业管理用房的用途的，由县级以上地方人民政府房地产行政主管部门责令限期改正，给予警告，并处 1 万元以上 10 万元以下的罚款；有收益的，所得收益用于物业管理区域内物业共用部位、共用设施设备的维修、养护，剩余部分按照业主大会的决定使用。

第六十三条　违反本条例的规定，有下列行为之一的，由县级以上地方人民政府府房地产行政主管部门责令限期改正，给予警告，并按照本条第二款的规定处以罚款；所得收益，用于物业管理区域内物业共用部位、共用设施设备的维修、养护，剩余部分按照业主大会的决定使用：

（一）擅自改变物业管理区域内按照规划建设的公共建筑和共用设施用途的；

（二）擅自占用、挖掘物业管理区域内道路、场地，损害业主共同利益的；

（三）擅自利用物业共用部位、共用设施设备进行经营的。

个人有前款规定行为之一的，处1000元以上1万元以下的罚款；单位有前款规定行为之一的，处5万元以上20万元以下的罚款。

第六十四条　违反物业服务合同约定，业主逾期不交纳物业服务费用的，业主委员会应当督促其限期交纳；逾期仍不交纳的，物业服务企业可以向人民法院起诉。

第六十五条　业主以业主大会或者业主委员会的名义，从事违反法律、法规的活动，构成犯罪的，依法追究刑事责任；尚不构成犯罪的，依法给予治安管理处罚。

第六十六条　违反本条例的规定，国务院建设行政主管部门、县级以上地方人民政府房地产行政主管部门或者其他有关行政管理部门的工作人员利用职务上的便利，收受他人财物或者其他好处，不依法履行监督管理职责，或者发现违法行为不予查处，构成犯罪的，依法追究刑事责任；尚不构成犯罪的，依法给予行政处分。

第七章　附　　则

第六十七条　本条例自2003年9月1日起施行。

北京市物业管理条例

（2020 年 3 月 27 日北京市第十五届人民代表大会
常务委员会第二十次会议通过）

目　　录

第一章　总　　则

第一条　为了构建党建引领社区治理框架下的物业管理体系，建设和谐宜居社区，规范物业管理，维护物业管理相关主体的合法权益，保障物业的依法、安全、合理使用，根据相关法律法规，结合本市实际，制定本条例。

第二条　本市行政区域内的住宅物业管理活动适用本条例；非住宅物业管理参照执行。

本条例所称物业管理，是指业主通过自行管理或者共同决定委托物业服务人的形式，对物业管理区域内的建筑物、构筑物及其配套的设施设备和相关场地进行维修、养护、管理，维护环境卫生和相关秩序的活动。物业服务人包括物业服务企业、专业单位和其他物业管理人。

第三条 本市物业管理纳入社区治理体系,坚持党委领导、政府主导、居民自治、多方参与、协商共建、科技支撑的工作格局。建立健全社区党组织领导下居民委员会、村民委员会、业主委员会或者物业管理委员会、业主、物业服务人等共同参与的治理架构。

推动在物业服务企业、业主委员会、物业管理委员会中建立党组织,发挥党建引领作用。

第四条 物业管理相关主体应当遵守权责一致、质价相符、公平公开的物业服务市场规则,维护享受物业服务并依法付费的市场秩序,优化市场环境。

支持社会资本参与老旧小区综合整治和物业管理。

第五条 本市支持在物业管理区域内成立业主大会、选举产生业主委员会决定物业管理区域内的重大事项及有关共有部分利用和管理等事项。

第六条 市住房和城乡建设主管部门履行下列职责:

(一)制定本市物业管理相关政策并组织实施;

(二)指导和监督区住房和城乡建设或者房屋主管部门开展物业管理的监督管理工作;

(三)指导和监督本市住宅专项维修资金的筹集、管理和使用;

(四)建立健全业主委员会、物业管理委员会委员培训制度;

(五)制定临时管理规约、管理规约、业主大会议事规则、物业服务合同等示范文本和相关标准;

(六)建立全市统一的物业管理信用信息、业主电子共同决策等信息系统;

(七)指导行业协会制定和实施自律性规范;

(八)实施物业管理方面的其他监督管理职责。

区住房和城乡建设或者房屋主管部门履行下列职责:

(一)贯彻执行物业管理相关政策和制度;

(二)监督管理辖区内物业服务企业和从业人员;

(三)指导、监督辖区内住宅专项维修资金的筹集、管理和使用;

(四)组织对辖区内业主委员会、物业管理委员会委员开展培训;

(五)指导街道办事处、乡镇人民政府实施与物业管理相关工作;

(六)落实物业管理方面的其他监督管理职责。

发展改革、民政、财政、规划自然资源、城市管理、水务、市场监管、园林绿化、人防等相关主管部门，按照各自职责，负责物业管理相关监督管理工作。

第七条 区人民政府应当加强对本辖区内物业管理工作的组织领导，建立物业管理综合协调工作机制，组织辖区内街道办事处、乡镇人民政府、住房和城乡建设或者房屋主管部门及相关部门和单位，统筹推进辖区内物业管理各项工作，协调解决辖区内物业管理重大问题。

第八条 街道办事处、乡镇人民政府组织、协调、指导本辖区内业主大会成立和业主委员会选举换届、物业管理委员会组建，并办理相关备案手续；指导、监督业主大会、业主委员会、物业管理委员会依法履行职责，有权撤销其作出的违反法律法规和规章的决定；参加物业承接查验，指导监督辖区内物业管理项目的移交和接管，指导、协调物业服务人依法履行义务，调处物业管理纠纷，统筹协调、监督管理辖区内物业管理活动。

居民委员会、村民委员会在街道办事处、乡镇人民政府的指导下开展具体工作，建立党建引领下的物业管理协商共治机制；有权就业主反映的物业管理事项向业主大会、业主委员会进行询问，引导规范运作；指导、监督物业服务人依法履行义务，调解物业管理纠纷。

第九条 街道办事处、乡镇人民政府根据市人民政府确定的行政执法事项清单，依法行使行政执法权，建立综合执法工作机制，加强对住宅小区内违法行为的巡查、检查和处理。

第十条 突发事件应对期间，街道办事处、乡镇人民政府负责落实市人民政府依法采取的各项应急措施；指导物业服务人开展相应级别的应对工作，并给予物资和资金支持。

物业服务人应当按照要求服从政府统一指挥，在街道办事处、乡镇人民政府指导下积极配合居民委员会、村民委员会开展工作，依法落实应急预案和各项应急措施。

第十一条 业主大会和业主委员会，对任意弃置垃圾、排放污染物或者噪声、违反规定饲养动物、违法搭建、侵占通道、拒付物业费等损害他人合法权益的行为，有权依照法律法规以及管理规约，要求行为人停止侵害、排除妨碍、消除危险、恢复原状、赔偿损失。

第十二条 本市支持物业管理、专业评估机构等行业协会依法制定和组织实施自律性规范,实行自律管理,编制团体标准、调解行业纠纷,组织业务培训,维护企业合法权益,推动行业健康有序发展。

支持、鼓励物业服务企业加入行业协会。

第十三条 本市支持法律、会计、工程、评估、咨询等专业服务机构和人员参与物业管理和服务活动,为物业管理相关主体提供公正、专业的咨询、培训、评价、检验、监督和审计等服务。支持非营利性社会组织参与物业服务活动。

业主、物业使用人、物业服务人因物业管理事项需要法律咨询的,可以向公共法律服务机构咨询;符合法律援助条件的,可以依法申请法律援助。

第十四条 本市建立健全人民调解、行业调解、行政调解、司法调解构成的多元纠纷解决机制,化解物业管理纠纷。

第二章 物业管理区域

第十五条 物业管理区域的划分应当符合法律法规的规定,综合考虑建设用地宗地范围、共用设施设备、建筑物规模和类型、社区建设等因素,以利于服务便利、资源共享、协商议事。

规划城市道路、城市公共绿地、城市河道等公共区域不得划入物业管理区域。

第十六条 新开发建设项目的土地使用权划拨、出让前,住房和城乡建设主管部门应当就物业管理区域的划分提出意见,纳入区域规划综合实施方案、土地出让合同或者划拨文件,并向社会公布。

建设单位应当在房屋买卖合同中明示核定的物业管理区域。

第十七条 已投入使用、尚未划分物业管理区域或者划分的物业管理区域确需调整的,物业所在地的街道办事处、乡镇人民政府会同区住房和城乡建设或者房屋主管等部门,结合物业管理实际需要,征求业主意见后确定物业管理区域并公告。

第十八条 新开发建设项目,一个物业管理区域内应当配建独立且相对集中的物业服务用房,满足物业管理设施设备、办公及值班需求,具体面积按照本市公共服务设施配置指标执行。物业服务用房的面积、位置应当在规划许可证、房屋买卖合同中载明。

已投入使用但是未配建物业服务用房的,建设单位或者产权单位应当通过提供其他用房、等值的资金等多种方式提供;建设单位和产权单位已不存在的,由街道办事处、乡镇人民政府统筹研究解决。

第三章 前期物业

第十九条 建设单位承担前期物业服务责任。建设单位销售房屋前，应当选聘前期物业服务人，签订前期物业服务合同。

前期物业服务合同应当就前期物业服务是否收费、服务内容以及收费标准进行约定，约定的内容作为房屋买卖合同的附件或者直接纳入房屋买卖合同。

前期物业服务合同期限最长不超过二年，具体期限在前期物业服务合同中约定。期限届满前三个月，由业主共同决定是否继续使用前期物业服务人。期限届满，业主与新物业服务人签订的物业服务合同生效之前，前期物业服务人继续提供服务；期限未满或者未约定前期物业服务期限，业主与新物业服务人签订的物业服务合同生效的，前期物业服务合同终止。

第二十条 建设单位与前期物业服务人应当在区住房和城乡建设或者房屋主管部门的指导、监督下，共同确认物业管理区域，对物业管理区域内的共用部位、共用设施设备进行查验，确认现场查验结果，形成查验记录，签订物业承接查验协议，并向业主公开查验的结果。

承接查验协议应当对物业承接查验基本情况、存在问题、解决方法及其时限、双方权利义务、违约责任等事项作出约定。对于承接查验发现的问题，建设单位应当在三十日内予以整改，或者委托前期物业服务人整改。

未经业主同意，建设单位不得占用物业管理区域内的共用部位、共用设施设备。

第二十一条 在办理物业承接查验手续时，建设单位应当向前期物业服务人移交下列资料：

（一）物业管理区域划分相关文件；

（二）竣工总平面图，单体建筑、结构、设备的竣工图，配套设施、地下管网工程竣工图等竣工验收资料；

（三）设施设备的安装、使用和维护保养等技术资料；

（四）物业质量保修文件和物业使用说明文件；

（五）物业管理必需的其他资料。

物业已投入使用，上述资料未移交的，应当移交；资料不全的，应当补齐。

第二十二条　前期物业服务合同生效之日至出售房屋交付之日的当月发生的物业费,由建设单位承担。

出售房屋交付之日的次月至前期物业服务合同终止之日的当月发生的物业费,由业主按照房屋买卖合同的约定承担;房屋买卖合同未约定的,由建设单位承担。

第二十三条　建设单位在销售物业前,应当制定临时管理规约,对有关物业的使用、维护、管理,业主的共同利益,业主应当履行的义务,违反临时管理规约应当承担的责任等事项依法作出约定,并在销售场所显著位置公示。临时管理规约不得侵害物业买受人的合法权益。

市住房和城乡建设主管部门应当制定并发布临时管理规约的示范文本。

第二十四条　前期物业服务合同期限届满前六个月,街道办事处、乡镇人民政府应当组织业主成立业主大会,选举产生业主委员会或者组建物业管理委员会,就物业管理事项进行表决。

第四章　业主、业主组织和物业管理委员会

第一节　业主和业主大会

第二十五条　房屋的所有权人为业主。

公房尚未出售的,产权单位是业主;已出售的,购房人是业主。

本条例所称业主还包括:

(一)尚未登记取得所有权,但是基于买卖、赠与、拆迁补偿等旨在转移所有权的行为已经合法占有建筑物专有部分的单位或者个人;

(二)因人民法院、仲裁机构的生效法律文书取得建筑物专有部分所有权的单位或者个人;

(三)因继承取得建筑物专有部分所有权的个人;

(四)因合法建造取得建筑物专有部分所有权的单位或者个人;

(五)其他符合法律法规规定的单位或者个人。

第二十六条　物业管理区域内的以下部分属于业主共有:

(一)道路、绿地,但是属于城市公共道路、城市公共绿地或者明示属于私人所有的除外;

（二）占用业主共有的道路或者其他场地用于停放汽车的车位；

（三）建筑物的基础、承重结构、外墙、屋顶等基本结构部分，通道、楼梯、大堂等公共通行部分，消防、公共照明等附属设施、设备，避难层、架空层、设备层或者设备间等；

（四）物业服务用房和其他公共场所、共用设施；

（五）法律法规规定或者房屋买卖合同依法约定的其他共有部分。

第二十七条 业主在物业管理活动中，享有下列权利：

（一）自行管理物业；

（二）要求物业服务人按照物业服务合同的约定提供服务；

（三）提议召开业主大会，并就物业管理的有关事项提出建议；

（四）提出制定和修改临时管理规约、管理规约、业主大会议事规则的建议；

（五）参加业主大会会议，行使投票权；

（六）选举业主委员会委员，并享有被选举权；

（七）监督业主大会筹备组、业主委员会或者物业管理委员会的工作；

（八）监督物业服务人履行物业服务合同；

（九）对共用部位、共用设施设备和相关场地使用享有知情权、监督权和收益权；

（十）监督专项维修资金的管理和使用；

（十一）法律法规规定的其他权利。

业主行使权利不得危及物业的安全，不得损害其他业主的合法权益。

第二十八条 业主应当履行下列义务：

（一）遵守临时管理规约、管理规约和业主大会议事规则；

（二）遵守物业管理区域内共用部位和共用设施设备的使用、公共秩序和环境卫生的维护以及应对突发事件等方面的制度要求；

（三）执行业主大会的决定和业主大会授权业主委员会或者物业管理委员会作出的决定；

（四）配合物业服务人实施物业管理；

（五）按照国家和本市有关规定交纳专项维修资金；

（六）按时足额交纳物业费；

（七）履行房屋安全使用责任；

（八）按照规定分类投放生活垃圾；

（九）法律法规规定的其他义务。

业主对建筑物专有部分以外的共有部分，享有权利，承担义务；不得以放弃权利不履行义务。

第二十九条 业主可以成立业主大会。业主大会由物业管理区域内全体业主组成，代表和维护物业管理区域内全体业主在物业管理活动中的合法权益。

一个物业管理区域成立一个业主大会。

第三十条 一个物业管理区域内，已交付业主的专有部分达到建筑物总面积百分之五十以上的，百分之五以上的业主、专有部分占建筑物总面积百分之五以上的业主或者建设单位均可以向街道办事处、乡镇人民政府提出成立业主大会的申请，居民委员会、村民委员会也可以组织达到前述条件的业主或者建设单位提出成立业主大会的申请。

第三十一条 街道办事处、乡镇人民政府应当在接到成立业主大会书面申请后三十日内，对提出申请的业主身份和申请进行审核，对符合业主大会成立条件的，指定居民委员会、村民委员会工作人员担任筹备组组长。

筹备组组长应当于三十日内组织业主代表、建设单位、产权单位、街道办事处、乡镇人民政府、社区党组织、居民委员会、村民委员会代表召开首次筹备组会议，成立筹备组。

筹备组中的业主代表可以由业主自荐或者居民委员会、村民委员会推荐产生，由街道办事处、乡镇人民政府确定；业主代表资格应当参照适用本条例第三十九条有关业主委员会委员候选人资格的规定。

筹备组人数应当为单数，其中业主代表人数不低于筹备组人数的二分之一。

筹备组成立七日内，筹备组组长应当将筹备组成员名单、分工、联系方式等在物业管理区域内显著位置公示。

第三十二条 筹备组应当开展以下工作，并就其确定的事项在首次业主大会会议召开十五日前在物业管理区域内显著位置公示：

（一）确认业主身份、人数及所拥有的专有部分面积；

（二）制定首次业主大会会议召开方案；

（三）拟订管理规约和业主大会议事规则草案；

（四）制定业主委员会委员候选人产生办法，确定业主委员会委员候选人名单；

（五）制定业主委员会选举办法；

（六）完成召开首次业主大会会议的其他准备工作。

前款规定的业主大会议事规则，至少应当包括业主大会的议事方式、表决程序，业主委员会的组成、任期、罢免和递补等事项，并不得违反法律法规的强制性规定。

业主对公示内容有异议的，筹备组应当研究处理并在首次业主大会会议召开前作出答复。

筹备组应当自成立之日起六十日内，组织召开首次业主大会会议。

第三十三条 首次业主大会应当通过管理规约、业主大会议事规则，选举产生业主委员会委员和候补委员。

第三十四条 业主大会依照法律法规的规定召开，决定下列事项：

（一）制定或者修改管理规约、业主大会议事规则；

（二）选举或者更换业主委员会委员和候补委员；

（三）确定或者调整物业服务方式、服务内容、服务标准和服务价格；

（四）选聘、解聘物业服务人或者不再接受事实服务；

（五）筹集、管理和使用专项维修资金；

（六）申请改建、重建建筑物及其附属设施；

（七）决定共用部分的经营方式，管理、使用共用部分经营收益等共有资金；

（八）确定业主委员会委员津贴或者补助的标准，对业主委员会主任实施任期、离任经济责任审计；

（九）改变或者撤销业主委员会作出的与业主大会决定相抵触的决议；

（十）有关共有和共同管理权利的其他重大物业管理事项。

业主委员会应当就前款规定的决定事项向业主大会提出讨论方案。

第三十五条 业主大会会议分为定期会议和临时会议。

业主大会定期会议应当按照业主大会议事规则的规定召开，每年至少召开一次。经百分之二十以上业主提议，业主委员会应当组织召开业主大会临时会议。

业主大会会议可以采用书面形式或者通过互联网方式召开；采用互联网方式表决的，应当通过市住房和城乡建设主管部门建立的电子投票系统进行。

召开业主大会会议的，业主委员会应当于会议召开十五日前通知全体业主，将会议议题及其具体内容、时间、地点、方式等在物业管理区域内显著位置公示，并报物业所在地的居民委员会、村民委员会。居民委员会、村民委员会应当派代表列席会议。

业主大会会议不得就已公示议题以外的事项进行表决。

第三十六条 业主委员会未按照规定召集业主大会会议的,业主可以请求物业所在地的街道办事处、乡镇人民政府责令限期召集;逾期仍未召集的,由物业所在地的街道办事处、乡镇人民政府组织召集。

第三十七条 业主大会会议依法作出的决定,对本物业管理区域内的全体业主具有约束力。

业主大会会议的决定应当自作出之日起三日内在物业管理区域内显著位置公示。

物业使用人应当依法遵守业主大会会议的决定。物业使用人,是指除业主以外合法占有、使用物业的单位或者个人,包括但是不限于物业的承租人。

第三十八条 业主大会可以委托街道办事处、乡镇人民政府或者居民委员会、村民委员会代为保管业主大会印章;需要使用业主大会印章的,由业主委员会向街道办事处、乡镇人民政府或者居民委员会、村民委员会提出。

第二节 业主委员会

第三十九条 业主委员会由五人以上单数组成,具体人数根据本物业管理区域的实际情况确定。户数一百户以下的住宅小区,业主委员会可以由三人组成。候补委员人数按照不超过业主委员会委员人数确定。

业主委员会委员、候补委员应当为本物业管理区域的自然人业主或者单位业主授权的自然人代表。

业主是自然人的,应当符合下列条件:

(一)遵纪守法、热心公益事业、责任心强、具有一定组织能力;

(二)具有完全民事行为能力;

(三)符合业主委员会委员候选人产生办法中关于居住期限的要求;

(四)按时足额交纳物业费、不存在欠缴专项维修资金及其他需要业主共同分担费用的情况;

(五)本人、配偶及其直系亲属与物业服务人无直接的利益关系;

(六)未被列为失信被执行人;

（七）未有本条例规定的房屋使用禁止规定的行为；

（八）未有法律法规规定的其他不宜担任业主委员会委员的情形。

第四十条 业主委员会委员候选人通过下列方式产生：

（一）社区党组织推荐；

（二）居民委员会、村民委员会推荐；

（三）业主自荐或者联名推荐。

筹备组根据业主委员会委员候选人产生办法从按照前款方式推荐的人员中确定业主委员会委员候选人名单，报社区党组织。

社区党组织引导和支持业主中的党员积极参选业主委员会委员，通过法定程序担任业主委员会委员。

第四十一条 业主委员会委员实行任期制，每届任期不超过五年，可以连选连任。

业主委员会委员具有同等表决权。

任期内业主委员会委员出现空缺的，由候补委员递补剩余任期。具体递补办法由业主大会议事规则约定。

第四十二条 业主委员会应当自选举产生之日起七日内召开首次会议，在业主委员会委员中推选业主委员会主任和副主任，并在推选完成之日起三日内，在物业管理区域内显著位置公示业主委员会主任、副主任和其他委员的名单。

第四十三条 业主委员会应当自选举产生之日起三十日内，持下列材料向物业所在地的街道办事处、乡镇人民政府申请备案：

（一）首次业主大会会议记录和会议决定；

（二）业主大会议事规则；

（三）管理规约；

（四）业主委员会首次会议记录和会议决定；

（五）业主委员会委员和候补委员的名单、基本情况。

街道办事处、乡镇人民政府对以上材料的真实性、规范性进行核实，符合要求的，五个工作日内予以备案，并出具业主大会、业主委员会备案证明和印章刻制证明，解散筹备组。

业主委员会可持备案证明和印章刻制证明向公安机关申请刻制业主大会印章和业主委员会印章。

业主委员会印章由业主委员会保管,需要使用业主委员会印章的,应当有业主委员会过半数委员签字。

第四十四条 业主委员会应当执行业主大会的决定,接受业主大会和业主的监督,并履行下列职责:

(一)召集业主大会会议,报告年度物业管理的实施情况、业主委员会履职情况;

(二)代表业主与业主大会选聘的物业服务人签订物业服务合同,与解聘的物业服务人进行交接;

(三)拟定共有部分、共有资金使用与管理办法;

(四)监督专项维修资金的使用以及组织专项维修资金的补建、再次筹集;

(五)及时了解业主、物业使用人的意见和建议,督促业主交纳物业费,监督物业服务人履行物业服务合同;

(六)监督管理规约的实施,对业主、物业使用人违反管理规约的行为进行制止;

(七)制作和保管会议记录、共有部分的档案、会计凭证和账簿、财务报表等有关文件;

(八)定期向业主通报工作情况,每半年公示业主委员会委员、候补委员交纳物业费、停车费情况;

(九)协调解决因物业使用、维护和管理产生的纠纷;

(十)在物业管理区域内配合行政执法机关开展执法工作;

(十一)配合、支持居民委员会、村民委员会依法履行职责,并接受其指导和监督;

(十二)业主大会赋予的其他职责。

业主委员会不得擅自决定本条例第三十四条第一款规定事项;业主大会不得授权业主委员会决定本条例第三十四条第一款规定事项。

第四十五条 业主委员会会议分为定期会议和临时会议。业主委员会定期会议应当按照业主大会议事规则的规定召开,至少每两个月召开一次;经三分之一以上业主委员会委员提议,业主委员会应当召开临时会议。

定期会议和临时会议应当有过半数委员参加,委员不得委托他人参会。

业主委员会应当在会议召开五日前将会议议题告知物业所在地的居民委员

会、村民委员会，并听取意见和建议。居民委员会、村民委员会可以根据情况派代表参加。

业主委员会确定的事项应当经过半数委员签字同意。会议结束后三日内，业主委员会应当将会议情况以及确定事项在物业管理区域内显著位置公示。

业主委员会主任、副主任无正当理由不召集业主委员会会议的，业主委员会其他委员或者业主可以请求物业所在地的居民委员会、村民委员会或者街道办事处、乡镇人民政府责令限期召集；逾期仍未召集的，由物业所在地的居民委员会、村民委员会或者街道办事处、乡镇人民政府组织召集，并重新推选业主委员会主任、副主任。

第四十六条 业主委员会委员有下列情形之一的，委员资格自情形发生之日起自然终止，由业主委员会向业主公示，并提请业主大会确认：

（一）不再是本物业管理区域内业主；

（二）以书面形式向业主委员会提出辞职；

（三）因健康等原因无法履行职责且未提出辞职。

业主委员会委员一年内累计缺席业主委员会会议总次数一半以上，或者不再符合本条例第三十九条规定的委员条件的，业主委员会应当提请业主大会罢免其委员资格；业主委员会未提请的，街道办事处、乡镇人民政府可以责令业主委员会提请业主大会罢免有关委员资格。在委员资格被罢免前，业主委员会应当停止该委员履行职责，并向业主公示。

第四十七条 业主委员会委员、候补委员不得实施下列行为：

（一）阻挠、妨碍业主大会行使职权或者不执行业主大会决定；

（二）虚构、篡改、隐匿、毁弃物业管理活动中形成的文件资料；

（三）拒绝、拖延提供物业管理有关的文件资料，妨碍业主委员会换届交接工作；

（四）擅自使用业主大会、业主委员会印章；

（五）违反业主大会议事规则或者未经业主大会授权与物业服务人签订、修改物业服务合同；

（六）将业主共有财产借给他人或者设定担保等挪用、侵占业主共有财产；

（七）与物业服务人有可能影响其公正履行职务的经济往来或者利益交换；

（八）泄露业主信息；

(九)侵害业主合法权益的其他行为。

业主委员会委员、候补委员有前款规定的第(一)项至第(五)项行为的,街道办事处、乡镇人民政府责令业主委员会提请业主大会罢免有关委员资格。在委员资格被罢免前,业主委员会应当停止该委员履行职责,并向业主公示。

第四十八条 一个任期内,出现业主委员会委员经递补人数仍不足总数的二分之一等无法正常履行职责的情形,或者业主委员会拒不履行职责的,物业所在地的居民委员会、村民委员会或者街道办事处、乡镇人民政府应当组织召开业主大会临时会议,重新选举业主委员会。

第四十九条 业主委员会任期届满前六个月,应当书面报告街道办事处、乡镇人民政府。街道办事处、乡镇人民政府应当在收到书面报告之日起六十日内组建换届小组,并在业主委员会任期届满前,由换届小组组织召开业主大会会议选举产生新一届业主委员会。业主委员会未按规定提出申请的,街道办事处、乡镇人民政府应当督促其履行职责。

街道办事处、乡镇人民政府也可以应业主书面要求组建换届小组。

换届小组依照筹备组的人员构成组建。

第五十条 业主委员会的名称、委员、业主大会议事规则和管理规约发生变更的,业主委员会或者物业管理委员会应当在三十日内向街道办事处、乡镇人民政府办理变更备案手续。

因物业管理区域调整、房屋灭失等客观原因致使业主大会、业主委员会无法存续的,街道办事处、乡镇人民政府应当办理业主大会、业主委员会注销手续,并公告其印章作废。

第五十一条 业主大会、业主委员会应当依法履行职责。街道办事处、乡镇人民政府对业主大会、业主委员会作出的违反法律法规和规章的决定,应当责令限期改正或者撤销其决定,并通告全体业主。

第三节 物业管理委员会

第五十二条 街道办事处、乡镇人民政府负责组建物业管理委员会。物业管理委员会作为临时机构,依照本条例承担相关职责,组织业主共同决定物业管理事项,并推动符合条件的物业管理区域成立业主大会、选举产生业主委员会。

第五十三条 有下列情形之一的,可以组建物业管理委员会:

（一）不具备成立业主大会条件；

（二）具备成立业主大会条件，但是确有困难未成立；

（三）业主大会成立后，未能选举产生业主委员会。

第五十四条 物业管理委员会由居民委员会、村民委员会、业主、物业使用人代表等七人以上单数组成，其中业主代表不少于物业管理委员会委员人数的二分之一。

物业管理委员会主任由居民委员会、村民委员会代表担任，副主任由居民委员会、村民委员会指定一名业主代表担任。物业管理委员会委员名单应当在物业管理区域内显著位置公示。

第五十五条 成立业主大会但是尚未成立业主委员会的，物业管理委员会自成立之日起三十日内，持下列材料向物业所在地的街道办事处、乡镇人民政府申请备案：

（一）业主大会会议记录和会议决定；

（二）业主大会议事规则；

（三）管理规约。

街道办事处、乡镇人民政府对以上材料进行核实，符合要求的，五个工作日内予以备案，并出具业主大会备案证明和印章刻制证明。物业管理委员会持业主大会备案证明和印章刻制证明向公安机关申请刻制业主大会印章，持街道办事处、乡镇人民政府出具的成立证明申请刻制物业管理委员会印章。

未成立业主大会的，物业管理委员会持街道办事处、乡镇人民政府出具的成立证明申请刻制物业管理委员会印章。

第五十六条 成立业主大会但是尚未成立业主委员会的，物业管理委员会组织业主大会按照本条例第三十四条的规定履行职责，并组织执行业主大会的决定。

未成立业主大会的，物业管理委员会组织业主行使本条例第三十四条和第四十四条规定的业主大会和业主委员会的职责。

第五十七条 物业管理委员会会议由主任或者由主任委托副主任召集和主持，三分之一以上委员提出召开物业管理委员会会议的，主任应当组织召开会议。

会议应当有过半数委员且过半数业主代表委员参加，业主代表委员不能委托代理人参加会议。

物业管理委员会按照本条例第五十六条确定的事项应当经过半数委员签字同

意。会议结束后三日内，物业管理委员会应当将会议情况以及确定事项在物业管理区域内显著位置公示十个工作日。

第五十八条　物业管理委员会的任期一般不超过三年。期满仍未推动成立业主大会、选举产生业主委员会的，由街道办事处、乡镇人民政府重新组建物业管理委员会。

第五十九条　已成立业主大会、选举产生业主委员会，并按照本条例第四十三条规定备案的，或者因物业管理区域调整、房屋灭失等其他客观原因致使物业管理委员会无法存续的，街道办事处、乡镇人民政府应当在三十日内解散物业管理委员会，并在物业管理区域内显著位置公示。

第六十条　物业管理委员会组建的具体办法，由市住房和城乡建设主管部门制定。

第五章　物 业 服 务

第六十一条　业主可以自行管理物业，也可以委托他人管理；委托物业服务企业提供物业服务的，一个物业管理区域应当选定一个物业服务企业提供物业服务。

电梯、消防等具有专业技术要求的设施设备的维修和养护，应当由符合资质的专业机构或者人员实施。

第六十二条　接受委托提供物业服务的企业应当具有独立法人资格，拥有相应的专业技术人员，具备为业主提供物业管理专业服务的能力，有条件在物业管理区域设立独立核算的服务机构。

第六十三条　业主委员会或者物业管理委员会应当代表业主与业主共同选聘的物业服务人签订书面合同，就物业服务内容和标准、费用、物业服务用房、合同期限、违约责任等内容进行约定。

业主与物业服务人对收费标准未能达成一致意见的，双方可以委托专业评估机构评估；双方对委托专业评估机构未能达成一致意见的，可以从区住房和城乡建设或者房屋主管部门确定的专业评估机构目录中随机选定。

物业服务合同签订或者变更之日起十五日内，物业服务人应当将物业服务合同报街道办事处、乡镇人民政府、区住房和城乡建设或者房屋主管部门备案。

市住房和城乡建设主管部门应当会同有关部门、协会制定物业服务合同示范文本，并向社会公布。

第六十四条 业主共同决定由物业服务企业提供物业服务的,可以授权业主委员会或者物业管理委员会进行招标,继续聘用原物业服务企业的除外。

鼓励业主通过市住房和城乡建设主管部门建立的招投标平台选聘物业服务企业。

第六十五条 物业服务人应当按照物业服务合同的约定提供物业服务,并且遵守下列规定:

(一)提供物业服务符合国家和本市规定的标准、规范;

(二)及时向业主、物业使用人告知安全、合理使用物业的注意事项;

(三)定期听取业主的意见和建议,接受业主监督,改进和完善服务;

(四)对违法建设、违规出租房屋、私拉电线、占用消防通道等行为进行劝阻、制止,劝阻、制止无效的,及时报告行政执法机关;

(五)发现有安全风险隐患的,及时设置警示标志,采取措施排除隐患或者向有关专业机构报告;

(六)对业主、物业使用人违反临时管理规约、管理规约的行为进行劝阻、制止,并及时报告业主委员会或者物业管理委员会;

(七)不得泄露在物业服务活动中获取的业主信息;

(八)履行生活垃圾分类管理责任人责任,指导、监督业主和物业使用人进行生活垃圾分类;

(九)配合街道办事处、乡镇人民政府、行政执法机关和居民委员会、村民委员会做好物业管理相关工作。

第六十六条 物业服务企业应当指派项目负责人。项目负责人应当在到岗之日起三日内到项目所在地的居民委员会、村民委员会报到,在居民委员会、村民委员会的监督、指导下参与社区治理工作。

第六十七条 区住房和城乡建设或者房屋主管部门、街道办事处、乡镇人民政府、居民委员会、村民委员会可以根据物业服务标准和社区治理要求,委托专业评估机构对物业服务企业参与社区治理情况和共用部分管理状况进行评估。

物业管理相关主体可以委托专业评估机构对物业承接和查验、物业服务标准和费用测算、专项维修资金使用方案、物业服务质量等进行评估。具体办法由市住房和城乡建设主管部门制定。

专业评估机构应当按照本市相关规定提供专业服务,提供客观、真实、准确的评估报告。

第六十八条　市住房和城乡建设主管部门应当根据物业服务合同履行、投诉处理和日常检查等情况，对物业服务企业实施分类监管，建立激励和惩戒制度。具体办法由市住房和城乡建设主管部门制定。

第六十九条　物业服务人可以将物业服务合同中的专项服务事项委托给专业服务企业，但是不得将物业服务合同约定的全部事项一并委托给第三方。

第七十条　物业服务人应当在物业管理区域内显著位置设置公示栏，如实公示、及时更新下列信息，并且可以通过互联网方式告知全体业主：

（一）物业服务企业的营业执照、项目负责人的基本情况、联系方式以及物业服务投诉电话；

（二）物业服务内容和标准、收费标准和方式等；

（三）电梯、消防等具有专业技术要求的设施设备的日常维修保养单位名称、资质、联系方式、维保方案和应急处置方案等；

（四）上一年度物业服务合同履行及物业服务项目收支情况、本年度物业服务项目收支预算；

（五）上一年度公共水电费用分摊情况、物业费、公共收益收支与专项维修资金使用情况；

（六）业主进行房屋装饰装修活动的情况；

（七）物业管理区域内车位、车库的出售和出租情况；

（八）其他应当公示的信息。

业主对公示内容提出异议的，物业服务人应当予以答复。

第七十一条　物业服务人应当建立、保存下列档案和资料：

（一）小区共有部分经营管理档案；

（二）小区监控系统、电梯、水泵、有限空间等共用部位、共用设施设备档案及其管理、运行、维修、养护记录；

（三）水箱清洗记录及水箱水质检测报告；

（四）住宅装饰装修管理资料；

（五）业主名册；

（六）签订的供水、供电、垃圾清运等书面协议；

（七）物业服务活动中形成的与业主利益相关的其他资料。

第七十二条 业主应当根据物业服务合同约定的付费方式和标准，按时足额交纳物业费。业主逾期不交纳物业费的，业主委员会或者物业管理委员会应当督促其交纳；拒不交纳的，物业服务人可以依法提起诉讼或者申请仲裁。业主拒不执行人民法院生效法律文书的，人民法院可以依法对业主作出限制消费令、纳入失信被执行人名单。

采取酬金制交纳物业费的，物业服务企业应当与业主委员会或者物业管理委员会建立物业费和共用部分经营收益的共管账户。业主委员会或者物业管理委员会可以委托第三方对物业服务收支情况进行审计。

第七十三条 物业服务收费实行市场调节价并适时调整。

市住房和城乡建设主管部门应当发布住宅小区物业服务项目清单，明确物业服务内容和标准。物业管理行业协会应当监测并定期发布物业服务项目成本信息和计价规则，供业主和物业服务人在协商物业费时参考。

第七十四条 物业服务人利用共用部分从事经营活动的，应当将公共收益单独列账。

公共收益归全体业主所有。专项维修资金余额不足首期应筹集金额百分之三十的，百分之五十以上的公共收益金额应当优先用于补充专项维修资金，剩余部分的使用由业主共同决定。

第七十五条 物业服务合同期限届满前六个月，业主委员会或者物业管理委员会应当组织业主共同决定续聘或者另聘物业服务人，并将决定书面告知原物业服务人。原物业服务人接受续聘的，双方应当在物业服务合同届满前重新签订物业服务合同。物业服务人不接受续聘的，应当提前九十日书面告知业主委员会或者物业管理委员会。

物业服务合同期限届满、业主没有共同作出续聘或者另聘物业服务人决定，物业服务人按照原合同继续提供服务的，原合同权利义务延续。在合同权利义务延续期间，任何一方提出终止合同的，应当提前六十日书面告知对方。

第七十六条 业主共同决定解聘物业服务人的，物业服务人应当自接到通知之日起三十日内履行下列交接义务，并且退出物业管理区域：

（一）移交物业共用部分；

（二）移交本条例第二十一条、第七十一条规定的档案和资料；

（三）结清预收、代收的有关费用；

(四)物业服务合同约定的其他事项。

原物业服务人不得以业主欠交物业费、对业主共同决定有异议等为由拒绝办理交接,不得以任何理由阻挠新物业服务人进场服务。原物业服务人拒不移交有关资料或者财物的,或者拒不退出物业管理区域的,业主委员会或者物业管理委员会可以向街道办事处、乡镇人民政府、区住房和城乡建设或者房屋主管部门报告,并向辖区内公安机关请求协助,或者依法向人民法院提起诉讼,要求原物业服务人退出物业管理区域。物业所在地的街道办事处、乡镇人民政府、区住房和城乡建设或者房屋主管部门应当加强对物业服务人交接工作的监管。

原物业服务人应当在办理交接至退出物业管理区域期间,维持正常的物业管理秩序。

新物业服务人不得强行接管物业,按照约定承接物业时,应当对共用部位、共用设施设备进行查验。

第七十七条　本市建立应急物业服务机制。物业管理区域突发失管状态时,街道办事处、乡镇人民政府应当组织有关单位确定应急物业服务人,提供供水、垃圾清运、电梯运行等维持业主基本生活服务事项的应急服务。

提供应急物业服务的,街道办事处、乡镇人民政府应当将服务内容、服务期限、服务费用等相关内容在物业管理区域内显著位置公示。应急物业服务期限不超过六个月,费用由全体业主承担。

应急物业服务期间,街道办事处、乡镇人民政府应当组织业主共同决定选聘新物业服务人,协调新物业服务人和应急物业服务人做好交接。

第六章　物业的使用和维护

第七十八条　业主、物业使用人应当遵守法律法规和规章的规定以及临时管理规约、管理规约的约定,按照规划用途合理、安全使用物业。

业主、物业使用人、物业服务人等不得实施下列行为:

(一)损坏、擅自拆改建筑物承重结构、主体结构;

(二)擅自利用共用部位、共用设施设备进行经营;

(三)违法搭建建筑物、构筑物、障碍物或者私挖地下空间;

(四)违反国家规定,制造、储存、使用、处置爆炸性、毒害性、放射性、腐蚀性物质或者传染病病原体等危险物质;

（五）违规私拉电线、电缆为电动汽车、电动自行车、电动摩托车和电动三轮车等充电；

（六）擅自拆改供水、排水、再生水等管线；

（七）从建筑物中抛掷物品；

（八）制造超标噪音；

（九）侵占绿地、毁坏绿化植物和绿化设施；

（十）擅自通过设置地锁、石墩、栅栏等障碍物和乱堆乱放杂物等方式，占用、堵塞、封闭消防通道、疏散通道等共用部位，或者损坏消防设施等共用设施设备；

（十一）擅自改变物业规划用途；

（十二）违反规定饲养动物；

（十三）违反规定出租房屋。

发生本条第二款规定行为的，利害关系人有权投诉、举报，业主委员会或者物业管理委员会、物业服务人应当及时劝阻；劝阻无效的，应当向街道办事处、乡镇人民政府或者行政执法机关报告。

第七十九条 业主、物业使用人装饰装修房屋的，应当事先告知物业服务人，与物业服务人签订装饰装修服务协议，并配合其进行必要的现场检查。协议应当包括装饰装修工程的禁止行为、垃圾堆放和清运要求以及费用、施工时间等内容。

业主、物业使用人或者物业服务人应当将装饰装修的时间、地点等情况在拟装饰装修的物业楼内显著位置公示。

物业服务人应当加强对装饰装修活动的巡查和监督。业主或者物业使用人未签订装饰装修服务协议或者违反相关规定及装饰装修服务协议的，物业服务人应当及时劝阻；拒不改正的，物业服务人应当及时向有关主管部门报告。

第八十条 物业管理区域内规划用于停放车辆的车位、车库，应当首先满足业主的需要。用于出售的，应当优先出售给本物业管理区域内的业主；不出售或者尚未售出的，应当提供给本物业管理区域内的业主使用。满足业主需要后仍有空余的，可以临时按月出租给物业管理区域外的其他人。

第八十一条 物业买受人应当遵守国家有关专项维修资金制度，按照规定足额交纳专项维修资金。

业主转让物业、办理转移登记后，转让物业的专项维修资金余额随物业一并转让，业主无权要求返还；因征收或者其他原因造成物业灭失的，专项维修资金余额归业主所有。

已售公房的业主转让公房前，应当按照届时适用的商品房标准补足公房的专项维修资金；因继承、赠予、执行生效法律文书而发生已售公房产权人变更的，继承人、受赠人、受偿人应当按照届时适用的商品房标准补足专项维修资金。

第八十二条　国家实施专项维修资金制度之前的未售公房，没有专项维修资金的，产权单位应当按照规定建立并足额交纳专项维修资金。

国家实施专项维修资金制度之后出售的公房，业主和售房单位应当按照国家和本市规定的比例交纳专项维修资金；未按规定交纳专项维修资金的，业主和售房单位应当足额补交，未足额补交的，已出售的公房不得再次转让。

第八十三条　专项维修资金余额不足首期筹集金额百分之三十的，业主委员会或者物业管理委员会应当及时通知、督促业主按照届时适用的标准补足专项维修资金。

业主申请不动产转移登记或者抵押登记时，应当向不动产登记机构提供已足额交纳专项维修资金的相关凭证。

第八十四条　未选举产生业主委员会的，专项维修资金由市住房资金管理部门代管，存入银行专用账户。

选举产生业主委员会的，业主大会可以决定自行管理专项维修资金，或者委托市住房资金管理部门代管。业主大会决定自行管理的，应当以自己名义设立专用账户，区住房和城乡建设或者房屋主管部门应当监督、指导专项维修资金的使用管理。

业主大会可以委托具有资质的中介机构对共有资金进行财务管理。业主大会或者业主委员会自行管理共有资金的，应当每季度公布一次自行管理账目。

第八十五条　专项维修资金属于业主共有，应当专项用于共用部位、共用设施设备保修期满后的维修、更新和改造，不得挪作他用。

第八十六条　维修、更新和改造共用部位、共用设施设备，需要使用专项维修资金的，应当按照下列规定分摊：

（一）商品住宅之间或者商品住宅和非住宅之间共用部位、共用设施设备的维修、更新和改造费用，由相关业主按照各自专有物业建筑面积比例分摊。

（二）售后公房之间共用部位、共用设施设备的维修、更新和改造费用，由相关业主和售房单位按照所交存专项维修资金的比例分摊；其中，应当由业主承担的，再由相关业主按照各自专有物业建筑面积的比例分摊。

（三）售后公房与商品房住宅或者非住宅之间共用部位、共用设施设备的维修、更新和改造费用，先按照建筑面积比例分摊到各相关物业，再按照第（一）项、第（二）项的规定比例分摊。

共用部位、共用设施设备需要维修、更新和改造，但是没有专项维修资金的，维修、更新和改造费用按照前款的规定由业主共同分摊。

第八十七条 新开发建设项目，建设单位可以接受专业设施设备专业运营单位委托，按照国家技术标准和专业技术规范建设物业管理区域内业主专有部分以外的水、电、气、热以及通讯等专业设施设备；经验收合格，将专业设施设备及工程图纸等资料交由专业运营单位承担维修、养护和更新改造责任。

已入住项目，物业管理区域内业主专有部分以外的水、电、气、热以及通讯等专业设施设备发生故障、不能正常使用的，物业服务人应当立即报告相关专业运营单位；专业运营单位应当及时采取措施，排除故障。

专业运营单位对专业设施设备进行维修、养护和更新改造，进入物业管理区域的，业主、物业使用人和物业服务人应当予以配合，不得以任何方式阻挠、妨碍其正常作业。

第八十八条 物业服务人应当对物业管理区域内的电梯、消防设施等易于发生安全风险的设施设备和部位加强日常巡查和定期养护；采取必要的安全保障措施，防止建筑物、构筑物或者其他设施及其搁置物、悬挂物发生脱落、坠落。

排除安全风险隐患需要使用专项维修资金的，按照本市相关规定办理。

第八十九条 建筑物专有部分存在安全隐患，危及公共利益或者他人合法权益的，相关业主应当及时采取修缮以及其他消除危险的安全治理措施。

业主不履行维修养护义务的，可以由物业服务人报经业主委员会、物业管理委员会同意，或者按照临时管理规约、管理规约的约定，代为维修养护或者采取应急防范措施，费用由业主承担。

经鉴定为停止使用、整体拆除的危险房屋的，业主或者物业使用人应当停止使用，立即搬出；拒不搬出的，区住房和城乡建设或者房屋主管部门应当书面责令业主或者物业使用人搬出，情况紧急危及公共安全的，区人民政府可以责成有关部门组织强制搬出，并妥善安置。

第七章　法律责任

第九十条　违反本条例第二十一条规定，建设单位不移交或者补齐资料的，由区住房和城乡建设或者房屋主管部门责令限期改正；逾期不改的，处五万元以上十万元以下的罚款。

第九十一条　违反本条例第六十三条规定，物业服务人未按规定将物业服务合同报街道办事处、乡镇人民政府、区住房和城乡建设或者房屋主管部门备案的，由街道办事处、乡镇人民政府责令限期改正，给予警告；逾期不改的，处五千元以上一万元以下的罚款。

第九十二条　违反本条例第六十五条第（一）项至第（六）项规定，物业服务人提供服务未遵守相关规定的，由区住房和城乡建设或者房屋主管部门给予警告，处五千元以上一万元以下的罚款；违反第（七）项规定，物业服务人泄露业主个人信息的，由公安机关依法处理；违反第（八）项规定，物业服务人未履行生活垃圾分类管理责任人责任的，由城市管理综合行政执法部门依照生活垃圾管理法律法规予以处理。

第九十三条　违反本条例第六十六条规定，物业服务企业项目负责人未按时报到的，由街道办事处、乡镇人民政府责令限期改正；逾期不改的，处五千元以上一万元以下的罚款。

第九十四条　违反本条例第七十条规定，物业服务人未按照规定如实公示有关信息的，由区住房和城乡建设或者房屋主管部门责令限期改正，给予警告；逾期不改的，处一千元以上五千元以下的罚款。

第九十五条　违反本条例第七十一条规定，物业服务人未建立、保存相关档案和资料的，由区住房和城乡建设或者房屋主管部门责令限期改正，处二万元以上五万元以下的罚款。

第九十六条　违反本条例第七十四条规定，物业服务人挪用、侵占公共收益的，由区住房和城乡建设或者房屋主管部门责令退还，并处挪用、侵占金额二倍以下的罚款。

第九十七条　物业服务人违反本条例第七十六条第一款规定的，由区住房和城乡建设或者房屋主管部门责令限期改正；逾期不改的，对物业服务人予以通报，对拒不移交有关资料或者财物的，处一万元以上十万元以下的罚款；拒不退出物业管理区域的，自规定时间届满次日起处每日一万元的罚款。物业服务人有违反治安管理行为的，由公安机关依法给予治安管理处罚。

第九十八条 物业管理区域内有下列行为之一的，由有关主管部门按照下列规定予以查处：

（一）违反本条例第七十八条第二款第（一）项规定的，由区住房和城乡建设或者房屋主管部门责令限期改正，处五万元以上十万元以下的罚款；

（二）违反本条例第七十八条第二款第（二）项规定的，由区住房和城乡建设或者房屋主管部门责令限期改正，给予警告，对单位处五万元以上二十万元以下的罚款；对个人处一千元以上一万元以下的罚款；有违法所得的，责令退还违法所得；

（三）违反本条例第七十八条第二款第（三）项规定的，由城市管理综合行政执法部门依照城乡规划法律法规给予责令拆除或者回填、罚款等处罚；

（四）违反本条例第七十八条第二款第（四）项规定的，由公安机关依照治安管理处罚法律法规予以处罚；

（五）违反本条例第七十八条第二款第（五）项规定的，由消防救援机构责令改正，拒不改正的，处五百元以上五千元以下的罚款；

（六）违反本条例第七十八条第二款第（六）项规定的，由水主管部门责令限期改正，处一万元以上三万元以下的罚款；

（七）违反本条例第七十八条第二款第（七）项规定的，由公安机关给予警告，处五百元以上五千元以下的罚款；

（八）违反本条例第七十八条第二款第（八）项规定的，由公安机关责令改正，拒不改正的，处二百元以上五百元以下的罚款；

（九）违反本条例第七十八条第二款第（九）项规定的，由城市管理综合行政执法部门责令改正，拒不改正的，处五百元以上五千元以下的罚款；

（十）违反本条例第七十八条第二款第（十）项规定，占用、堵塞、封闭消防通道、疏散通道，或者损坏消防设施的，由消防救援机构责令改正，对单位处五千元以上五万元以下的罚款，对个人处五百元的罚款；占用、堵塞、封闭其他共用部位，或者损坏其他共用设施设备的，由城市管理综合行政执法部门责令改正，给予警告，对单位处二千元以上二万元以下的罚款，对个人处二百元以上五百元以下的罚款；

（十一）违反本条例第七十八条第二款第（十一）项规定的，由规划自然资源主管部门责令当事人限期改正、按照实际使用用途类型应当缴纳的土地使用权地价

款数额的二倍处以罚款;情节严重的,依法无偿收回土地使用权;

（十二）违反本条例第七十八条第二款第（十二）项、第（十三）项规定的,由公安机关依照治安管理处罚法律法规予以处罚。

第九十九条 违反本条例第八十条规定,将车位、车库提供给业主以外的其他人的,由区住房和城乡建设或者房屋主管部门责令限期改正,有违法出租所得的,责令退还违法所得,按每个违法出租车位处五千元以上一万元以下的罚款;拒不改正的,按每个违法出租车位处每月二千元的罚款。

第一百条 物业服务人违反本条例第八十八条第一款规定的,由区住房和城乡建设或者房屋主管部门责令限期改正,处二万元以上五万元以下的罚款。

第一百零一条 本条例规定退还的违法所得,应当用于物业管理区域内共用部位、共用设施设备的维修、养护,剩余部分按照业主大会的决定使用。

第一百零二条 违反本条例规定,造成他人损失的,依法承担民事责任;构成违反治安管理行为的,依法给予治安管理处罚;构成犯罪的,依法追究刑事责任。

第一百零三条 行政执法机关应当将物业管理相关主体受到行政处罚或者行政强制的情况共享到本市的公共信用信息平台。行政机关根据本市关于公共信用信息管理规定可以对其采取惩戒措施。

第八章 附 则

第一百零四条 本条例自 2020 年 5 月 1 日起施行。

北京市机动车停车条例

（2018 年 3 月 30 日北京市第十五届人民代表大会常务委员会第三次会议通过　根据 2021 年 9 月 24 日北京市第十五届人民代表大会常务委员会第三十三次会议通过的《关于修改部分地方性法规的决定》修正）

目　　录

第一章　总　　则

第一条　为了加强本市机动车停车治理，合理引导停车需求，严格规范停车秩序，促进城市综合交通体系协调、可持续发展，根据有关法律、法规，结合本市实际情况，制定本条例。

第二条　本市行政区域内机动车停车设施规划、设置、使用，以及停车秩序、服务、收费适用本条例。

第三条　本市机动车停车坚持有偿使用、共享利用、严格执法、社会共治。全社会应当共同构建和维护机动车停车秩序，遵循停车入位、停车付费、违停受罚的基本要求。

第四条　市人民政府领导本市机动车停车工作，将停车纳入城市综合交通体系，综合运用法律、经济、行政、科技等方法，严格控制首都功能核心区、北京城市副中心机动车保有量，建立降低机动车使用强度机制，建立管理职责和管辖权限综合协调机制，推进行政执法权集中统一行使。

市交通主管部门统筹本市机动车停车管理工作，会同相关部门对各区停车管理工作进行综合协调、检查指导、督促考核，组织制订、宣传贯彻停车管理相关政策、标准和服务规范。

公安机关交通管理、城市管理综合执法、住房城乡建设、规划自然资源、发展改革、财政、市场监督管理等部门按照各自职责，负责机动车停车管理相关工作。

第五条　区人民政府负责统筹协调和组织实施本行政区域内停车设施规划、设置、使用及停车秩序、服务、收费的管理工作，推进停车区域治理，监督有关部门开展停车执法。区停车管理部门负责本行政区域内机动车停车管理的具体工作。

乡镇人民政府、街道办事处负责统筹辖区内的机动车停车管理工作，组织领导、综合协调、监督检查停车执法事项，将停车纳入网格化管理范畴，确定监督、管理人员，建立居住停车机制，指导、支持、协调开展停车自治和停车泊位共享、挖潜、新增等工作。

第六条　本市鼓励社会资本投资建设停车设施；鼓励对违法停车、违法从事停车经营、擅自设置障碍物等行为进行举报；鼓励开展维护停车秩序等停车志愿活动；倡导、宣传有位购车、合理用车、绿色出行理念。

第七条　本市有序推进停车服务、管理和执法的智能化、信息化建设，引导停车服务企业利用互联网技术提高服务水平。

第八条　本市建立停车信用奖励和联合惩戒机制。将停车设施建设单位、经营单位、停车人等的违法行为记入信用信息系统，严重的可以进行公示、惩戒。市交通主管部门应当按照国家和本市要求，制定停车信用机制的具体办法。

第二章　停车泊位供给

第九条　本市停车设施实行分类分区定位、差别供给，适度满足居住停车需求，从严控制出行停车需求。盘活既有停车资源，提高利用效率；新增停车泊位以配套建设为主，临时设置、独立建设、驻车换乘建设等方式为补充。

第十条　市交通主管部门应当会同市规划自然资源主管部门，在定期普查的基础上，依据城市总体规划和城市综合交通体系规划，结合城市建设发展和道路交通安全管理的需要，组织编制机动车停车设施专项规划。

停车设施专项规划应当确定城市停车总体发展战略，分区域发展策略，统筹地上地下，合理布局停车设施，明确控制目标和建设时序，并将停车设施与城市交通枢纽、城市轨道交通换乘站紧密衔接，经依法批准后，纳入控制性详细规划。

区人民政府根据本市机动车停车设施专项规划，制定本行政区域的停车设施规划及年度实施计划，并组织实施。

第十一条 市规划自然资源、市交通主管部门应当制定新建、改建、扩建公共建筑和居住小区等配建停车泊位的标准，明确上限、下限，并建立动态调整机制。

建设单位新建、改建、扩建公共建筑、居住小区，应当按照国家有关规定和本市确定的泊位配建标准、规划指标，配建机动车停车设施。配套建设的停车设施应当与主体工程同步设计、同步施工、同时验收、同时交付使用。

第十二条 既有居住小区内配建的停车设施不能满足业主停车需求的，按照物业管理相关法律法规并经业主同意，可以统筹利用业主共有场地设置临时停车设施。

第十三条 本市推进单位或者个人开展停车泊位有偿错时共享。停车设施管理单位应当予以支持和配合，并提供便利。

公共建筑的停车设施具备安全、管理条件的，应当将机动车停车设施向社会开放，并实行有偿使用。市人民政府应当制定具体办法，有序推进停车设施开放工作。

居住小区的停车设施在满足本居住小区居民停车需要的情况下，可以向社会开放。

第十四条 独立设置的中心城区区域配套停车设施、驻车换乘停车设施、公共汽电车场站等公益性停车设施，是城市交通基础设施，用地按照土地管理规定实行划拨或者协议出让。

独立设置的停车设施应当进行交通影响评价，重大建设项目的配建停车设施应当一并纳入项目的交通影响评价，交通影响评价结果由市交通主管部门向社会公示。重大建设项目的具体范围由市交通主管部门会同相关部门制定。

第十五条 待建土地、空闲厂区、边角空地、未移交道路等场所闲置的，可以由区人民政府负责组织协调，设置临时停车设施。

第十六条 利用地下空间资源单独选址建设公共停车设施的，建设单位可以依法单独办理规划和土地手续，并取得规划用地许可证和权属证明；市规划自然资源主管部门应当制定单独核发规划用地许可证和权属证明的具体办法。

利用人民防空工程设置停车设施，向社会开放解决居住停车需求的，可以减免相关人民防空工程使用费用。具体办法由市民防主管部门制定。

第十七条　平面停车设施进行机械式或者自走式立体化改造的，应当符合相关安全规定，与城市容貌相协调，按照要求采取隔声、减振等措施，对他人造成影响的应当依法予以补偿，符合条件的可以按照国家和本市有关规定享受鼓励政策。

设置机械式停车设备应当符合特种设备的规定，经市场监督管理部门检验合格后方可投入使用，并按照规定定期接受检验。

第十八条　确因居住小区及其周边停车设施无法满足停车需求的，区人民政府、乡镇人民政府、街道办事处可以组织公安机关交通管理、交通行政等相关部门，在居住小区周边支路及其等级以下道路设置临时居住停车区域、泊位，明示居民临时停放时段。影响交通运行的，应当及时调整或者取消。具体办法由市交通主管部门会同相关部门制定。

第十九条　新建、改建、扩建交通客运换乘场站、中小学校、医院及其他客流集中的公共场所，应当在项目用地内设置落客区，用于机动车临时停靠上下乘客，并与主体工程同步交付使用；公安机关交通管理部门应当在客流集中的公共场所周边道路设置临时停靠上下乘客专用车位，并明示临时停靠时长。

第二十条　设置停车设施，应当符合国家和本市停车设施设置标准和设计规范，并按照标准设置无障碍停车泊位和电动汽车充电设施。

第三章　治理与服务

第二十一条　经营性停车设施经营单位应当依法办理工商登记，并在经营前十五日内到区停车管理部门办理备案，备案材料应当真实准确。具体备案材料由市交通主管部门规定。

实行政府定价的收费停车设施，经营单位或者管理单位应当到区发展改革部门进行价格核定及明码标价牌编号。

违反第一款规定，未如实报送停车设施设置情况的，由城市管理综合执法部门责令限期改正；逾期未改正的，处一万元罚款。违反第二款规定，未按照规定进行价格核定及明码标价牌编号的，由价格管理部门责令限期改正；逾期未改正的，处一万元罚款。

第二十二条　停车设施设置后十日内，设置单位应当将停车泊位情况报送区停车管理部门。

违反前款规定，未按照规定的时限或者未如实报送停车设施设置情况的，由城市管理综合执法部门责令限期改正;逾期未改正的,处两千元罚款。

居住小区停车自治设置的停车泊位情况,应当由乡镇人民政府、街道办事处统计后报送区停车管理部门。

第二十三条 市交通主管部门建立停车综合管理服务系统,对停车设施实行动态管理,向社会提供信息服务,并与公安机关交通管理、城市管理综合执法、规划自然资源、住房城乡建设等部门相互共享管理信息。

市交通主管部门应当与从事停车信息服务的经营者建立信息共享机制。信息服务的经营者应当将相关信息接入停车综合管理服务系统,市交通主管部门应当对信息服务质量进行监督,制定信息服务具体规范。

市交通主管部门应当制定停车泊位编码规则,对停车泊位进行统一编码管理。定期组织开展停车资源普查,并将普查结果纳入停车综合管理服务系统。

违反第二款规定,信息服务的经营者未将相关信息接入停车综合管理服务系统的,由交通主管部门责令限期改正;逾期未改正的,处五千以上一万元以下罚款。

第二十四条 区停车管理部门应当根据本市停车综合管理服务系统,建立区域停车诱导系统,实时公布分布位置、使用状况、泊位数量等停车设施动态信息,引导车辆有序停放。

公共停车设施应当按照标准配建停车诱导设施、进出车辆信息采集及号牌识别系统,与所在区域停车诱导系统实时对接。

违反第二款规定,公共停车设施未按照标准配建停车诱导设施、进出车辆信息采集及号牌识别系统,或者未与所在区域停车诱导系统实时对接的,由城市管理综合执法部门责令限期改正;逾期未改正的,处一万元罚款。

第二十五条 国家机关、社会团体、企事业组织、个体工商户等单位,应当做好门前停车管理责任区内的停车秩序维护工作,有权对违法停车行为予以劝阻、制止或者举报。

第二十六条 任何单位和个人不得擅自在道路上和其他公共区域内设置固定或者可移动障碍物阻碍机动车停放和通行;不得在未取得所有权和专属使用权的停车泊位上设置地桩、地锁。物业服务企业应当在物业管理协议和车位租赁协议中予以明示并统一管理。

违反前款规定,擅自设置固定或者可移动障碍物的,道路范围内由公安机关交通管理部门责令停止违法行为,迅速恢复交通;实行物业管理的居住小区公共区域内,由住房城乡建设部门依据物业管理的相关规定进行处罚;其他公共场所内,由城市管理综合执法部门责令停止违法行为,恢复原状,并处五百元以上一千元以下罚款。

非电动汽车不得占用电动汽车专用泊位。违反规定的,由公安机关交通管理部门责令改正,依法给予处罚。

第二十七条　负有停车管理职责的公职人员,在停车管理中不依法履行职责,由监察机关依法予以处置。

第二十八条　本市对驻车换乘停车设施和道路停车实行政府定价,道路停车收费应当按照中心城区高于外围区域、重点区域高于非重点区域、拥堵时段高于空闲时段的原则确定,并根据高于周边非道路停车收费价格的原则动态调节。

本市对其他停车设施实行市场调节价,可以根据地理位置、服务条件、供求关系等因素自主定价。

市价格行政主管部门应当依法加强对停车收费价格的监督。

本市各类停车设施应当按照相关规定对军车停车免收停车费。残疾人持公安机关交通管理部门核发的残疾人专用通行证驾驶残疾人本人专用车辆,在本市各类非居住区停车场停放时,免收停车费。

第二十九条　调整居住小区内业主共有的停车泊位的收费价格时,应当经专有部分占建筑物总面积过半数的业主且占总人数过半数的业主同意。违反规定,未按照规定程序调整居住小区停车收费价格的,由住房城乡建设部门责令限期改正,并处十万元罚款。

第三十条　居住小区在居民委员会、村民委员会的指导下,可以成立停车自治组织,对居住小区内停车实行自我管理、自我服务。自我管理服务可以收取一定的费用,用于停车自治成本费用、停车设施建设等,费用收取和使用情况应当定期在居住小区内公示。

第三十一条　本市逐步建立居住停车区域认证机制,停车人在划定的居住停车范围内停车,可以按照居住停车价格付费。具体办法由市交通主管部门会同相关部门制定。

第三十二条　停车设施经营单位应当遵守下列规定:

(一)在显著位置明示停车设施名称、范围、编号、服务项目、收费标准、车位数量及监督电话;

（二）按照明示的标准收费，并出具专用票据；

（三）实行计时收费的停车设施，满一个计时单位后方可收取停车费，不足一个计时单位的不收取费用。

中心城区范围内的经营性停车设施，应当二十四小时开放。违反规定的，由城市管理综合执法部门责令限期改正，并处五千元以上一万元以下罚款。

违反第一款规定的，依照价格、税务相关法律法规进行处罚。

第三十三条 任何单位和个人不得违反规划将停车设施改作他用。

向社会开放的公共停车设施确需停止经营的，停车设施经营单位应当将处理方案提前报告区停车管理部门；决定停止经营的，停车设施经营单位应当提前三十日向社会公告。临时停车设施停止使用的，停车设施经营单位应当在停止使用前三十日向社会公告，并到有关部门办理相关手续。

确需改变停车设施用途的，应当依法报原审批部门办理规划变更手续，但为实现原规划用途，将临时停车设施停止使用的情况除外。

违反第一款规定，改变停车设施用途的，由城市管理综合执法部门责令限期改正、恢复原状，并处每个泊位一万元罚款。

第三十四条 举办大型群众性活动，承办者应当协调活动举办场所及周边的停车设施，提供停车服务，并向公安机关交通管理部门报告。

公安机关交通管理部门应当制定活动举办场所及其周边区域的机动车疏导方案，周边道路有条件的，可以设置临时停车区域，并明确停放时段。

第三十五条 本市机动车停车相关行业社团组织依照章程，建立健全行业自律制度，参与停车相关政策法规、行业标准、规范的研究制订和宣传贯彻，规范指导会员经营管理，组织开展诚信建设，维护会员合法权益，组织会员开展行业服务质量评价和培训，提高停车服务质量。

第四章 道路停车

第三十六条 公安机关交通管理部门负责设置、维护、调整道路停车泊位，确定停车泊位允许停放的时段。

设置道路停车泊位，遵循严格控制和中心城区减量化的原则，优先保障步行、非机动车、公共交通，保障机动车通行。服务半径内有停车设施可以提供停车泊位的，一般不得设置道路停车泊位；不具备停车条件的胡同，不得设置道路停车泊位。

对已有的道路停车泊位,应当根据区域停车设施控制目标、交通运行状况、泊位周转使用效率和周边停车设施的增设情况及时进行调整或者取消。

除前款和本条例第十八条规定的情形外,其他单位和个人不得占用、设置、撤除道路停车泊位或者据为专用。

违反第三款规定,由公安机关交通管理部门责令停止违法行为,恢复原状,擅自占用或者据为专用的,并处每个泊位五百元以上一千元以下罚款;擅自设置、撤除道路停车泊位的,并处每个泊位一千元以上两千元以下罚款;情节严重的,并处每个泊位五千元罚款。

第三十七条 道路停车收费纳入政府非税收入管理,实行收支两条线,收入全额上缴区级财政,并定期向社会公开。

第三十八条 区人民政府可以采取向社会购买服务的方式,委托专业化停车企业对道路停车进行管理。委托过程应当公开透明并签订书面协议,明确双方权利义务、不得转包、协议期限、终止协议的情形等内容。

市交通主管部门应当制定协议示范文本,并将不执行电子收费、议价等行为,纳入终止协议的情形。市交通主管部门、区人民政府应当监督协议执行情况。

第三十九条 本市道路停车实行电子收费。市交通主管部门和区停车管理部门应当明确推进电子收费工作时限。

新建、改建、扩建、大中修道路将要设置电子收费设施的,应当同步预留强弱电条件。

任何单位和个人不得擅自挪移、破坏或者拆除道路停车电子收费的设备设施。

违反第三款规定,擅自挪移、破坏或者拆除道路停车电子收费设备设施的,依法承担赔偿责任,并由公安机关依照《中华人民共和国治安管理处罚法》予以处理;构成犯罪的,依法追究刑事责任。

第四十条 停车人应当在停车泊位或者区域内按照规定的时段停放车辆,不得妨碍其他车辆、行人通行。违反规定的,由公安机关交通管理部门依照道路交通安全法律、法规进行处理。

机动车违法停放,驾驶人不在现场或者虽在现场但拒绝立即驶离,妨碍其他车辆、行人通行的,公安机关交通管理部门可以依法作出拖移决定。具体拖移行为可由公安机关交通管理部门或者其委托的相关拖车单位实施。

第四十一条 停车人应当按照收费标准,在驶离停车位之日起三十日内缴纳道路停车费用。未缴纳的,区停车管理部门应当通知其缴纳费用;三十日期满后,区停车管理部门应当进行催缴。停车人应当在补缴期限内及时补缴欠费。

违反前款规定,经两次催缴,停车人逾期未补缴欠费的,由区停车管理部门处一百元罚款;情节严重的,处三百元以上八百元以下罚款。

具体办法由市交通主管部门制定。

第四十二条 乡镇人民政府、街道办事处确定的停车监督、管理人员,以及受委托专业化停车企业人员应当协助公安机关交通管理部门维护道路停车秩序,劝阻、告知道路停车违法行为。

第五章 附 则

第四十三条 本条例自 2018 年 5 月 1 日起施行。

业主大会和业主委员会指导规则

（2009 年 12 月 1 日）

第一章　总　　则

第一条　为了规范业主大会和业主委员会的活动，维护业主的合法权益，根据《中华人民共和国物权法》、《物业管理条例》等法律法规的规定，制定本规则。

第二条　业主大会由物业管理区域内的全体业主组成，代表和维护物业管理区域内全体业主在物业管理活动中的合法权利，履行相应的义务。

第三条　业主委员会由业主大会依法选举产生，履行业主大会赋予的职责，执行业主大会决定的事项，接受业主的监督。

第四条　业主大会或者业主委员会的决定，对业主具有约束力。

业主大会和业主委员会应当依法履行职责，不得作出与物业管理无关的决定，不得从事与物业管理无关的活动。

第五条　业主大会和业主委员会，对业主损害他人合法权益和业主共同利益的行为，有权依照法律、法规以及管理规约，要求停止侵害、消除危险、排除妨害、赔偿损失。

第六条　物业所在地的区、县房地产行政主管部门和街道办事处、乡镇人民政府负责对设立业主大会和选举业主委员会给予指导和协助，负责对业主大会和业主委员会的日常活动进行指导和监督。

第二章　业 主 大 会

第七条　业主大会根据物业管理区域的划分成立，一个物业管理区域成立一个业主大会。

只有一个业主的，或者业主人数较少且经全体业主同意，不成立业主大会的，由业主共同履行业主大会、业主委员会职责。

第八条　物业管理区域内，已交付的专有部分面积超过建筑物总面积 50%时，建设单位应当按照物业所在地的区、县房地产行政主管部门或者街道办事处、乡镇人民政府的要求，及时报送下列筹备首次业主大会会议所需的文件资料：

（一）物业管理区域证明；

（二）房屋及建筑物面积清册；

（三）业主名册；

（四）建筑规划总平面图；

（五）交付使用共用设施设备的证明；

（六）物业服务用房配置证明；

（七）其他有关的文件资料。

第九条 符合成立业主大会条件的，区、县房地产行政主管部门或者街道办事处、乡镇人民政府应当在收到业主提出筹备业主大会书面申请后 60 日内，负责组织、指导成立首次业主大会会议筹备组。

第十条 首次业主大会会议筹备组由业主代表、建设单位代表、街道办事处、乡镇人民政府代表和居民委员会代表组成。筹备组成员人数应为单数，其中业主代表人数不低于筹备组总人数的一半，筹备组组长由街道办事处、乡镇人民政府代表担任。

第十一条 筹备组中业主代表的产生，由街道办事处、乡镇人民政府或者居民委员会组织业主推荐。

筹备组应当将成员名单以书面形式在物业管理区域内公告。业主对筹备组成员有异议的，由街道办事处、乡镇人民政府协调解决。

建设单位和物业服务企业应当配合协助筹备组开展工作。

第十二条 筹备组应当做好以下筹备工作：

（一）确认并公示业主身份、业主人数以及所拥有的专有部分面积；

（二）确定首次业主大会会议召开的时间、地点、形式和内容；

（三）草拟管理规约、业主大会议事规则；

（四）依法确定首次业主大会会议表决规则；

（五）制定业主委员会委员候选人产生办法，确定业主委员会委员候选人名单；

（六）制定业主委员会选举办法；

（七）完成召开首次业主大会会议的其他准备工作。

前款内容应当在首次业主大会会议召开 15 日前以书面形式在物业管理区域

内公告。业主对公告内容有异议的,筹备组应当记录并作出答复。

第十三条 依法登记取得或者根据物权法第二章第三节规定取得建筑物专有部分所有权的人,应当认定为业主。

基于房屋买卖等民事法律行为,已经合法占有建筑物专有部分,但尚未依法办理所有权登记的人,可以认定为业主。

业主的投票权数由专有部分面积和业主人数确定。

第十四条 业主委员会委员候选人由业主推荐或者自荐。筹备组应当核查参选人的资格,根据物业规模、物权份额、委员的代表性和广泛性等因素,确定业主委员会委员候选人名单。

第十五条 筹备组应当自组成之日起90日内完成筹备工作,组织召开首次业主大会会议。

业主大会自首次业主大会会议表决通过管理规约、业主大会议事规则,并选举产生业主委员会之日起成立。

第十六条 划分为一个物业管理区域的分期开发的建设项目,先期开发部分符合条件的,可以成立业主大会,选举产生业主委员会。首次业主大会会议应当根据分期开发的物业面积和进度等因素,在业主大会议事规则中明确增补业主委员会委员的办法。

第十七条 业主大会决定以下事项:

(一)制定和修改业主大会议事规则;

(二)制定和修改管理规约;

(三)选举业主委员会或者更换业主委员会委员;

(四)制定物业服务内容、标准以及物业服务收费方案;

(五)选聘和解聘物业服务企业;

(六)筹集和使用专项维修资金;

(七)改建、重建建筑物及其附属设施;

(八)改变共有部分的用途;

(九)利用共有部分进行经营以及所得收益的分配与使用;

(十)法律法规或者管理规约确定应由业主共同决定的事项。

第十八条 管理规约应当对下列主要事项作出规定:

(一)物业的使用、维护、管理;

（二）专项维修资金的筹集、管理和使用；

（三）物业共用部分的经营与收益分配；

（四）业主共同利益的维护；

（五）业主共同管理权的行使；

（六）业主应尽的义务；

（七）违反管理规约应当承担的责任。

第十九条 业主大会议事规则应当对下列主要事项作出规定：

（一）业主大会名称及相应的物业管理区域；

（二）业主委员会的职责；

（三）业主委员会议事规则；

（四）业主大会会议召开的形式、时间和议事方式；

（五）业主投票权数的确定方法；

（六）业主代表的产生方式；

（七）业主大会会议的表决程序；

（八）业主委员会委员的资格、人数和任期等；

（九）业主委员会换届程序、补选办法等；

（十）业主大会、业主委员会工作经费的筹集、使用和管理；

（十一）业主大会、业主委员会印章的使用和管理。

第二十条 业主拒付物业服务费，不缴存专项维修资金以及实施其他损害业主共同权益行为的，业主大会可以在管理规约和业主大会议事规则中对其共同管理权的行使予以限制。

第二十一条 业主大会会议分为定期会议和临时会议。

业主大会定期会议应当按照业主大会议事规则的规定由业主委员会组织召开。

有下列情况之一的，业主委员会应当及时组织召开业主大会临时会议：

（一）经专有部分占建筑物总面积20%以上且占总人数20%以上业主提议的；

（二）发生重大事故或者紧急事件需要及时处理的；

（三）业主大会议事规则或者管理规约规定的其他情况。

第二十二条 业主大会会议可以采用集体讨论的形式，也可以采用书面征求意见的形式；但应当有物业管理区域内专有部分占建筑物总面积过半数的业主且占总人数过半数的业主参加。

采用书面征求意见形式的,应当将征求意见书送交每一位业主;无法送达的,应当在物业管理区域内公告。凡需投票表决的,表决意见应由业主本人签名。

第二十三条 业主大会确定业主投票权数,可以按照下列方法认定专有部分面积和建筑物总面积:

(一)专有部分面积按照不动产登记簿记载的面积计算;尚未进行登记的,暂按测绘机构的实测面积计算;尚未进行实测的,暂按房屋买卖合同记载的面积计算;

(二)建筑物总面积,按照前项的统计总和计算。

第二十四条 业主大会确定业主投票权数,可以按照下列方法认定业主人数和总人数:

(一)业主人数,按照专有部分的数量计算,一个专有部分按一人计算。但建设单位尚未出售和虽已出售但尚未交付的部分,以及同一买受人拥有一个以上专有部分的,按一人计算;

(二)总人数,按照前项的统计总和计算。

第二十五条 业主大会应当在业主大会议事规则中约定车位、摊位等特定空间是否计入用于确定业主投票权数的专有部分面积。

一个专有部分有两个以上所有权人的,应当推选一人行使表决权,但共有人所代表的业主人数为一人。

业主为无民事行为能力人或者限制民事行为能力人的,由其法定监护人行使投票权。

第二十六条 业主因故不能参加业主大会会议的,可以书面委托代理人参加业主大会会议。

未参与表决的业主,其投票权数是否可以计入已表决的多数票,由管理规约或者业主大会议事规则规定。

第二十七条 物业管理区域内业主人数较多的,可以幢、单元、楼层为单位,推选一名业主代表参加业主大会会议,推选及表决办法应当在业主大会议事规则中规定。

第二十八条 业主可以书面委托的形式,约定由其推选的业主代表在一定期限内代其行使共同管理权,具体委托内容、期限、权限和程序由业主大会议事规则规定。

第二十九条 业主大会会议决定筹集和使用专项维修资金以及改造、重建建筑物及其附属设施的,应当经专有部分占建筑物总面积三分之二以上的业主且占总人数三分之二以上的业主同意;决定本规则第十七条规定的其他共有和共同管理权利事项的,应当经专有部分占建筑物总面积过半数且占总人数过半数的业主同意。

第三十条 业主大会会议应当由业主委员会作出书面记录并存档。

业主大会的决定应当以书面形式在物业管理区域内及时公告。

第三章 业主委员会

第三十一条 业主委员会由业主大会会议选举产生,由 5 至 11 人单数组成。业主委员会委员应当是物业管理区域内的业主,并符合下列条件:

(一)具有完全民事行为能力;

(二)遵守国家有关法律、法规;

(三)遵守业主大会议事规则、管理规约,模范履行业主义务;

(四)热心公益事业,责任心强,公正廉洁;

(五)具有一定的组织能力;

(六)具备必要的工作时间。

第三十二条 业主委员会委员实行任期制,每届任期不超过 5 年,可连选连任,业主委员会委员具有同等表决权。

业主委员会应当自选举之日起 7 日内召开首次会议,推选业主委员会主任和副主任。

第三十三条 业主委员会应当自选举产生之日起 30 日内,持下列文件向物业所在地的区、县房地产行政主管部门和街道办事处、乡镇人民政府办理备案手续:

(一)业主大会成立和业主委员会选举的情况;

(二)管理规约;

(三)业主大会议事规则;

(四)业主大会决定的其他重大事项。

第三十四条 业主委员会办理备案手续后,可持备案证明向公安机关申请刻制业主大会印章和业主委员会印章。

业主委员会任期内,备案内容发生变更的,业主委员会应当自变更之日起 30 日内将变更内容书面报告备案部门。

第三十五条 业主委员会履行以下职责:

(一)执行业主大会的决定和决议;

(二)召集业主大会会议,报告物业管理实施情况;

(三)与业主大会选聘的物业服务企业签订物业服务合同;

(四)及时了解业主、物业使用人的意见和建议,监督和协助物业服务企业履行物业服务合同;

(五)监督管理规约的实施;

(六)督促业主交纳物业服务费及其他相关费用;

(七)组织和监督专项维修资金的筹集和使用;

(八)调解业主之间因物业使用、维护和管理产生的纠纷;

(九)业主大会赋予的其他职责。

第三十六条 业主委员会应当向业主公布下列情况和资料:

(一)管理规约、业主大会议事规则;

(二)业主大会和业主委员会的决定;

(三)物业服务合同;

(四)专项维修资金的筹集、使用情况;

(五)物业共有部分的使用和收益情况;

(六)占用业主共有的道路或者其他场地用于停放汽车车位的处分情况;

(七)业主大会和业主委员会工作经费的收支情况;

(八)其他应当向业主公开的情况和资料。

第三十七条 业主委员会应当按照业主大会议事规则的规定及业主大会的决定召开会议。经三分之一以上业主委员会委员的提议,应当在 7 日内召开业主委员会会议。

第三十八条 业主委员会会议由主任召集和主持,主任因故不能履行职责,可以委托副主任召集。

业主委员会会议应有过半数的委员出席,作出的决定必须经全体委员半数以上同意。

业主委员会委员不能委托代理人参加会议。

第三十九条 业主委员会应当于会议召开7日前，在物业管理区域内公告业主委员会会议的内容和议程，听取业主的意见和建议。

业主委员会会议应当制作书面记录并存档，业主委员会会议作出的决定，应当有参会委员的签字确认，并自作出决定之日起3日内在物业管理区域内公告。

第四十条 业主委员会应当建立工作档案，工作档案包括以下主要内容：

(一)业主大会、业主委员会的会议记录；

(二)业主大会、业主委员会的决定；

(三)业主大会议事规则、管理规约和物业服务合同；

(四)业主委员会选举及备案资料；

(五)专项维修资金筹集及使用账目；

(六)业主及业主代表的名册；

(七)业主的意见和建议。

第四十一条 业主委员会应当建立印章管理规定，并指定专人保管印章。

使用业主大会印章，应当根据业主大会议事规则的规定或者业主大会会议的决定；使用业主委员会印章，应当根据业主委员会会议的决定。

第四十二条 业主大会、业主委员会工作经费由全体业主承担。工作经费可以由业主分摊，也可以从物业共有部分经营所得收益中列支。工作经费的收支情况，应当定期在物业管理区域内公告，接受业主监督。

工作经费筹集、管理和使用的具体办法由业主大会决定。

第四十三条 有下列情况之一的，业主委员会委员资格自行终止：

(一)因物业转让、灭失等原因不再是业主的；

(二)丧失民事行为能力的；

(三)依法被限制人身自由的；

(四)法律、法规以及管理规约规定的其他情形。

第四十四条 业主委员会委员有下列情况之一的，由业主委员会三分之一以上委员或者持有20%以上投票权数的业主提议，业主大会或者业主委员会根据业主大会的授权，可以决定是否终止其委员资格：

(一)以书面方式提出辞职请求的；

(二)不履行委员职责的；

(三)利用委员资格谋取私利的；

(四)拒不履行业主义务的;

(五)侵害他人合法权益的;

(六)因其他原因不宜担任业主委员会委员的。

第四十五条　业主委员会委员资格终止的,应当自终止之日起 3 日内将其保管的档案资料、印章及其他属于全体业主所有的财物移交业主委员会。

第四十六条　业主委员会任期内,委员出现空缺时,应当及时补足。业主委员会委员候补办法由业主大会决定或者在业主大会议事规则中规定。业主委员会委员人数不足总数的二分之一时,应当召开业主大会临时会议,重新选举业主委员会。

第四十七条　业主委员会任期届满前 3 个月,应当组织召开业主大会会议,进行换届选举,并报告物业所在地的区、县房地产行政主管部门和街道办事处、乡镇人民政府。

第四十八条　业主委员会应当自任期届满之日起 10 日内,将其保管的档案资料、印章及其他属于业主大会所有的财物移交新一届业主委员会。

第四章　指导和监督

第四十九条　物业所在地的区、县房地产行政主管部门和街道办事处、乡镇人民政府应当积极开展物业管理政策法规的宣传和教育活动,及时处理业主、业主委员会在物业管理活动中的投诉。

第五十条　已交付使用的专有部分面积超过建筑物总面积 50%,建设单位未按要求报送筹备首次业主大会会议相关文件资料的,物业所在地的区、县房地产行政主管部门或者街道办事处、乡镇人民政府有权责令建设单位限期改正。

第五十一条　业主委员会未按业主大会议事规则的规定组织召开业主大会定期会议,或者发生应当召开业主大会临时会议的情况,业主委员会不履行组织召开会议职责的,物业所在地的区、县房地产行政主管部门或者街道办事处、乡镇人民政府可以责令业主委员会限期召开;逾期仍不召开的,可以由物业所在地的居民委员会在街道办事处、乡镇人民政府的指导和监督下组织召开。

第五十二条　按照业主大会议事规则的规定或者三分之一以上委员提议,应当召开业主委员会会议的,业主委员会主任、副主任无正当理由不召集业主委员会会议的,物业所在地的区、县房地产行政主管部门或者街道办事处、乡镇人民政府可以指定业主委员会其他委员召集业主委员会会议。

第五十三条 召开业主大会会议,物业所在地的区、县房地产行政主管部门和街道办事处、乡镇人民政府应当给予指导和协助。

第五十四条 召开业主委员会会议,应当告知相关的居民委员会,并听取居民委员会的建议。

在物业管理区域内,业主大会、业主委员会应当积极配合相关居民委员会依法履行自治管理职责,支持居民委员会开展工作,并接受其指导和监督。

第五十五条 违反业主大会议事规则或者未经业主大会会议和业主委员会会议的决定,擅自使用业主大会印章、业主委员会印章的,物业所在地的街道办事处、乡镇人民政府应当责令限期改正,并通告全体业主;造成经济损失或者不良影响的,应当依法追究责任人的法律责任。

第五十六条 业主委员会委员资格终止,拒不移交所保管的档案资料、印章及其他属于全体业主所有的财物的,其他业主委员会委员可以请求物业所在地的公安机关协助移交。

业主委员会任期届满后,拒不移交所保管的档案资料、印章及其他属于全体业主所有的财物的,新一届业主委员会可以请求物业所在地的公安机关协助移交。

第五十七条 业主委员会在规定时间内不组织换届选举的,物业所在地的区、县房地产行政主管部门或者街道办事处、乡镇人民政府应当责令其限期组织换届选举;逾期仍不组织的,可以由物业所在地的居民委员会在街道办事处、乡镇人民政府的指导和监督下,组织换届选举工作。

第五十八条 因客观原因未能选举产生业主委员会或者业主委员会委员人数不足总数的二分之一的,新一届业主委员会产生之前,可以由物业所在地的居民委员会在街道办事处、乡镇人民政府的指导和监督下,代行业主委员会的职责。

第五十九条 业主大会、业主委员会作出的决定违反法律法规的,物业所在地的区、县房地产行政主管部门和街道办事处、乡镇人民政府应当责令限期改正或者撤销其决定,并通告全体业主。

第六十条 业主不得擅自以业主大会或者业主委员会的名义从事活动。业主以业主大会或者业主委员会的名义,从事违反法律、法规的活动,构成犯罪的,依法追究刑事责任;尚不构成犯罪的,依法给予治安管理处罚。

第六十一条 物业管理区域内,可以召开物业管理联席会议。物业管理联席会议由街道办事处、乡镇人民政府负责召集，由区、县房地产行政主管部门、公安派出所、居民委员会、业主委员会和物业服务企业等方面的代表参加，共同协调解决物业管理中遇到的问题。

第五章　附　　则

第六十二条　业主自行管理或者委托其他管理人管理物业，成立业主大会，选举业主委员会的，可参照执行本规则。

第六十三条　物业所在地的区、县房地产行政主管部门与街道办事处、乡镇人民政府在指导、监督业主大会和业主委员会工作中的具体职责分工，按各省、自治区、直辖市人民政府有关规定执行。

第六十四条　本规则自 2010 年 1 月 1 日起施行。《业主大会规程》（建住房〔2003〕131 号）同时废止。

北京市住宅区业主大会和业主委员会指导规则

（2011 年 4 月 11 日）

第一章　总　　则

第一条　为了规范业主大会、业主委员会的成立及活动，保护业主、业主大会和业主委员会的合法权益，协助、指导全体业主正确行使共同管理权利，进一步建立和完善权责一致、依法有序的住宅区业主自我治理机制，根据《中华人民共和国物权法》、《物业管理条例》、《北京市物业管理办法》（北京市人民政府令第 219 号）及有关规定，制定本规则。

第二条　本市行政区域内住宅区业主大会、业主委员会的成立、选举和活动，适用本规则。

第三条　业主大会由物业管理区域内的全体业主组成，在物业管理活动中，业主基于建筑物区分所有权，依据法律、法规和规章以及管理规约和业主大会议事规则行使共同管理权利、承担共同管理责任。

第四条　业主大会、业主委员会应当依据法律、法规、规章的规定和管理规约、业主大会议事规则的约定行使共同管理权、履行职责。业主大会、业主委员会依法行使共同管理权不受任何组织和个人的非法干涉。

业主大会、业主委员会不得作出与物业管理无关的决定，不得从事与物业管理无关的活动。

本市建立业主决定共同事项公共决策平台，法律、法规、规章规定需要业主共同决定的事项，提倡业主通过公共决策平台进行决策。

第五条　街道办事处、乡镇人民政府应当依据法律、法规、规章和本规则，本着依法行政、合理行政、程序正当、高效便民、权责统一、政务公开的原则对业主大会、业主委员会的成立及活动提供协助、指导和监督。

街道办事处、乡镇人民政府对业主大会、业主委员会作出的违反法律、法规和规章的决定，应当及时责令限期改正或者撤销其决定，并通告全体业主。

第六条 业主大会、业主委员会的成立及活动的法律服务工作和物业管理纠纷人民调解工作应当接受司法行政主管部门的指导和监督。

第二章 业主大会成立

第七条 本规则所称业主,包括:

(一)依法登记取得房屋所有权的人;

(二)因人民法院、仲裁委员会的生效法律文书取得房屋所有权的人;

(三)因继承或者受遗赠取得房屋所有权的人;

(四)因合法建造等事实行为取得房屋所有权的人。

基于与建设单位之间的商品房买卖民事法律行为,已经合法占有建筑物专有部分,但尚未依法办理所有权登记的人,在物业管理活动中享有业主权利、承担业主义务。

第八条 业主在物业管理活动中享有下列权利:

(一)对物业管理区域内共用部分实施共同管理;

(二)对共同管理的有关事项提出建议;

(三)对需要业主共同决定的事项,行使表决权;

(四)在物业管理活动中,享有选举权和被选举权;

(五)对物业管理活动享有知情权、监督权;

(六)监督业主大会和业主委员会的工作;

(七)监督物业服务合同的履行;

(八)监督专项维修资金的管理和使用;

(九)对物业共用部位、共用设施设备和相关场地使用情况具有知情权和监督权;

(十)法律、法规、规章以及管理规约、业主大会议事规则规定或者约定的其他权利。

第九条 业主在物业管理活动中履行下列义务:

(一)遵守法律、法规、规章及相关规定;

(二)遵守管理规约、业主大会议事规则;

(三)执行业主共同决定和业主大会授权业主委员会作出的决定,并承担相应的责任;

(四)履行物业服务合同约定的义务;

(五)按照规定和约定交纳专项维修资金、物业服务费用和其他应当由业主共同分摊的费用。

第十条 物业管理区域内,已交付业主的专有部分面积达到建筑物总面积50%以上的,建设单位应当向物业所在地的街道办事处、乡镇人民政府报送筹备首次业主大会会议所需的业主名册、业主专有部分面积、建筑物总面积等资料,并同时推荐业主代表作为临时召集人,召集占总人数5%以上或者专有部分面积占建筑物总面积5%以上的业主,向物业所在地的街道办事处、乡镇人民政府书面申请成立业主大会。

占总人数5%以上或者专有部分面积占建筑物总面积5%以上的业主也可以自行向物业所在地街道办事处、乡镇人民政府提出成立业主大会的书面申请。

第十一条 街道办事处、乡镇人民政府应当自接到成立业主大会申请之日起60日内,指定首次业主大会会议筹备组组长,组织建设单位、业主代表成立首次业主大会会议筹备组。

筹备组组长在筹备组中没有表决权。街道办事处、乡镇人民政府指定业主担任筹备组组长的,该业主不得参选业主委员会委员。

本市鼓励和支持公益律师为业主大会的成立和活动提供法律服务。提倡街道办事处、乡镇人民政府指定具有专业知识和服务能力的律师或者其他人员担任筹备组组长。

第十二条 筹备组组长应当履行以下职责:

(一)召集和主持筹备组会议;

(二)对筹备组会议的会议记录予以签字确认;

(三)签发筹备组公告;

(四)在筹备组出具的业主大会成立和业主委员会选举情况的报告上签字;

(五)筹备组自动解散的,由筹备组组长将建设单位提供的相关资料退回建设单位或者移交给街道办事处、乡镇人民政府临时保管;

(六)筹备组赋予筹备组组长的其他职责。

筹备组组长不履行或者不适当履行前款规定职责的,经筹备组中具有表决权的三分之二以上成员签字确认,可以向街道办事处、乡镇人民政府书面申请另行指定组长,街道办事处、乡镇人民政府应当及时指定。

第十三条 筹备组中的业主代表，可以由业主自荐或者联名推荐产生。业主自荐或者联名推荐人数不足的，由街道办事处、乡镇人民政府组织业主推荐。业主自荐或者被推荐人数较多的，由街道办事处、乡镇人民政府组织自荐或者被推荐的业主互相推荐产生，业主代表最终名单按照推荐票数顺序确定。

业主代表应当具有业主身份、具有完全民事行为能力、责任心强、具备必要的工作时间。

筹备组中有表决权的成员人数应当为单数，每人享有一票表决权，其中非建设单位的业主代表人数不得低于筹备组中具有表决权成员人数的三分之二。

第十四条 街道办事处、乡镇人民政府应当将最终确定的筹备组成员名单、分工、联系方式等在物业管理区域内显著位置公告，筹备组自公告之日起成立。

第十五条 建设单位在筹备活动中应当履行以下义务：

（一）自筹备组成立之日起 7 日内向筹备组提供业主名册、业主专有部分面积、建筑物总面积等资料，资料的相关数据信息应更新至筹备组成立之日。筹备组应当对业主资料保密，不得将本项相关资料用于与筹备无关的活动。

（二）根据本市有关规定已将相关信息录入公共决策平台。

（三）承担筹备及召开首次业主大会会议所需费用。

建设单位拒不履行承担筹备及召开首次业主大会会议所需费用义务的，筹备组可向街道办事处、乡镇人民政府说明情况，不影响筹备及召开首次业主大会会议的活动。相关费用可先由业主垫付。

第十六条 筹备组负责首次业主大会会议筹备工作，并在成立之日起 60 日内，完成下列事项并以书面形式在物业管理区域内显著位置公示：

（一）制订首次业主大会会议召开方案，确定首次业主大会会议召开及表决方式、召开时间、召开地点、决议事项、表决规则、业主委员会委员候选人产生办法、业主委员会委员及候补委员产生办法、筹备及召开首次业主大会会议费用预算明细及费用结算方案和筹备组的解散等；

（二）拟订管理规约草案、业主大会议事规则草案；

（三）确认业主身份，确定业主在首次业主大会会议上的表决权数；

（四）首次业主大会会议的其他筹备工作。

上述事项公示时间为 7 日，在公示期间，业主可以对以上事项向筹备组提出建议和意见，筹备组应当予以记录。

公示期满后 7 日内,筹备组应当参考业主的建议和意见对各事项进行修改,确定拟提交表决的内容。

首次业主大会会议召开前,筹备组应当将首次业主大会会议议题和需要业主表决的内容以书面形式在物业管理区域内显著位置公告并告知相关的社区居民委员会,公告期不少于 15 日。

第十七条 首次业主大会会议应当对以下事项进行表决,并应当全部经专有部分面积占建筑物总面积过半数的业主且占总人数过半数的业主同意:

(一)管理规约(草案);

(二)业主大会议事规则(草案);

(三)选举业主委员会委员。

《北京市物业管理办法》实施后申请办理商品房预售许可或者现房销售的住宅物业项目,首次业主大会会议除完成前款事项表决外,还应当就解除前期物业服务合同并确定物业管理方式进行表决。但是未表决该事项的,不影响业主大会的成立和备案。

第十八条 管理规约应当对下列主要事项依法作出约定:

(一)物业的基本情况;

(二)物业管理方式;

(三)业主共同管理的权利和责任;

(四)物业共用部分的经营和收益分配;

(五)物业的使用、维护和管理;

(六)物业管理区域内的应急预案;

(七)违约责任;

(八)争议解决方式;

(九)其他应当依法约定的事项。

管理规约应当尊重社会公德,不得违反法律、法规、规章或者损害社会公共利益。

管理规约对业主及物业使用人具有约束力。业主或者物业使用人违反管理规约,损害其他业主和物业使用人合法权益的,受损害人可以提起诉讼。

第十九条 业主大会议事规则应当规定以下事项:

(一)业主大会会议种类;

（二）业主大会会议召开的形式、程序；

（三）业主大会议事和表决方式；

（四）关于业主小组、业主代表、业主的代理及业主大会解散的规定；

（五）业主委员会委员资格、人数、任期、更换、候补及补充办法；

（六）业主委员会议事规则；

（七）业主大会和业主委员会等执行机构经费的筹集、使用和管理制度；

（八）业主大会、业主委员会设置的财务、秘书等专职人员的聘任程序以及职责；

（九）业主大会、业主委员会印章、档案等管理制度等。

第二十条　业主有损害业主共同权益行为的，包括不交存专项维修资金、拒付或者不按时交纳物业服务费用和其他应当分摊的费用等，业主大会可以在管理规约和业主大会议事规则中对其被选举权、表决权的行使予以限制，限制时限由业主大会在管理规约和业主大会议事规则中约定，业主大会备案或者变更备案事项时应当向街道办事处、乡镇人民政府予以说明。

管理规约和业主大会议事规则对业主权利的限制不免除其应当承担的义务。

第二十一条　业主的表决权按照面积和人数计算。

业主的面积表决权数按照下列方法认定：

（一）专有部分面积，按照不动产登记簿记载的面积计算；尚未进行不动产登记的，暂按测绘机构的实测面积计算；尚未进行实测的，暂按房屋买卖合同记载的面积计算；

（二）建筑物总面积，按照前项的统计总和计算。

业主的人数表决权数按照下列方法认定：

（一）业主人数，按照专有部分的数量计算，一个专有部分按一人计算。但建设单位尚未出售和虽已出售但尚未交付的部分，以及同一买受人拥有一个以上专有部分的，按一人计算；

（二）总人数，按照前项的统计总和计算。

按照规划建设的已经办理了不动产登记的车库、车位，按照不动产登记簿记载的面积计算；尚未进行不动产登记但是具有销售（预售）许可证的车库、车位，按测绘机构的实测面积计算；尚未进行实测的，暂按买卖合同记载的面积计算。按照规划建设的人防工程面积不计算投票权。

第二十二条 筹备组应当遵守以下工作原则：

(一)筹备组组长召集和主持筹备组会议。

(二)筹备组作出决定应当经筹备组中具有表决权的过半数成员同意；成员进行表决时应当在决议上签字，注明同意、反对或者弃权。持保留意见的成员不签字的，不影响决议的效力。

(三)筹备组应当对会议进行书面记录，筹备组组长应当对会议记录签字确认。

(四)筹备组成员不能委托代理人参加会议，但成员是法人或者其他组织的除外。

(五)筹备组应当自成立之日起3个月内完成筹备工作，组织召开首次业主大会会议。

(六)业主大会成立后，筹备组应当将相关资料移交给业主委员会。

因筹备组成员辞职或者因其他原因造成筹备组不能履行职责的或者逾期未完成筹备工作的，筹备组应当在在物业管理区域内显著位置公告并说明理由，筹备组自公告之日起自动解散，符合第十条规定的，业主可以重新申请成立业主大会。

第二十三条 筹备组应当自首次业主大会会议作出决定之日起3日内，将表决结果在物业管理区域内显著位置公告，公告时间不少于7日。

第二十四条 管理规约、业主大会议事规则和业主委员会委员选举事项全部通过的，业主委员会自首次业主大会决议作出之日起30日内，持以下材料向物业所在地街道办事处、乡镇人民政府备案：

(一)筹备组出具的由组长签字的业主大会成立和业主委员会选举情况的报告；

(二)业主大会决议；

(三)管理规约、业主大会议事规则；

(四)业主委员会委员名单。

材料齐全的，街道办事处、乡镇人民政府应当当场予以备案，出具书面备案证明，并在备案后7日内将备案材料抄送区县房屋行政主管部门，将有关情况书面通报物业所在地公安派出所、社区居民委员会。

第二十五条 业主委员会凭街道办事处、乡镇人民政府出具的备案证明，向区、县公安分局申请刻制业主委员会印章。

第二十六条 本市试行业主大会登记制度。业主大会成立并完成业主委员会备案的，经专有部分面积占建筑物总面积过半数的业主且占总人数过半数的业主同意，可以到市房屋行政主管部门办理业主大会登记。业主委员会凭业主大会登记证明，向区、县公安分局申请刻制业主大会印章。

第三章　业主大会活动

第二十七条　业主大会是物业管理权利和管理责任主体，履行以下职责：

（一）制定、修改管理规约、业主大会议事规则；

（二）选举或者更换业主委员会委员；

（三）确定或者变更物业管理方式、服务事项、服务标准和收费方案；

（四）选聘、解聘物业服务企业或者不再接受物业服务企业事实服务；

（五）筹集、管理和使用专项维修资金；

（六）决定物业共用部分的经营方式，管理、使用物业共用部分经营收益；

（七）申请改建、重建建筑物及附属设施；

（八）申请分立或者合并物业管理区域；

（九）改变或者撤销本物业管理区域内部分业主、业主委员会作出的与业主大会决定相抵触的决议；

（十）督促业主依据法律法规规章和管理规约安全使用房屋；组织对房屋建筑的日常检查活动；配合相关行政主管部门对房屋建筑安全的检查工作；负责治理房屋建筑安全问题；

（十一）对业主违反法律法规规章和管理规约、业主大会议事规则的行为，可以向人民法院提起诉讼；

（十二）决定物业管理区域内的其他重大物业管理事项。

决定第（五）项事项，应当经专项维修资金列支范围内专有部分占建筑物总面积三分之二以上的业主且占总人数三分之二以上的业主同意；决定第（七）项事项，应当经专有部分占建筑物总面积三分之二以上的业主且占总人数三分之二以上的业主同意；决定第（八）项事项，应当经原物业管理区域内以及拟调整后物业管理区域内的专有部分占建筑物总面积三分之二以上的业主且占总人数三分之二以上的业主同意。

决定其他事项，应当经专有部分占建筑物总面积过半数的业主且占总人数过半数的业主同意；法律、法规和规章另有规定的，从其规定。

第二十八条 业主大会会议可以采取集体讨论或者书面征求意见形式召开。

业主大会表决时，提倡通过北京市业主决定共同事项公共决策平台进行。

第二十九条 业主人数较多，业主可以幢、单元、楼层等为单位共同推选业主代表参加业主大会会议，具体办法应当在业主大会议事规则中明确规定。

推选业主代表参加业主大会会议的，业主代表应当于参加会议前 3 日，就业主大会会议表决的事项书面征求其所代表业主们的意见，业主代表不能代替业主本人作出决定。表决书应当经业主本人签字后，由业主代表送达业主大会会议投票表决。

第三十条 业主大会会议提议事项应当符合本规则第二十七条的规定和业主大会议事规则。

业主委员会应当自提议确定之日起，将业主大会拟表决事项在物业管理区域内显著位置公告并告知相关的社区居民委员会，公告期不少于 15 日。

公告期内，业主可以对拟表决事项提出建议和意见，业主委员会应当予以参考，可以对拟表决事项的具体内容进行修改，并接受业主质询。拟表决事项经修改后应重新公告，公告期不少于 15 日。

公告期满后，业主委员会应当确定拟表决事项，可以启动公共决策平台进行决策。

第三十一条 业主大会会议投票期限由首次业主大会会议筹备组或者业主委员会根据具体情况决定。因故无法按期完成会议投票的，筹备组或者业主委员会应当按照首次业主大会会议召开方案或者业主大会议事规则的约定，在物业管理区域内公告相关情况及延长期限，但延长期限最长不得超过 15 日。

第三十二条 业主可以幢、单元、楼层为单位，共同决定本单位范围内的物业管理事务，但不得违反法律、法规、规章及管理规约，不得与业主大会的决定相抵触。事项范围、议事方式、程序应当在管理规约和业主大会议事规则中约定。

第三十三条 业主大会定期会议由业主委员会根据业主大会议事规则组织召开，每年至少召开一次。业主大会定期会议召开前，业主委员会应当向业主公告以下内容：

（一）上一年度物业管理情况报告；

（二）上一年度业主委员会工作情况报告；

（三）上一年度业主大会收支情况报告；

（四）物业管理的其他有关事项。

业主大会定期会议应当讨论并决议以下内容：

（一）审查业主委员会和物业服务企业或者其他管理人的年度工作计划；

（二）选举需要补选或者定期改选的业主委员会委员；

（三）决议下一年度物业管理有关事项；

（四）决议下一年度业主大会收支预算；

（五）决议物业管理其他的有关事项。

第三十四条　发生下列情形之一的，业主委员会应当自业主提议和情形发生之日起45日内组织召开业主大会临时会议：

（一）专有部分占建筑物总面积20%以上的业主或者占总人数20%以上的业主向业主委员会提议召开业主大会临时会议的；

（二）出现管理规约中约定的需要召开业主大会临时会议的其他情形。

第三十五条　业主委员会对提议业主人数有异议的，应当自收到业主提议之日起30日内自行核查或者向街道办事处、乡镇人民政府申请启动公共决策平台进行核查，并作出是否召集业主大会临时会议的书面决定，在物业管理区域内显著位置公告。

业主对业主委员会自行核查的结果有异议的，业主可以于自行核查结果公示后3日内向街道办事处、乡镇人民政府申请启动公共决策平台进行核查，并将核查结果在物业管理区域内显著位置公告。

第三十六条　业主委员会未按时作出决定或者业主委员会决定不召开临时会议，但经公共决策平台核查后业主提议符合第三十四条规定的情形的，业主大会设立监事会的，应当由监事会根据管理规约、业主大会议事规则予以监督；业主委员会不接受业主大会监事会监督，或者未设立监事会但相关业主提出申请的，物业所在地的街道办事处、乡镇人民政府应当于10日内责令其限期履行职责；业主委员会逾期仍不履行的，街道办事处、乡镇人民政府应当协助业主组织召开业主大会临时会议并对相关事项进行表决。

第三十七条　业主大会可以决定由业主自行管理物业共用部分。业主在决定自行管理之前，应当对拟定的详细的自行管理方案以及应急保障措施进行表决，并告知物业所在地的街道办事处、乡镇人民政府。

第三十八条　物业服务合同期限届满前，业主大会应当就是否变更物业管理方式、服务内容,是否更换物业服务企业等事项召开业主大会会议进行表决。

决定续聘原物业服务企业的,应当与原物业服务企业协商签订物业服务合同;决定解聘的,应当履行必要的通知义务,合同未约定通知期限的,应当于合同期限届满3个月前告知原物业服务企业并在物业管理区域内公告。

物业服务合同届满,物业服务企业决定不再续签物业服务合同并按照《北京市物业管理办法》第二十五条第二款的规定履行了告知义务的,业主委员会应当及时组织召开业主大会会议,决定物业管理方式、服务事项和服务标准等。

第三十九条 业主大会设立业主委员会,可以设立监事会,可以聘用财务人员和秘书等工作人员。相关工作经费具体筹集和使用办法由业主大会决定。

业主大会设立监事会、聘用财务人员和秘书的,应当在业主大会议事规则中约定。

业主委员会委员、监事会监事应当由业主大会选举产生;财务人员和秘书的聘用方式应当由业主大会议事规则约定。

第四章 业主委员会

第四十条 业主大会选举产生业主委员会。业主委员会一般由5人以上单数组成,具体数额、选举结果的确认应当在业主大会议事规则中明确约定。

业主委员会委员每次选举产生后3日内应当组织召开业主委员会会议,推选主任委员、副主任委员等。

主任委员、副主任委员应当由业主委员会委员推选,不经业主委员会委员推选不得连任,具体产生办法可以通过业主大会议事规则约定。

第四十一条 业主委员会委员由物业管理区域内的业主担任,并应当符合下列条件:

(一)具有完全民事行为能力;

(二)遵守管理规约、业主大会议事规则;

(三)未被业主大会依约限制被选举权;

(四)热心公益事业,责任心强,公正廉洁;

(五)具有一定组织能力;

(六)具备必要的工作时间;

(七)管理规约、业主大会议事规则规定的其他条件。

除上述条件外，主任委员还应当符合以下条件：

（一）具有丰富的工作经验和良好的群众基础；

（二）熟悉物业管理相关法律、法规、规章和政策。

业主是法人或者其他组织的，可以授权自然人参加业主委员会委员的选举。一个物业管理区域内，一名自然人只能代表一个法人或者其他组织。

第四十二条　业主委员会执行业主大会的决定，接受业主的监督，依法履行下列职责：

（一）召集业主大会定期会议和临时会议；

（二）定期向业主大会报告物业管理情况；

（三）代表全体业主与业主大会选聘的物业服务企业签订物业服务合同；

（四）及时了解业主、物业使用人的意见和建议，监督物业服务；

（五）组织和监督专项维修资金的筹集、使用；

（六）监督物业共用部分的经营及经营收益的管理和使用；

（七）督促业主按照约定交纳专项维修资金、物业服务费和其他应当由业主共同分摊的费用；

（八）建立并妥善保管工作档案，为业主提供查阅、抄录和复制档案资料的便利；

（九）调解业主之间因物业使用、维护和管理产生的纠纷；

（十）对违反国家和本市相关规定以及管理规约、业主大会议事规则的行为，可以要求行为人停止侵害、排除妨碍、消除危险、返还财产；

（十一）配合社区相关组织做好本物业管理区域内的社区建设工作；

（十二）业主大会赋予的其他职责，但《北京市物业管理办法》第十一条规定由业主共同决定的事项不得授权业主委员会直接行使。

第四十三条　业主委员会会议应当按照业主大会议事规则约定的业主委员会议事规则召开。会议由主任委员召集和主持；主任委员不能履行职责或者不履行职责的，由副主任委员召集和主持；副主任委员不能履行职责或者不履行职责的，由半数以上委员共同推举一名委员召集和主持。业主委员会会议不得以书面形式召开。

业主委员会会议应当有过半数委员出席，每名委员拥有一票表决权，委员不能委托代理人参加会议。业主委员会作出决定必须经全体委员过半数同意并书面签字确认，自作出决定之日起 3 日内在物业管理区域内显著位置公告，公告时间不少于 7 日。业主委员会作出的决定自公告之日起对业主具有约束力。

业主委员会召开会议时，业主大会设立监事会的，监事会监事应当列席会议，并可以同时邀请物业所在地街道办事处、乡镇人民政府的代表或者相关的社区居民委员会参加。涉及重要事项的，业主委员会召开会议前应当先行召开业主意见征求会，公开听取业主的意见，并可以邀请业主代表旁听业主委员会会议。重要事项的范围由业主大会议事规则约定。

业主委员会会议应当制作书面记录，由参会委员签字后存档。

第四十四条 业主委员会应当建立工作档案，并指定专人保管，主要包括以下材料：

（一）业主大会、业主委员会会议记录；

（二）业主大会、业主委员会的决议和决定；

（三）管理规约、业主大会议事规则、物业服务合同、专项服务合同等；

（四）业主委员会委员选举及备案材料；

（五）专项维修资金账目和物业共用部分经营收益账目；

（六）业主的意见和建议；

（七）业主委员会印章使用记录和工作档案查阅记录；

（八）业主委员会工作中产生的其他书面材料和音像资料等。

管理规约、业主大会议事规则、业主委员会委员等事项内容发生变更时，业主委员会应当自变更之日起 30 日内到原备案机关办理变更备案。

业主可以对以上工作档案进行查询、抄录和复制，但涉及业主个人隐私的，应当征得相关业主本人同意。

第四十五条 业主委员会委员实行任期制，委员每届任期不得超过六年，连选可以连任。业主委员会每两年定期改选部分委员，在召开第一次全体委员会议时，应当按照委员在业主大会选举中得票的多少，将全部委员尽量平均分为三组：得票较少的一组委员应当在第 2 年任满后的业主大会定期会议上改选，得票居中的一组委员应当在第 4 年任满后的业主大会定期会议上改选，得票较多的一组委员应当在第 6 年任满后的业主大会定期会议上改选。

第四十六条 业主委员会委员有下列情形之一的，其委员资格自动终止，并由业主委员会在物业管理区域内显著位置予以公告：

（一）任职期限届满的；

（二）不再具备业主身份的；

（三）限制民事行为能力或者无民事行为能力的；

（四）被依法追究刑事责任，无法履行委员职责的；

（五）以书面形式向业主大会或者业主委员会提出辞职的；

（六）业主大会议事规则规定的其他情形。

第四十七条　《北京市物业管理办法》规定的业主共有的相关财物及本规则第四十四条规定的材料属于业主共有，任何组织或者个人不得侵占。

业主委员会委员资格终止的，应当自终止之日起3日内将所保管的档案资料、印章及其他应当移交的财物，移交给业主委员会；拒不移交印章、相关财物和档案资料的，街道办事处、乡镇人民政府10日内应当责令移交，物业所在地公安机关应当予以协助。

第四十八条　业主委员会委员任期内，委员出现空缺时，应当按照业主大会议事规则约定的候补制度自动递补并办理变更备案，递补的委员任期为缺额委员余下的任期。

候补委员递补后人数仍不足的，业主委员会应当及时组织召开业主大会会议补选业主委员会委员。

第五章　指导监督

第四十九条　建设单位拒不履行协助筹备成立业主大会相关义务的，街道办事处、乡镇人民政府应当责令限期改正；违反法律、法规、规章的，可以依法处罚，并将处理、处罚结果抄送区县房屋行政主管部门。

第五十条　业主委员会不履行职责，业主大会设立监事会的，应当由监事会根据管理规约、业主大会议事规则予以监督；业主委员会不接受业主大会监事会监督，或者未设立监事会但经相关业主提出申请的，物业所在地街道办事处、乡镇人民政府应当于10日内责令其限期履行职责；业主委员会逾期仍不履行的，街道办事处、乡镇人民政府应当协助业主组织召开业主大会会议，共同决定有关事项。

第五十一条　业主委员会委员空缺达半数以上的，业主委员会应当及时组织召开业主大会会议决定增补委员，在委员增补之前，不得以业主委员会的名义从事组织召开业主大会会议决定增补委员以外的活动。

业主委员会委员集体提出辞职的，应当向业主大会报告工作、说明辞职理由，并将其保管的档案资料、印章及其他财物账目交由监事会指定的人员保管；未设立监事会的，交由业主大会秘书或者其他档案保管人员保管，并以书面形式告知物业所在地的街道办事处、乡镇人民政府。业主大会设立监事会的，监事会应当及时组织召开业主大会会议，选举产生新的业主委员会；未设立监事会或者监事会不履行职责的，街道办事处、乡镇人民政府应当及时协助业主组织召开业主大会会议，选举产生新的业主委员会。

业主委员会不移交其保管的档案资料、印章及其他财务账目的，街道办事处、乡镇人民政府 10 日内应当责令移交，物业所在地公安机关应当予以协助。

新的业主委员会产生后，档案保管人员应当将档案资料、印章及其他财物账目等转交给业主委员会。

业主委员会委员离任时，全体业主可以在管理规约和业主大会议事规则中约定是否对离任委员进行财务审计。

第五十二条 业主委员会委员和业主大会其他工作人员应当忠于职守，依法履行职责。业主委员会委员和业主大会其他工作人员违反管理规约、业主大会议事规则的，其委员资格和工作人员资格是否终止，由业主大会共同决定。

业主大会或者业主委员会作出的决定侵害业主合法权益的，受侵害的业主可以请求人民法院予以撤销。

第五十三条 物业管理区域内，业主大会、业主委员会应当积极配合相关的社区居民委员会依法履行自治管理职责，支持社区居民委员会开展工作，共同做好物业管理区域内社区建设等相关工作。社区居民委员会应当协助街道办事处、乡镇人民政府指导、监督社区内的业主委员会开展工作，维护居民的合法权益。

物业管理区域内召开业主大会、业主委员会会议，应当告知相关的社区居民委员会，并听取其意见。

第五十四条 街道办事处、乡镇人民政府可以组织召开物业管理联席会议。由区县房屋行政主管部门、司法行政主管部门、公安派出所、社区居民委员会、业主委员会和物业服务企业等各方代表参加，共同协商解决物业管理活动中遇到的问题。

第五十五条 对街道办事处、乡镇人民政府作出的撤销业主大会、业主委员会违反法律、法规和规章的决定有异议的，业主大会、业主委员会可以依据《行政复议法》提出行政复议申请,或者依据《行政诉讼法》提起行政诉讼。

第六章　附　　则

第五十六条　物业管理区域内业主人数较少且经全体业主一致同意,决定不成立业主大会的,由全体业主行使共同管理的权利。

第五十七条　《北京市物业管理办法》实施前已经办理商品房预售许可或者现房销售住宅物业项目,建设单位应当向首次业主大会会议筹备组提供业主清册以及业主变动信息,并根据有关规定将相关信息录入公共决策平台;建设单位注销的,前期物业服务企业应当履行以上义务。

第五十八条　非住宅区业主大会和业主委员会的成立和活动,参照本规则。

第五十九条　本规则自 2011 年 1 月 1 日起实施。

住宅专项维修资金管理办法

（2007 年 12 月 4 日）

第一章　总　　则

第一条　为了加强对住宅专项维修资金的管理，保障住宅共用部位、共用设施设备的维修和正常使用，维护住宅专项维修资金所有者的合法权益，根据《物权法》、《物业管理条例》等法律、行政法规，制定本办法。

第二条　商品住宅、售后公有住房住宅专项维修资金的交存、使用、管理和监督，适用本办法。

本办法所称住宅专项维修资金，是指专项用于住宅共用部位、共用设施设备保修期满后的维修和更新、改造的资金。

第三条　本办法所称住宅共用部位，是指根据法律、法规和房屋买卖合同，由单幢住宅内业主或者单幢住宅内业主及与之结构相连的非住宅业主共有的部位，一般包括：住宅的基础、承重墙体、柱、梁、楼板、屋顶以及户外的墙面、门厅、楼梯间、走廊通道等。

本办法所称共用设施设备，是指根据法律、法规和房屋买卖合同，由住宅业主或者住宅业主及有关非住宅业主共有的附属设施设备，一般包括电梯、天线、照明、消防设施、绿地、道路、路灯、沟渠、池、井、非经营性车场车库、公益性文体设施和共用设施设备使用的房屋等。

第四条　住宅专项维修资金管理实行专户存储、专款专用、所有权人决策、政府监督的原则。

第五条　国务院建设主管部门会同国务院财政部门负责全国住宅专项维修资金的指导和监督工作。

县级以上地方人民政府建设（房地产）主管部门会同同级财政部门负责本行政区域内住宅专项维修资金的指导和监督工作。

第二章　交　　存

第六条　下列物业的业主应当按照本办法的规定交存住宅专项维修资金：

（一）住宅，但一个业主所有且与其他物业不具有共用部位、共用设施设备的除外；

（二）住宅小区内的非住宅或者住宅小区外与单幢住宅结构相连的非住宅。

前款所列物业属于出售公有住房的，售房单位应当按照本办法的规定交存住宅专项维修资金。

第七条　商品住宅的业主、非住宅的业主按照所拥有物业的建筑面积交存住宅专项维修资金，每平方米建筑面积交存首期住宅专项维修资金的数额为当地住宅建筑安装工程每平方米造价的5%至8%。

直辖市、市、县人民政府建设（房地产）主管部门应当根据本地区情况，合理确定、公布每平方米建筑面积交存首期住宅专项维修资金的数额，并适时调整。

第八条　出售公有住房的，按照下列规定交存住宅专项维修资金：

（一）业主按照所拥有物业的建筑面积交存住宅专项维修资金，每平方米建筑面积交存首期住宅专项维修资金的数额为当地房改成本价的2%。

（二）售房单位按照多层住宅不低于售房款的20%、高层住宅不低于售房款的30%，从售房款中一次性提取住宅专项维修资金。

第九条　业主交存的住宅专项维修资金属于业主所有。

从公有住房售房款中提取的住宅专项维修资金属于公有住房售房单位所有。

第十条　业主大会成立前，商品住宅业主、非住宅业主交存的住宅专项维修资金，由物业所在地直辖市、市、县人民政府建设（房地产）主管部门代管。

直辖市、市、县人民政府建设（房地产）主管部门应当委托所在地一家商业银行，作为本行政区域内住宅专项维修资金的专户管理银行，并在专户管理银行开立住宅专项维修资金专户。

开立住宅专项维修资金专户，应当以物业管理区域为单位设账，按房屋户门号设分户账；未划定物业管理区域的，以幢为单位设账，按房屋户门号设分户账。

第十一条　业主大会成立前，已售公有住房住宅专项维修资金，由物业所在地直辖市、市、县人民政府财政部门或者建设（房地产）主管部门负责管理。

负责管理公有住房住宅专项维修资金的部门应当委托所在地一家商业银行，

作为本行政区域内公有住房住宅专项维修资金的专户管理银行,并在专户管理银行开立公有住房住宅专项维修资金专户。

开立公有住房住宅专项维修资金专户,应当按照售房单位设账,按幢设分账;其中,业主交存的住宅专项维修资金,按房屋户门号设分户账。

第十二条 商品住宅的业主应当在办理房屋入住手续前,将首期住宅专项维修资金存入住宅专项维修资金专户。

已售公有住房的业主应当在办理房屋入住手续前,将首期住宅专项维修资金存入公有住房住宅专项维修资金专户或者交由售房单位存入公有住房住宅专项维修资金专户。

公有住房售房单位应当在收到售房款之日起 30 日内,将提取的住宅专项维修资金存入公有住房住宅专项维修资金专户。

第十三条 未按本办法规定交存首期住宅专项维修资金的,开发建设单位或者公有住房售房单位不得将房屋交付购买人。

第十四条 专户管理银行、代收住宅专项维修资金的售房单位应当出具由财政部或者省、自治区、直辖市人民政府财政部门统一监制的住宅专项维修资金专用票据。

第十五条 业主大会成立后,应当按照下列规定划转业主交存的住宅专项维修资金:

(一)业主大会应当委托所在地一家商业银行作为本物业管理区域内住宅专项维修资金的专户管理银行,并在专户管理银行开立住宅专项维修资金专户。

开立住宅专项维修资金专户,应当以物业管理区域为单位设账,按房屋户门号设分户账。

(二)业主委员会应当通知所在地直辖市、市、县人民政府建设(房地产)主管部门;涉及已售公有住房的,应当通知负责管理公有住房住宅专项维修资金的部门。

(三)直辖市、市、县人民政府建设(房地产)主管部门或者负责管理公有住房住宅专项维修资金的部门应当在收到通知之日起 30 日内,通知专户管理银行将该物业管理区域内业主交存的住宅专项维修资金账面余额划转至业主大会开立的住宅专项维修资金账户,并将有关账目等移交业主委员会。

第十六条 住宅专项维修资金划转后的账目管理单位,由业主大会决定。业主大会应当建立住宅专项维修资金管理制度。

业主大会开立的住宅专项维修资金账户,应当接受所在地直辖市、市、县人民政府建设(房地产)主管部门的监督。

第十七条 业主分户账面住宅专项维修资金余额不足首期交存额30%的,应当及时续交。

成立业主大会的,续交方案由业主大会决定。

未成立业主大会的,续交的具体管理办法由直辖市、市、县人民政府建设(房地产)主管部门会同同级财政部门制定。

第三章 使 用

第十八条 住宅专项维修资金应当专项用于住宅共用部位、共用设施设备保修期满后的维修和更新、改造,不得挪作他用。

第十九条 住宅专项维修资金的使用,应当遵循方便快捷、公开透明、受益人和负担人相一致的原则。

第二十条 住宅共用部位、共用设施设备的维修和更新、改造费用,按照下列规定分摊:

(一)商品住宅之间或者商品住宅与非住宅之间共用部位、共用设施设备的维修和更新、改造费用,由相关业主按照各自拥有物业建筑面积的比例分摊。

(二)售后公有住房之间共用部位、共用设施设备的维修和更新、改造费用,由相关业主和公有住房售房单位按照所交存住宅专项维修资金的比例分摊;其中,应由业主承担的,再由相关业主按照各自拥有物业建筑面积的比例分摊。

(三)售后公有住房与商品住宅或者非住宅之间共用部位、共用设施设备的维修和更新、改造费用,先按照建筑面积比例分摊到各相关物业。其中,售后公有住房应分摊的费用,再由相关业主和公有住房售房单位按照所交存住宅专项维修资金的比例分摊。

第二十一条 住宅共用部位、共用设施设备维修和更新、改造,涉及尚未售出的商品住宅、非住宅或者公有住房的,开发建设单位或者公有住房单位应当按照尚未售出商品住宅或者公有住房的建筑面积,分摊维修和更新、改造费用。

第二十二条 住宅专项维修资金划转业主大会管理前,需要使用住宅专项维修资金的,按照以下程序办理:

（一）物业服务企业根据维修和更新、改造项目提出使用建议；没有物业服务企业的，由相关业主提出使用建议；

（二）住宅专项维修资金列支范围内专有部分占建筑物总面积三分之二以上的业主且占总人数三分之二以上的业主讨论通过使用建议；

（三）物业服务企业或者相关业主组织实施使用方案；

（四）物业服务企业或者相关业主持有关材料，向所在地直辖市、市、县人民政府建设（房地产）主管部门申请列支；其中，动用公有住房住宅专项维修资金的，向负责管理公有住房住宅专项维修资金的部门申请列支；

（五）直辖市、市、县人民政府建设（房地产）主管部门或者负责管理公有住房住宅专项维修资金的部门审核同意后，向专户管理银行发出划转住宅专项维修资金的通知；

（六）专户管理银行将所需住宅专项维修资金划转至维修单位。

第二十三条 住宅专项维修资金划转业主大会管理后，需要使用住宅专项维修资金的，按照以下程序办理：

（一）物业服务企业提出使用方案，使用方案应当包括拟维修和更新、改造的项目、费用预算、列支范围、发生危及房屋安全等紧急情况以及其他需临时使用住宅专项维修资金的情况的处置办法等；

（二）业主大会依法通过使用方案；

（三）物业服务企业组织实施使用方案；

（四）物业服务企业持有关材料向业主委员会提出列支住宅专项维修资金；其中，动用公有住房住宅专项维修资金的，向负责管理公有住房住宅专项维修资金的部门申请列支；

（五）业主委员会依据使用方案审核同意，并报直辖市、市、县人民政府建设（房地产）主管部门备案；动用公有住房住宅专项维修资金的，经负责管理公有住房住宅专项维修资金的部门审核同意；直辖市、市、县人民政府建设（房地产）主管部门或者负责管理公有住房住宅专项维修资金的部门发现不符合有关法律、法规、规章和使用方案的，应当责令改正；

（六）业主委员会、负责管理公有住房住宅专项维修资金的部门向专户管理银行发出划转住宅专项维修资金的通知；

（七）专户管理银行将所需住宅专项维修资金划转至维修单位。

第二十四条 发生危及房屋安全等紧急情况，需要立即对住宅共用部位、共用设施设备进行维修和更新、改造的，按照以下规定列支住宅专项维修资金：

（一）住宅专项维修资金划转业主大会管理前，按照本办法第二十二条第四项、第五项、第六项的规定办理；

（二）住宅专项维修资金划转业主大会管理后，按照本办法第二十三条第四项、第五项、第六项和第七项的规定办理。

发生前款情况后，未按规定实施维修和更新、改造的，直辖市、市、县人民政府建设（房地产）主管部门可以组织代修，维修费用从相关业主住宅专项维修资金分户账中列支；其中，涉及已售公有住房的，还应当从公有住房住宅专项维修资金中列支。

第二十五条 下列费用不得从住宅专项维修资金中列支：

（一）依法应当由建设单位或者施工单位承担的住宅共用部位、共用设施设备维修、更新和改造费用；

（二）依法应当由相关单位承担的供水、供电、供气、供热、通讯、有线电视等管线和设施设备的维修、养护费用；

（三）应当由当事人承担的因人为损坏住宅共用部位、共用设施设备所需的修复费用；

（四）根据物业服务合同约定，应当由物业服务企业承担的住宅共用部位、共用设施设备的维修和养护费用。

第二十六条 在保证住宅专项维修资金正常使用的前提下，可以按照国家有关规定将住宅专项维修资金用于购买国债。

利用住宅专项维修资金购买国债，应当在银行间债券市场或者商业银行柜台市场购买一级市场新发行的国债，并持有到期。

利用业主交存的住宅专项维修资金购买国债的，应当经业主大会同意；未成立业主大会的，应当经专有部分占建筑物总面积三分之二以上的业主且占总人数三分之二以上业主同意。

利用从公有住房售房款中提取的住宅专项维修资金购买国债的，应当根据售房单位的财政隶属关系，报经同级财政部门同意。

禁止利用住宅专项维修资金从事国债回购、委托理财业务或者将购买的国债用于质押、抵押等担保行为。

第二十七条 下列资金应当转入住宅专项维修资金滚存使用：

（一）住宅专项维修资金的存储利息；

（二）利用住宅专项维修资金购买国债的增值收益；

（三）利用住宅共用部位、共用设施设备进行经营的，业主所得收益，但业主大会另有决定的除外；

（四）住宅共用设施设备报废后回收的残值。

第四章 监督管理

第二十八条 房屋所有权转让时，业主应当向受让人说明住宅专项维修资金交存和结余情况并出具有效证明，该房屋分户账中结余的住宅专项维修资金随房屋所有权同时过户。

受让人应当持住宅专项维修资金过户的协议、房屋权属证书、身份证等到专户管理银行办理分户账更名手续。

第二十九条 房屋灭失的，按照以下规定返还住宅专项维修资金：

（一）房屋分户账中结余的住宅专项维修资金返还业主；

（二）售房单位交存的住宅专项维修资金账面余额返还售房单位；售房单位不存在的，按照售房单位财务隶属关系，收缴同级国库。

第三十条 直辖市、市、县人民政府建设（房地产）主管部门，负责管理公有住房住宅专项维修资金的部门及业主委员会，应当每年至少一次与专户管理银行核对住宅专项维修资金账目，并向业主、公有住房售房单位公布下列情况：

（一）住宅专项维修资金交存、使用、增值收益和结存的总额；

（二）发生列支的项目、费用和分摊情况；

（三）业主、公有住房售房单位分户账中住宅专项维修资金交存、使用、增值收益和结存的金额；

（四）其他有关住宅专项维修资金使用和管理的情况。

业主、公有住房售房单位对公布的情况有异议的，可以要求复核。

第三十一条 专户管理银行应当每年至少一次向直辖市、市、县人民政府建设（房地产）主管部门，负责管理公有住房住宅专项维修资金的部门及业主委员会发送住宅专项维修资金对账单。

直辖市、市、县建设（房地产）主管部门，负责管理公有住房住宅专项维修资金的部门及业主委员会对资金账户变化情况有异议的,可以要求专户管理银行进行复核。

专户管理银行应当建立住宅专项维修资金查询制度,接受业主、公有住房售房单位对其分户账中住宅专项维修资金使用、增值收益和账面余额的查询。

第三十二条　住宅专项维修资金的管理和使用,应当依法接受审计部门的审计监督。

第三十三条　住宅专项维修资金的财务管理和会计核算应当执行财政部有关规定。

财政部门应当加强对住宅专项维修资金收支财务管理和会计核算制度执行情况的监督。

第三十四条　住宅专项维修资金专用票据的购领、使用、保存、核销管理,应当按照财政部以及省、自治区、直辖市人民政府财政部门的有关规定执行,并接受财政部门的监督检查。

第五章　法律责任

第三十五条　公有住房售房单位有下列行为之一的,由县级以上地方人民政府财政部门会同同级建设(房地产)主管部门责令限期改正:

(一)未按本办法第八条、第十二条第三款规定交存住宅专项维修资金的;

(二)违反本办法第十三条规定将房屋交付买受人的;

(三)未按本办法第二十一条规定分摊维修、更新和改造费用的。

第三十六条　开发建设单位违反本办法第十三条规定将房屋交付买受人的,由县级以上地方人民政府建设(房地产)主管部门责令限期改正;逾期不改正的,处以3万元以下的罚款。

开发建设单位未按本办法第二十一条规定分摊维修、更新和改造费用的,由县级以上地方人民政府建设(房地产)主管部门责令限期改正;逾期不改正的,处以1万元以下的罚款。

第三十七条　违反本办法规定,挪用住宅专项维修资金的,由县级以上地方人民政府建设(房地产)主管部门追回挪用的住宅专项维修资金,没收违法所得,可以并处挪用金额2倍以下的罚款;构成犯罪的,依法追究直接负责的主管人员和其他直接责任人员的刑事责任。

物业服务企业挪用住宅专项维修资金，情节严重的，除按前款规定予以处罚外，还应由颁发资质证书的部门吊销资质证书。

直辖市、市、县人民政府建设（房地产）主管部门挪用住宅专项维修资金的，由上一级人民政府建设（房地产）主管部门追回挪用的住宅专项维修资金，对直接负责的主管人员和其他直接责任人员依法给予处分；构成犯罪的，依法追究刑事责任。

直辖市、市、县人民政府财政部门挪用住宅专项维修资金的，由上一级人民政府财政部门追回挪用的住宅专项维修资金，对直接负责的主管人员和其他直接责任人员依法给予处分；构成犯罪的，依法追究刑事责任。

第三十八条 直辖市、市、县人民政府建设（房地产）主管部门违反本办法第二十六条规定的，由上一级人民政府建设（房地产）主管部门责令限期改正，对直接负责的主管人员和其他直接责任人员依法给予处分；造成损失的，依法赔偿；构成犯罪的，依法追究刑事责任。

直辖市、市、县人民政府财政部门违反本办法第二十六条规定的，由上一级人民政府财政部门责令限期改正，对直接负责的主管人员和其他直接责任人员依法给予处分；造成损失的，依法赔偿；构成犯罪的，依法追究刑事责任。

业主大会违反本办法第二十六条规定的，由直辖市、市、县人民政府建设（房地产）主管部门责令改正。

第三十九条 对违反住宅专项维修资金专用票据管理规定的行为，按照《财政违法行为处罚处分条例》的有关规定追究法律责任。

第四十条 县级以上人民政府建设（房地产）主管部门、财政部门及其工作人员利用职务上的便利，收受他人财物或者其他好处，不依法履行监督管理职责，或者发现违法行为不予查处的，依法给予处分；构成犯罪的，依法追究刑事责任。

第六章 附 则

第四十一条 省、自治区、直辖市人民政府建设（房地产）主管部门会同同级财政部门可以依据本办法，制定实施细则。

第四十二条 本办法实施前，商品住宅、公有住房已经出售但未建立住宅专项维修资金的，应当补建。具体办法由省、自治区、直辖市人民政府建设（房地产）主管部门会同同级财政部门依据本办法制定。

第四十三条　本办法由国务院建设主管部门、财政部门共同解释。

第四十四条　本办法自2008年2月1日起施行,1998年12月16日建设部、财政部发布的《住宅共用部位共用设施设备维修基金管理办法》(建住房〔1998〕213号)同时废止。

北京市住宅专项维修资金管理办法

（2009 年 11 月 10 日）

第一章　总　　则

第一条　为加强对本市住宅专项维修资金的管理，保障住宅共用部位、共用设施设备的维修和安全使用，维护住宅专项维修资金所有者的合法权益，根据《中华人民共和国物权法》、《物业管理条例》和《住宅专项维修资金管理办法》（建设部、财政部令第 165 号）等有关法律、法规和规章的规定，结合本市实际，制定本办法。

第二条　本市行政区域内商品住宅、售后公有住房住宅专项维修资金的交存、使用、管理和监督，适用本办法。

本办法所称住宅专项维修资金，是指专项用于住宅共用部位、共用设施设备保修期满后的维修和更新、改造的资金。

第三条　本办法所称住宅共用部位，是指根据法律、法规和房屋买卖合同，由单幢住宅内业主或者单幢住宅内业主及与之结构相连的非住宅业主共有的部位。一般包括：住宅的基础、承重墙体、柱、梁、楼板、屋顶以及户外的墙面、门厅、楼梯间、走廊通道等。

本办法所称共用设施设备，是指根据法律、法规和房屋买卖合同，由住宅业主或者住宅业主及有关非住宅业主共有的附属设施设备。一般包括电梯、天线、照明、消防设施、绿地、道路、路灯、沟渠、池、井、非经营性车场车库、公益性文体设施和共用设施设备使用的房屋等。

第四条　住宅专项维修资金管理实行专户存储、专款专用、所有权人决策、政府监督的原则。

第五条　市房屋行政主管部门负责本市商品住宅和售后公有住房住宅专项维修资金的指导和监督工作。

市住房资金管理部门负责本市住宅专项维修资金的日常管理工作。

市财政主管部门、市审计主管部门按照各自职责负责住宅专项维修资金代管期间的财务监督和审计监督工作。

区、县房屋行政主管部门会同市住房资金管理部门区县管理部负责本辖区内商品住宅和售后公有住房住宅专项维修资金的指导、监督和日常管理工作。

第二章　交　　存

第六条　下列物业的业主应当按照本办法的规定交存住宅专项维修资金：

（一）住宅，但一个业主所有且与其他物业不具有共用部位、共用设施设备的除外。

（二）住宅物业管理区域内的非住宅或者住宅物业管理区域外与单幢住宅结构相连的非住宅。

前款所列物业属于出售公有住房的，售房单位应当按照本办法的规定交存住宅专项维修资金。

第七条　商品住宅的业主、非住宅的业主按照所拥有物业的建筑面积交存住宅专项维修资金，首期住宅专项维修资金的交存标准为：独立式住宅、非住宅为50元/平方米；多层住宅、非住宅为100元/平方米；高层住宅、非住宅为200元/平方米。

本办法所称的多层住宅、非住宅是指地上结构最高层数为六层以下（含六层）的建筑；高层住宅、非住宅是指地上结构最高层数为七层以上（含七层）的建筑。

市房屋行政主管部门根据本市住宅建筑安装工程每平方米造价的变化情况，适时调整首期住宅专项维修资金的交存标准。

第八条　出售公有住房的，按照下列规定交存住宅专项维修资金：

（一）业主按照所拥有物业的建筑面积交存住宅专项维修资金，每平方米建筑面积交存首期住宅专项维修资金的数额为购房当年房改成本价的2%。

（二）售房单位按照多层住宅售房款的20%、高层住宅售房款的30%，从售房款中一次性提取住宅专项维修资金。

第九条　业主交存的住宅专项维修资金属于业主所有。

从公有住房售房款中提取的住宅专项维修资金属于公有住房售房单位所有。

第十条　业主大会成立前，商品住宅业主、非住宅的业主交存的住宅专项维修资金，由市住房资金管理部门负责日常管理。

经市房屋行政主管部门会同市财政主管部门、市审计主管部门和市住房资金管理部门共同决定，由市住房资金管理部门委托本市一家商业银行，作为住宅专项维修资金的专户管理银行，并在专户管理银行开立住宅专项维修资金专户。

开立住宅专项维修资金专户，以物业管理区域为单位设账，按房屋户门号设分户账；未划定物业管理区域的，以幢为单位设账，按房屋户门号设分户账。

第十一条 业主大会成立前，售后公有住房住宅专项维修资金，由市住房资金管理部门负责日常管理。

市住房资金管理部门应当委托本市一家商业银行，作为售后公有住房住宅专项维修资金的专户管理银行，并在专户管理银行开立售后公有住房住宅专项维修资金专户。

开立售后公有住房住宅专项维修资金专户，应当按照售房单位设账，按幢设分账；其中，业主交存的住宅专项维修资金，按房屋户门号设分户账。

第十二条 商品住宅的业主、非住宅的业主应当在办理房屋入住手续前，将首期住宅专项维修资金存入住宅专项维修资金专户。

预售商品住宅的，建设单位应当在办理房屋初始登记前，将未售出房屋的首期住宅专项维修资金存入住宅专项维修资金专户。

售后公有住房的业主及售房单位应当在办理房屋登记手续前，将首期住宅专项维修资金交由售房单位存入售后公有住房住宅专项维修资金专户。

公有住房售房单位应当在收到售房款之日起 30 日内，将提取的住宅专项维修资金存入公有住房住宅专项维修资金专户。

第十三条 商品住宅的业主、非住宅的业主未按本办法规定交存首期住宅专项维修资金的，建设单位不得将房屋交付购买人；预售商品住宅的建设单位、售后公有住房的业主和售房单位未按照本办法规定交存首期住宅专项维修资金的，房屋登记部门不予办理房屋登记手续。

第十四条 专户管理银行、代收住宅专项维修资金的售房单位应当出具由市财政主管部门统一监制的北京市住宅专项维修资金专用票据。

第十五条 经业主大会决议，业主委员会可以在本市一家商业银行开立本物业管理区域的住宅专项维修资金专户，并向市住房资金管理部门申请划转本物业管理区域内业主交存的住宅专项维修资金。

市住房资金管理部门应当在收到申请之日起 30 日内，将该物业管理区域内业主交存的住宅专项维修资金账面余额划转至业主大会开立的住宅专项维修资金账户,并将有关账目等移交业主委员会。

划转住宅专项维修资金时,业主委员会应当与开户银行、区县房屋行政主管部门签订发生本办法规定的危及房屋安全等紧急情况,需要立即对住宅共用部位、共用设施设备进行维修和更新、改造时,同意区县房屋行政主管部门组织代修并从维修工程涉及的业主交存的住宅专项维修资金中支付相应费用的授权协议书。

第十六条　开立业主大会住宅专项维修资金专户,应当以物业管理区域为单位设账,按房屋户门号设分户账。业主大会住宅专项维修资金专户应当使用信汇凭证或电汇凭证结算,不得支取现金,不得使用其他票据或者结算凭证。用于支付维修及更新、改造工程费用的住宅专项维修资金只能支付到约定的施工单位或物业服务企业账户中。

住宅专项维修资金划转后的账目管理单位,由业主大会决定。业主大会应当建立住宅专项维修资金管理制度。

第十七条　业主大会开立的住宅专项维修资金账户,应当接受所在区、县房屋行政主管部门的监督。

业主委员会不得擅自变更开户银行。确需变更的,应当经业主大会决定,并按照首次开户办法重新开立住宅专项维修资金账户。

业主大会、业主委员会只能委托开户银行购买一级市场国债,禁止其它任何有风险的理财或投资,以确保住宅专项维修资金账户内的资金安全和正常使用。

第十八条　业主分户账面住宅专项维修资金余额(售后公有住房不含售房单位交存部分)不足首期交存额30%的,应当及时续交。

专户管理银行、业主大会开户银行应当及时向分户账面余额不足首期交存额30%的业主发出续交通知。业主应当在接到续交通知之日起30日内,将续交的住宅专项维修资金存储到专户管理银行、业主大会开户银行。

成立业主大会的,住宅专项维修资金的续交方案应当在管理规约中予以明确;未成立业主大会的,业主续交后的分户账面余额不得低于首期交存的额度。

第十九条　本办法实施前,商品住宅、已售公有住房未建立住宅专项维修资金的,应当按照本办法规定的交存标准、交存方案进行补建。

业主未按规定补建、续交住宅专项维修资金的,业主委员会应当督促其交纳,也可以依据管理规约向人民法院提起诉讼。

第三章　使　　用

第二十条　住宅专项维修资金应当专项用于住宅共用部位、共用设施设备保修期满后的维修和更新、改造，不得挪作他用。

第二十一条　住宅共用部位的维修和更新、改造范围包括：

（一）屋面防水层破损，顶层房间渗漏的；

（二）楼房外墙出现雨水渗漏，引起外墙内表面浸湿；

（三）地下室出现渗漏、积水的；

（四）楼房外墙外装饰层出现裂缝、脱落或空鼓率超过国家相应标准、规范的规定值；

（五）增加保温层、建筑保温层出现破损或脱落，或建筑保温不良引起外墙内表面出现潮湿、结露、结霜或霉变；

（六）外墙及楼梯间、公共走廊涂饰层出现开裂、锈渍、起泡、翘皮、脱落、污染的；

（七）公共区域窗台、门廊挑檐、楼梯踏步及扶手、维护墙、院门等出现破损的；

（八）公共区域门窗或窗纱普遍破损的；

（九）其它情况。

第二十二条　住宅共用设施设备的维修和更新、改造范围包括：

（一）电梯主要部件需要进行维修或更换的；

（二）二次供水系统设备部件磨损、锈蚀严重的；

（三）避雷设施不满足安全要求的；

（四）配电设备部分电缆、电线、配电箱（柜）内元件损坏的；

（五）消防系统出现功能障碍，或部分设备、部件损坏严重的；

（六）楼内排水（排污）设备出现故障，给、排水管道漏水、锈蚀严重、排污泵锈蚀或其他设备损坏的；

（七）其他情况。

第二十三条　住宅专项维修资金的使用，应当遵循方便快捷、公开透明、受益人和负担人相一致的原则。

第二十四条　住宅共用部位、共用设施设备的维修和更新、改造费用，按照下列规定分摊：

(一)商品住宅之间或者商品住宅与非住宅之间共用部位、共用设施设备的维修和更新、改造费用,由相关业主按照各自拥有物业建筑面积的比例分摊。

专属一个单元业主的共用部位、共用设施设备的维修和更新、改造费用,由该单元全体业主按照各自拥有物业建筑面积的比例分摊;专属一个楼层业主的共用部位、共用设施设备的维修和更新、改造费用,由该楼层全体业主按照各自拥有物业建筑面积的比例分摊。

(二)售后公有住房之间共用部位、共用设施设备的维修和更新、改造费用,涉及多个楼幢的,由各楼幢按照建筑面积的比例分摊。每个楼幢的费用,按照该楼幢全体业主交存住宅专项维修资金总额与公有住房售房单位交存住宅专项维修资金总额的比例分摊;其中,应由业主承担的,再由相关业主按照各自拥有物业建筑面积的比例分摊。

(三)售后公有住房与商品住宅或者非住宅之间共用部位、共用设施设备的维修和更新、改造费用,先按照建筑面积比例分摊到各相关物业;其中,售后公有住房应分摊的费用,再按照本条第(二)项的原则进行分摊。

第二十五条　住宅共用部位、共用设施设备维修和更新、改造,涉及尚未售出的商品住宅、非住宅或者公有住房的,建设单位或者公有住房售房单位应当按照尚未售出商品住宅或者公有住房的建筑面积,分摊维修和更新、改造费用。

第二十六条　住宅专项维修资金划转业主大会管理前,需要使用住宅专项维修资金的,按照以下程序办理:

(一)物业服务企业根据维修和更新、改造项目提出使用建议;没有物业服务企业的,由相关业主提出使用建议;

(二)住宅专项维修资金列支范围内专有部分占建筑物总面积三分之二以上的业主且占总人数三分之二以上的业主讨论通过使用建议;

(三)物业服务企业或者相关业主组织实施使用方案;

(四)物业服务企业或者相关业主持有关材料,向区、县建委(房管局)房屋安全和设备管理部门申请列支;其中,使用售后公有住房住宅专项维修资金的,向区、县房改管理部门申请列支;

(五)区、县建委(房管局)房屋安全和设备管理部门、房改管理部门审核同意后,向市住房资金管理部门区县管理部发出划转住宅专项维修资金的通知;

(六)市住房资金管理部门区县管理部将所需住宅专项维修资金划转至维修

单位。

第二十七条 住宅专项维修资金划转业主大会管理后，需要使用住宅专项维修资金的，按照以下程序办理：

（一）物业服务企业提出使用方案，使用方案应当包括拟维修和更新、改造的项目、费用预算、列支范围、发生危及房屋安全等紧急情况以及其他需临时使用住宅专项维修资金的情况的处置办法等；

（二）业主大会依法通过使用方案；

（三）物业服务企业组织实施使用方案；

（四）物业服务企业持有关材料向业主委员会提出列支住宅专项维修资金；

（五）业主委员会依据使用方案审核同意，并报区、县建委（房管局）房屋安全和设备管理部门备案；使用售后公有住房住宅专项维修资金的，经区、县房改管理部门审核同意；区、县建委（房管局）房屋安全和设备管理部门、房改管理部门发现不符合有关法律、法规、规章规定和使用方案的，应当责令改正；

（六）业主委员会向开户银行发出划转住宅专项维修资金的通知；使用售后公有住房住宅专项维修资金的，区、县房改管理部门向市住房资金管理部门区县管理部发出支付住宅专项维修资金的通知；

（七）业主大会开户银行将所需住宅专项维修资金划转至维修单位。

第二十八条 为保证工程质量和住宅专项维修资金的合理使用，鼓励业主聘请专业工程造价咨询机构及工程监理机构对工程预算进行评估及对工程进行监理。

第二十九条 发生危及房屋使用安全等紧急情况，需要立即对住宅共用部位、共用设施设备进行维修和更新、改造的，应当按照以下规定列支住宅专项维修资金：

（一）住宅专项维修资金划转业主大会管理前，按照本办法第二十六条第（四）项、第（五）项、第（六）项的规定办理；

（二）住宅专项维修资金划转业主大会管理后，按照本办法第二十七条第（四）项、第（五）项、第（六）项、第（七）项的规定办理。

前款所称的紧急情况一般包括：

（一）屋面防水损坏造成渗漏的；

（二）电梯故障危及人身安全的；

（三）高层住宅水泵损坏导致供水中断的；

（四）楼体单侧外立面五分之一以上有脱落危险的；

（五）消防系统出现功能障碍，消防管理部门要求对消防设施设备维修及更新、改造的。

工程完工后，物业服务企业、业主委员会（未成立业主大会的，可以由社区居委会召集业主代表）应当组织有关单位验收，并出具工程验收报告。验收合格后，物业服务企业持相关材料申请使用住宅专项维修资金。

第三十条 发生危及房屋使用安全等紧急情况，未按规定实施维修和更新、改造的，区、县建委（房管局）房屋安全和设备管理部门可以组织代修，费用从相关业主住宅专项维修资金账户中列支；其中涉及已售公有住房的，应当从售后公有住房住宅专项维修资金中列支。

区、县建委（房管局）房屋安全和设备管理部门组织代修的，按照以下程序办理：

（一）组织相关专业部门进行鉴定并出具鉴定报告；

（二）由社区居委会或街道办事处、乡镇人民政府就工程事项出具相关证明；

（三）由具有相应资质的施工单位制作工程预算并经工程造价咨询机构审定；

（四）区、县建委（房管局）房屋安全和设备管理部门、房改管理部门将工程费用分摊至相关业主明细帐户；

（五）区、县建委（房管局）房屋安全和设备管理部门、房改管理部门审核同意后，向市住房资金管理部门区县管理部发出划转住宅专项维修资金的通知；

（六）市住房资金管理部门区县管理部将所需住宅专项维修资金划转至维修单位。

第三十一条 下列费用不得从住宅专项维修资金中列支：

（一）依法应当由建设单位或者施工单位承担的住宅共用部位、共用设施设备维修、更新和改造费用；

（二）依法应当由相关单位承担的供水、供电、供气、供热、通讯、有线电视等管线和设施设备的维修、养护费用；

（三）应当由当事人承担的因人为损坏住宅共用部位、共用设施设备所需的修复费用；

（四）根据物业服务合同约定，属于物业服务内容的住宅共用部位、共用设施设备的日常维修和养护费用。

第三十二条 下列资金应当转入住宅专项维修资金滚存使用：

（一）住宅专项维修资金的存储利息；

（二）利用住宅专项维修资金购买国债的增值收益；

（三）利用住宅共用部位、共用设施设备进行经营的，业主所得收益，但业主大会另有决定的除外；

（四）住宅共用设施设备报废后回收的残值。

第四章 监督管理

第三十三条 房屋所有权转让时，房屋分户账中结余的住宅专项维修资金随房屋所有权同时过户。受让人应当持房屋权属证明及本人身份证明到市住房资金管理部门区县管理部办理变更手续。

住宅专项维修资金已划至业主委员会开立的专用账户的，受让人应当到业主大会开户银行办理变更手续。

第三十四条 住宅专项维修资金划转至业主大会开户银行后，业主补建、续交住宅专项维修资金、退款、业主信息变更等日常业务由开户银行办理。

第三十五条 房屋灭失的，按照以下规定返还住宅专项维修资金：

（一）房屋分户账中结余的住宅专项维修资金返还业主；

（二）售房单位交存的住宅专项维修资金账面余额返还售房单位；售房单位不存在的，按照售房单位财务隶属关系，收缴同级国库。

第三十六条 市住房资金管理部门应当将代管的住宅专项维修资金按照区、县设账管理，并定期向各区、县人民政府通报该区、县住宅专项维修资金的归集、划转和使用情况。

第三十七条 市住房资金管理部门、业主委员会应当每年至少一次与专户管理银行、业主大会开户银行核对住宅专项维修资金账目，并向业主、公有住房售房单位公布下列情况：

（一）住宅专项维修资金交存、使用、增值收益和结存的金额；

（二）发生列支的项目、费用和分摊；

（三）业主、公有住房售房单位分户账中住宅专项维修资金交存、使用、增值收益和结存的金额；

(四)其他有关住宅专项维修资金使用和管理的情况。

业主、公有住房售房单位对公布的情况有异议的,可以要求复核。

第三十八条　专户管理银行、业主大会开户银行应当每年至少一次向市住房资金管理部门、业主委员会发送住宅专项维修资金对账单。

市住房资金管理部门、业主委员会对资金账户变化情况有异议的,可以要求开户银行进行复核。

专户管理银行、业主大会开户银行应当建立住宅专项维修资金查询制度,接受业主、公有住房售房单位对其分户账中住宅专项维修资金使用、增值收益和账面余额的查询。

第三十九条　代管期间住宅专项维修资金的管理和使用,应当依法接受市审计主管部门的审计监督。

第四十条　住宅专项维修资金的财务管理和会计核算应当执行财政部门的有关规定。

市财政主管部门应当加强对代管期间住宅专项维修资金收支财务管理和会计核算制度执行情况的监督。

第四十一条　住宅专项维修资金专用票据的购领、使用、保存、核销管理,应当按照财政部门的有关规定执行,并接受市财政主管部门的监督检查。

第四十二条　对违反本办法规定的单位和个人,按照《住宅专项维修资金管理办法》的有关规定予以处理。

第五章　附　　则

第四十三条　本市经济适用住房、限价商品房、集资合作建房的住宅专项维修资金的交存、使用、管理和监督,依照本办法中商品住宅的有关规定执行。

第四十四条　本办法自二〇〇九年十二月一日起施行。原北京市房屋土地管理局、北京市人民政府住房制度改革办公室、北京市财政局《关于归集住宅共用部位共用设施设备维修基金的通知》(京房地物字[1999]第1088号)以及北京市建设委员会、北京市财政局、北京市审计局、北京市住房资金管理中心《关于发布〈北京市专项维修资金使用管理办法(试行)〉的通告》(京建物[2006]2号)同时废止。

北京市国土资源和房屋管理局关于印发《北京市居住小区机动车停车管理办法》的通知

（2004年6月16日　京国土房管物〔2004〕663号）

各区县国土房管局，各建设单位、物业管理企业、停车管理单位，各业主大会：

为规范居住小区停车秩序，保障居住小区内各方合法权益，根据国务院《物业管理条例》和本市停车管理有关规定，在征求有关单位意见基础上，我局制定了《北京市居住小区机动车停车管理办法》，现印发给你们，请认真遵照执行。

一、为规范居住小区停车秩序，保障居住小区停车管理双方的合法权益，根据国家和本市有关规定，制定本办法。

二、居住小区内机动车停车管理服务（包括地面停车场、路边划线停车位、地下停车库、立体停车库的机动车停车服务等）统一由物业管理企业负责提供或由物业管理企业委托专业停车管理单位负责；未实行物业管理的居住小区，由房屋管理单位或委托专业停车管理单位负责。

三、停车管理单位按照政府规定的价格收取停车费的，应达到以下要求：

1. 遵守本市停车行业经营管理服务的有关政策规定和业主大会的决议、物业管理服务合同及业主（临时）公约等；

2. 应制定切实可行的停车管理方案，方案应包括停车管理方的职责、停车位的管理分配方案、发生紧急情况的处置预案等；

3. 有专人对进出停车场的车辆进行登记，进门发放停车凭证，出门查验停车凭证后放行；

4. 维护小区停车秩序，指定停车区域，保证车辆停放整齐，行使通畅；

5. 24小时专人看管停车场或采用电子监控手段进行不间断监视，劝阻、制止损害停放车辆的行为，采取防范措施，防止车辆丢失；

6. 保证交通设施处于正常使用状态。

四、对临时进出小区的车辆管理制度，由业主大会和物业管理企业协商议定。

投递邮件的邮政车辆需要进入小区的，停车管理单位不得拒绝其入内，进入小区的邮政车辆应遵守小区停车管理制度。

对临时进出车辆实行收费的，停车管理单位应在车辆进门时发放临时停车凭证，出门时验证收费放行。

禁止停车管理单位在机动车进门时预收停车费用。

五、居住小区内机动车停放人应遵守以下规定：

1. 遵守业主大会决议、业主（临时）公约和居住小区机动车停车管理制度，服从停车管理人员的指挥；

2. 按照规定或约定交纳停车管理服务费用；

3. 禁止占用、堵塞消防通道和消防设施等。

六、除临时进出小区停放车辆外，其他机动车停放人应与停车管理单位签订停车管理服务协议，协议一般应包括双方当事人、机动车基本情况、双方的权利义务、收费价格、管理责任、管理期限以及违约责任等内容。

七、凡利用业主共用场地施划的停车位，任何单位和个人不得出售。建设单位拥有车场、车库所有权的，应优先出售或出租给业主；建设单位、停车管理单位在未满足本居住小区内业主停车需求前，不得将车位出售、出租给其他单位或个人。小区车位难以满足业主停车需要的，停车管理单位应当结合实际情况，采取措施提高现有车位利用率。

八、停车管理单位在小区内部道路上施划停车位，应当符合交通设施国家安全标准的规定，不得占用消防通道设置停车位，妨碍行人和其他车辆通行。

九、停车管理单位应及时对居住小区内道路、停车场地及设施设备进行维修养护，保障正常使用。

十、对不按规定停放的车辆，影响小区道路通畅或影响小区公共安全的，物业管理企业有权按照停车管理服务协议、业主（临时）公约或业主大会决议处理，由此产生的费用由停放人承担。

十一、各级国土房管部门应加强对居住小区停车管理服务的指导和监督，及时处理停车管理纠纷。

十二、本办法自 2004 年 7 月 1 日起执行，原《关于加强北京市居住小区机动车停放管理的通知》（京国土房管物[2002]973 号）同时废止。

北京市人民防空条例

（2002年3月29日北京市第十一届人民代表大会
常务委员会第三十三次会议通过）

目　录

第一章　总　　则

第一条　为了有效地组织人民防空，保护人民的生命和财产安全，根据《中华人民共和国人民防空法》，结合本市实际情况，制定本条例。

第二条　人民防空是国防的重要组成部分。人民防空建设是国民经济和社会发展的重要方面，是城市建设的重要内容，是利国利民的社会公益事业。

人民防空实行长期准备、重点建设、平战结合的方针，贯彻与经济建设协调发展，与首都城市建设、平时防灾救灾相结合的原则，努力适应不断发展变化的新形势。

第三条　市和区、县人民政府应当将人民防空建设纳入国民经济和社会发展计划。

第四条　市和区、县人民政府应当将负担的人民防空经费列入同级财政预算。

有关单位应当按照国家和本市的规定负担人民防空费用。

第五条 市人民政府、北京卫戍区领导本市人民防空工作。

区、县人民政府和同级军事机关领导本区、县的人民防空工作。

第六条 市人民防空主管部门管理本市的人民防空工作。

区、县人民防空主管部门管理本区、县的人民防空工作。

乡、民族乡、镇人民政府和街道办事处可以根据人民防空工作的需要,设置专(兼)职办事机构或者人员,负责本地区的人民防空工作。

发展计划、规划、建设、市政管理、公安、民政、交通、国土房管、卫生、教育、工商行政、税务、通信管理、广播电视等部门按照各自的职责依法做好人民防空工作。

第七条 一切组织和个人都有得到人民防空保护的权利,都必须依法履行人民防空的义务。

第八条 市、区、县人民政府和同级军事机关对在人民防空工作中做出显著成绩的单位和个人给予表彰、奖励。

第二章 防护重点

第九条 本市是人民防空重点城市。以下地区和目标是人民防空防护重点:

(一)市区和其他人口密集区;

(二)重要的工矿企业、科研基地、桥梁、交通枢纽、通信枢纽、仓库、储罐、发电厂、配电站、水库和供水、供热、供气设施等重要经济目标;

(三)重要文物保护单位;

(四)广播电视台站等重要目标。

具体防护重点由市人民政府和北京卫戍区确定。

第十条 市和区、县人民政府会同同级军事机关制定本行政区域内的防空袭方案及实施计划,必要时经批准可以组织演习。

市防空袭方案及实施计划,按照规定报国家有关部门批准,并向国家人民防空主管部门备案。

区、县防空袭方案及实施计划,报市人民政府和北京卫戍区批准,并向市人民防空主管部门备案。

防空袭方案及实施计划的修订、补充和重大事项的调整,应当报经原批准机关同意。

第十一条　重要经济目标的单位应当制定防护方案和应急抢险抢修方案，并向所在地区、县人民防空主管部门备案。

第十二条　市和区、县人民政府应当将人民防空工程建设规划纳入城市总体规划。城市规划和建设，应当符合人民防空要求。

重要经济目标的规划和建设应当征求人民防空主管部门和同级军事机关的意见。对适合建在地下的重要项目或者项目的关键部位，应当结合平时建设有计划地建在地下；不宜建在地下的应当采取伪装等防护措施。

城市地下交通干线、地下商业娱乐设施、地下停车场、地下过街道、共同沟等城市地下空间的开发建设，应当兼顾人民防空需要。

第十三条　为战时储备粮食、医药、油料和其他必需物资的工程，应当建在地下或者其他隐蔽地点。

第三章　人民防空工程

第十四条　市和区、县人民政府负责组织为保障战时人员与物资掩蔽、人民防空指挥、医疗救护等单独修建的地下防护建筑的建设。根据形势发展需要，采取有效措施组织人民防空工程应急建设。

第十五条　鼓励、支持企业事业单位、社会团体和个人投资人民防空工程建设。人民防空工程平时由投资者使用管理，收益归投资者所有。

企业事业单位、社会团体和个人投资建设人民防空设施的，享受国家和本市规定的优惠政策。

第十六条　城市新建民用建筑必须按照国家和本市的规定修建防空地下室。

按照规定必须建设防空地下室的建设项目，由于地质条件限制不能修建防空地下室的，按照规定交纳易地建设费，由人民防空主管部门统筹安排组织易地建设。

易地建设费的收费标准由市价格主管部门会同市财政主管部门制定。除国家规定的减免项目外，任何部门不得批准减免易地建设费。

第十七条　新建人民防空工程的进出道路、孔口、出入口、口部管理房等设施的设计应当与城市建设规划衔接。

在已建成的人民防空工程的进出道路、孔口、出入口、口部管理房等设施周边安排建设项目，影响人民防空工程使用的，应当采取相应措施后方可建设。

第十八条　人民防空工程建设的设计、施工、质量必须符合国家规定的防护标准和质量标准。

人民防空工程竣工经验收合格的,建设单位应当向人民防空主管部门备案。

第十九条　对用于人员掩蔽的人民防空工程和具有一定防护能力的城市地下交通干线、地下商业娱乐设施、地下停车场、地下过街道、共同沟等地下工程,建有或者使用人民防空工程的单位和个人应当设置明显的掩蔽标识,掩蔽标识破损、丢失的,应当及时更换、补设。

第二十条　人民防空主管部门对人民防空工程的维护管理进行监督检查。

公用的人民防空工程的维护管理由人民防空主管部门负责,有关单位应当按照国家规定出工维护。有关单位出工确有困难的,按照市价格主管部门规定的标准出资,由人民防空主管部门组织有资质的单位进行维护。

建有或者使用人民防空工程的单位和个人应当按照国家规定,对已经修建或者使用的人民防空工程进行维护管理,使其保持良好的使用状态。

第二十一条　鼓励平时利用人民防空工程为经济建设和人民生活服务。平时利用人民防空工程,不得影响其防空效能。

第二十二条　平时利用人民防空工程应当经所在地区、县人民防空主管部门批准,并按规定使用。根据战时需要,人民防空工程必须在规定时限内完成平战转换。

平时利用人民防空工程,应当保障进出道路、孔口、出入口等的畅通,不得改变人民防空工程主体结构,不得拆除人民防空工程设备设施。

使用人民防空工程的单位和个人应当建立防火、防汛、治安等责任制度,确保人民防空工程的安全和防空效能。

第二十三条　任何组织或者个人不得进行影响人民防空工程使用或者降低防护能力的作业,不得向人民防空工程内排入废水、废气和倾倒废弃物,不得在人民防空工程内生产、储存爆炸、剧毒、易燃、放射性和腐蚀性物品。

第二十四条　任何组织或者个人不得擅自拆除公用的人民防空工程和专用配套工程;确需拆除的,必须报经所在地区、县人民防空主管部门批准。并由拆除单位补建或者补偿。

其他人民防空工程确需拆除的,报所在地区、县人民防空主管部门备案。

第二十五条　人民防空主管部门依法收取的人民防空工程易地建设、维护等费用应当纳入财政预算，专款专用，不得挪用和挤占，并接受同级财政、审计部门的监督、检查。

第四章　通信和警报

第二十六条　市和区、县人民防空主管部门负责制定本行政区域的人民防空通信、警报建设规划，组织本行政区域人民防空通信、警报网的建设和管理。

第二十七条　通信管理、无线电管理部门对人民防空通信、警报所需的专用线（电）路、频率应当予以保障；安装人民防空通信、警报设施，有关单位或者个人应当提供方便条件，不得阻挠。

用于人民防空通信的专用频率和防空警报音响信号，任何组织或者个人不得占用、混同。

第二十八条　重要经济目标的单位应当在人民防空主管部门指导下，按照战时防空袭实际需要，建设本单位的防空警报设施。

第二十九条　人民防空通信、警报设施应当保持良好的使用状态。

设置在有关单位的人民防空警报设施，由其所在单位负责维护管理，不得擅自拆除，不得擅自鸣响。因拆迁、改造建筑物，确需拆除的，报经所在地区、县人民防空主管部门批准。

第三十条　市和区、县人民政府根据需要经批准可以组织防空警报试鸣，并在试鸣的 5 日前发布公告。

第三十一条　市和区、县人民防空主管部门应当充分利用人民防空通信、警报设施为城市防灾救灾应急救援服务。

第五章　疏散和掩蔽

第三十二条　人民防空疏散必须根据国家发布的命令，由本市各级人民政府统一组织实施。任何组织不得擅自行动。

第三十三条　市和区、县人民政府应当组织有关部门制定疏散、掩蔽计划，必要时可以组织演练，指导单位和个人辨别防空袭警报音响信号，熟悉疏散路线、掩蔽场所。

第三十四条　市和区、县人民政府应当加强人民防空预定的疏散地建设，做好城市疏散人口安置和物资储运、供应的准备工作。

第三十五条 战时人口疏散应当以人口密集区和重要经济目标附近的人员为主，其他地区人员应当根据战时需要组织疏散或者就近实施掩蔽。

战时一切组织和个人的交通运输工具应当为人民防空疏散服务。

第六章 群众防空组织

第三十六条 市和区、县人民政府应当根据人民防空的需要，组织有关部门建立群众防空组织。群众防空组织战时承担人民防空任务，平时协助防汛、防震等部门担负抢险救灾任务。

第三十七条 群众防空组织的组建和任务：

（一）城建、市政管理、电力等部门组建抢险抢修队，负责对工程、道路、桥梁、水库和给排水、电力、燃气等公共设施进行抢险抢修以及抢救人员和物资等项工作；

（二）卫生、医药部门组建医疗救护队，负责战地救护、运送、治疗伤员和组织防疫灭菌、指导群众进行自救互救等项工作；

（三）公安部门组建治安队，负责维护社会治安、保卫重要目标、监督灯火管制；

（四）公安消防部门组建消防队，负责火情观察，执行对重要目标、设施的防火灭火，配合消除沾染任务；

（五）公安交通管理部门组建交通队，负责交通管制任务、维护交通秩序；

（六）卫生、化工、环境保护等部门组建防化防疫队，负责对核武器、化学武器、生物武器袭击的景象、效应进行观测、监测、化验、消毒、消除沾染，并对群众进行相关知识教育等项工作；

（七）通信管理部门组建通信队，负责对有线、无线、移动通信等设备、设施进行抢修，保障通信畅通；

（八）交通运输部门组建运输队，负责人口疏散和物资、器材的转运以及运输工具的修理等项工作。

市人民政府可以根据需要，组建其他群众防空组织。

红十字会组织依法进行救护工作。

第三十八条 市和区、县人民防空主管部门根据公民自愿原则，可以组织人民防空志愿者队伍。

人民防空志愿者应当参加防空防灾培训，按照要求参加应急救援活动。

第三十九条 群众防空组织的专业训练应当根据市人民防空主管部门制定的训练大纲和训练计划,由组建单位组织实施。

第七章 人民防空教育

第四十条 市和区、县人民政府应当开展人民防空教育,使本市公民增强国防观念,掌握人民防空的基本知识和技能。

第四十一条 本市教育行政主管部门应当将人民防空教育纳入学校教学计划,由各级教育主管部门和人民防空主管部门组织实施。

第四十二条 国家机关、社会团体、企业事业单位人员的人民防空教育,由所在单位组织实施;其他人员的人民防空教育,由街道办事处、乡镇人民政府组织实施。

第四十三条 本市新闻出版、广播电视、文化等有关部门应当协助开展人民防空教育。

第八章 法 律 责 任

第四十四条 城市新建民用建筑,违反本条例第十六条第一款规定,不修建防空地下室的,由人民防空主管部门给予警告、责令限期修建,可以按下列规定并处罚款:

(一)应建未建面积不到500平方米的,处3万元以下罚款;

(二)应建未建面积在500平方米以上不到1000平方米的,处3万元以上5万元以下罚款;

(三)应建未建面积在1000平方米以上的,处5万元以上10万元以下罚款。

第四十五条 有下列行为之一的,由人民防空主管部门给予警告,责令限期改正,可以对个人并处5000元以下罚款,对单位并处1万元以上5万元以下罚款;造成损失的,应当依法赔偿损失:

(一)违反本条例第十八条第一款规定,不按照国家规定的防护标准和质量标准修建人民防空工程的;

(二)违反本条例第二十二条第二款、第三款规定,改变人民防空工程主体结构、拆除人民防空工程设备设施或者采用其他方法危害人民防空工程安全和防空效能的;

（三）违反本条例第二十三条规定，向人民防空工程内排入废水、废气或者倾倒废弃物的；

（四）违反本条例第二十四条第一款规定，擅自拆除公用的人民防空工程和专用配套工程，拒不补建或者补偿的；

（五）违反本条例第二十七条第一款规定，阻挠安装人民防空通信、警报设施，拒不改正的；

（六）违反本条例第二十七条第二款、第二十九条第二款规定，占用人民防空通信专用频率，使用与人民防空警报相同的音响信号或者擅自拆除人民防空通信、警报设施的。

第四十六条 违反本条例第十八条第二款规定，人民防空工程竣工验收后，不向人民防空主管部门备案的，由人民防空主管部门给予警告，责令限期改正，并可处1万元以下罚款。

第四十七条 违反本条例第二十二条第一款规定，平时利用人民防空工程，未经所在地区、县人民防空主管部门批准或者未按规定使用的，由人民防空主管部门责令限期改正；危害人民防空工程安全和防空效能的，可以对个人并处5000元以下罚款，对单位并处1万元以上5万元以下罚款；造成损失的，应当依法赔偿损失。

第四十八条 违反本条例规定，故意损坏人民防空工程设施或者在人民防空工程内生产、储存爆炸、剧毒、易燃、放射性等危险品，构成犯罪的，依法追究刑事责任；尚未构成犯罪的，由公安机关依照《中华人民共和国治安管理处罚条例》的有关规定处罚。

第四十九条 人民防空主管部门的工作人员有下列行为之一，构成犯罪的，依法追究刑事责任；尚未构成犯罪的，依法给予行政处分；有违法所得的，没收违法所得：

（一）贪污、挪用、挤占人民防空工程易地建设、维护等费用的；

（二）不按规定履行审批和监督管理职责，致使人民防空工程、人民防空通信和警报设施出现重大损毁，丧失防空效能的；

（三）其他玩忽职守、滥用职权、徇私舞弊的。

第九章 附 则

第五十条 本条例自2002年5月1日起施行。

附　录

《业主大会业务指导手册和实用文书》文书索引表

续表

类型	序号	名称	位置	页码
首次业主大会筹备组筹建工作阶段	17	关于采用推选方式确定首次业主大会会议筹备组业主代表的通知	第一编第一章第六节	026
	18	关于成立××小区业主大会会议筹备组的公告	第一编第一章第六节	027
	19	××小区首次业主大会会议筹备组分工公告	第一编第一章第六节	028
	20	筹备组成员保密协议	第一编第一章第六节	029
	21	××小区首次业主大会会议筹备组会议决议/纪要	第一编第一章第六节	030
首次业主大会筹备阶段	22	关于提供××小区业主名册与专业部分面积的函	第一编第一章第七节	031
	23	管理规约制定规范	第一编第一章第七节	033
	24	业主大会议事规则制定规范	第一编第一章第七节	036
	25	××小区首次业主大会会议召开方案(纸质投票)	第一编第一章第七节	040
	26	××小区首次业主大会会议召开方案(互联网投票)	第一编第一章第七节	042
	27	××小区业主委员会委员候选人、监事会监事候选人条件及产生办法	第一编第一章第七节	045
	28	××小区业主委员会选举办法(纸质投票)	第一编第一章第七节	047
	29	××小区业主委员会选举办法(互联网投票)	第一编第一章第七节	048
	30	关于发布《××小区管理规约(征求意见稿)》、《××小区业主大会议事规则(征求意见稿)》、《××小区首次业主大会召开方案(征求意见稿)》和《业主委员会委员候选人产生办法(征求意见稿)》的通知	第一编第一章第七节	051
	31	关于发布《××小区业主委员会候选人产生办法》《××小区业主委员会选举办法》并接受业主报名的通知	第一编第一章第七节	053
	32	××小区业主委员候选人推荐表	第一编第一章第七节	054
	33	××小区业主委员候选人自荐表	第一编第一章第七节	055

续表

类型	序号	名称	位置	页码
首次业主大会筹备阶段	34	关于××小区业主委员会委员候选人报名情况的通告	第一编第一章第七节	056
	35	关于××小区报名业主委员会委员候选人物业费交费等情况的核实函	第一编第一章第七节	057
	36	关于××小区业主委员会委员候选人名单的公告	第一编第一章第七节	059
首次业主大会通知阶段	37	关于召开××小区首次业主大会会议的通知(纸质投票)	第一编第一章第八节	061
	38	投票授权委托书	第一编第一章第八节	062
	39	关于召开××小区首次业主大会会议的通知(互联网投票)	第一编第一章第八节	062
	40	关于确定业主身份、人数、专有部分面积的公告	第一编第一章第八节	063
	41	××小区首次业主大会会议业主清册	第一编第一章第八节	065
	42	××小区首次业主大会会议表决票一	第一编第一章第八节	065
	43	××小区首次业主大会会议表决票二	第一编第一章第八节	067
	44	××小区首次业主大会会议投票工作手册	第一编第一章第八节	068
	45	业主大会定期/临时会议投票细则	第一编第一章第八节	071
	46	关于采用“北京业主”APP 进行投票的公告	第一编第一章第八节	073
首次业主大会投票阶段	47	投票授权委托书	第一编第一章第九节	076
	48	关于××小区延长首次业主大会会议投票期的通知	第一编第一章第九节	076
首次业主大会开票、公示阶段	49	××小区首次业主大会会议开票公告	第一编第一章第十节	077
	50	××小区首次业主大会会议开票业主代表报名表	第一编第一章第十节	078
	51	××小区首次业主大会会议开票活动主持词	第一编第一章第十节	078
	52	关于××小区首次业主大会会议议题表决结果的公示	第一编第一章第十一节	080
	53	首次业主大会会议决议	第一编第一章第十一节	081

续表

续表

类型	序号	名称	位置	页码
业主大会定期会议	76	××小区业主大会会议开票公告	第一编第二章第三节	110
	77	××小区业主大会会议开票业主代表报名表	第一编第二章第三节	111
	78	××小区业主大会会议开票活动主持词	第一编第二章第三节	111
	79	关于××小区业主大会会议议题表决结果的公示	第一编第二章第四节	113
	80	业主大会会议决议	第一编第二章第四节	114
业主大会临时会议	81	关于召开××小区业主大会临时会议的申请书(专有部分面积 20%的业主)	第一编第三章第一节	117
	82	关于召开××小区业主大会临时会议的申请书(20%的业主)	第一编第三章第一节	117
	83	申请联系人承诺书	第一编第三章第一节	119
	84	××小区业主大会临时会议议题的征求意见稿	第一编第三章第二节	121
	85	关于召开××小区业主大会临时会议的通知(纸质投票)	第一编第三章第二节	122
	86	××街道办事处关于召开××小区业主大会临时会议的通知(纸质投票)	第一编第三章第二节	123
	87	××小区业主大会临时会议召开方案(纸质投票)	第一编第三章第二节	124
	88	××小区业主大会临时会议召开方案(互联网投票)	第一编第三章第二节	126
	89	投票授权委托书	第一编第三章第三节	128
	90	关于××小区延长业主大会临时会议投票期的通知	第一编第三章第三节	129
	91	××小区业主大会临时会议开票公告	第一编第三章第四节	130
	92	××小区业主大会临时会议开票业主代表报名表	第一编第三章第四节	131
	93	××小区业主大会临时会议开票活动主持词	第一编第三章第四节	131
	94	关于××小区业主大会临时会议议题表决结果的公示	第一编第三章第五节	133
	95	业主大会会议决议	第一编第三章第五节	134

续表

类型	序号	名称	位置	页码
业主委员会工作	96	关于召开北京××小区第××届业主委员会第××次会议的通知	第二编第一章第一节	146
	97	关于召开北京××小区第××届业主委员会第××次会议征集业主代表列席的通知	第二编第二章第一节	147
	98	关于北京××小区第××届业主委员会第××次会议召开事宜的确认书	第二编第一章第一节	148
	99	北京××小区业主委员会关于××××的议案/议题	第二编第一章第一节	148
	100	关于北京××小区第××届业主委员会第××次会议签到表	第二编第一章第一节	149
	101	关于北京××小区第××届业主委员会第××次会议列席业主签到表	第二编第一章第一节	149
	102	关于北京××小区第××届业主委员会第××次会议决议	第二编第一章第一节	150
	103	关于召开北京××小区第××届业主委员会第××次会议的会议纪要	第二编第一章第一节	151
	104	关于北京××小区第××届业主委员会第××次会议决议公告	第二编第一章第一节	152
业主委员会换届准备工作	105	关于指定×××作为××小区换届小组组长的通知	第二编第四章第二节	163
	106	关于组建××小区业主委员会换届小组并接受业主报名参选换届小组业主代表的通知	第二编第四章第二节	164
	107	致××小区/楼产权单位参与换届小组组建工作的函	第二编第四章第二节	165
	108	××小区业主委员会换届小组业主代表推荐表	第二编第四章第二节	167
	109	××小区业主委员会换届小组业主代表自荐表	第二编第四章第二节	168

续表

类型	序号	名称	位置	页码
业主委员会换届准备工作	110	关于组建××小区业主委员会换届小组业主代表物业费交费等情况的核实函	第二编第四章第二节	168
	111	关于××小区业主委员会换届小组业主代表报名情况的公告	第二编第四章第二节	169
	112	关于采用推选方式确定××小区业主委员会换届小组业主代表的通知	第二编第四章第二节	171
	113	关于成立××小区业主委员会换届小组的公告	第二编第四章第二节	172
	114	××小区业主委员会换届小组分工公告	第二编第四章第二节	173
	115	业主委员会换届小组成员保密协议	第二编第四章第二节	174
	116	××小区业主委员会换届小组会议决议/纪要	第二编第四章第二节	175
业主委员会换届临时会议工作	117	××小区业主大会临时会议召开方案(纸质投票)	第二编第四章第三节	177
	118	××小区业主大会临时会议召开方案(互联网投票)	第二编第四章第三节	179
	119	××小区业主委员会委员候选人条件及产生办法	第二编第四章第三节	181
	120	××小区业主委员会选举办法(纸质投票)	第二编第四章第三节	183
	121	××小区业主委员会选举办法(互联网投票)	第二编第四章第三节	184
	122	关于发布《××小区业主大会临时会议召开方案(征求意见稿)》和《业主委员会委员候选人产生办法(征求意见稿)》的通知	第二编第四章第三节	187
	123	关于发布《××小区业主委员会委员候选人产生办法》并接受业主报名的通知	第二编第四章第三节	188
	124	××小区业主委员会委员候选人推荐表	第二编第四章第三节	189
	125	××小区业主委员会委员候选人自荐表	第二编第四章第三节	190
	126	关于××小区业主委员会委员候选人报名情况的通告	第二编第四章第三节	191
	127	关于××小区报名业主委员会委员候选人物业费交费等情况的核实函	第二编第四章第三节	192
	128	关于××小区业主委员会委员候选人名单的公告	第二编第四章第三节	194

续表

类型	序号	名称	位置	页码
业主委员会换届临时会议工作	129	××小区业主委员会换届表决票	第二编第四章第三节	195
	130	投票授权委托书	第二编第四章第四节	197
	131	关于××小区延长业主大会会议投票期的通知	第二编第四章第四节	197
	132	××小区业主大会会议开票公告	第二编第四章第五节	198
	133	××小区业主大会会议开票业主代表报名表	第二编第四章第五节	199
	134	××小区业主大会会议开票活动主持词	第二编第四章第五节	200
	135	关于××小区业主大会临时会议议题表决结果的公示	第二编第四章第六节	202
	136	业主大会会议决议	第二编第四章第六节	202
物业管理委员会工作	137	致小区业主的一封信	第三编第一章第一节	207
	138	××小区物业管理委员会业主代表招募公告	第三编第一章第一节	208
	139	××小区物业管理委员会业主自荐表	第三编第一章第一节	209
	140	××社区党委（社区居民委员会）物业管理委员会委员候选人推荐表	第三编第一章第一节	210
	141	××小区业主报名参选物业管理委员会委员情况统计表	第三编第一章第一节	211
	142	××小区物业管理委员会主任任命公告	第三编第一章第一节	212
	143	××小区物业管理委员会委员名单公示	第三编第一章第一节	212
	144	物业管理委员会成立证明	第三编第一章第一节	213
	145	印章刻制证明	第三编第一章第一节	214
业主大会重要文件	146	××小区管理规约	第四编	223
	147	××小区业主大会议事规则	第四编	234
	148	××小区车位分配和管理办法	第四编	256
	149	××小区业主共有部分公共收益资金使用与管理办法	第四编	264
	150	××小区住宅专项维修资金使用管理办法	第四编	270
业主委员会换届临时会议工作	151	××小区业主委员会工作制度	第四编	276
	152	××小区业主大会和业主委员会财务管理制度	第四编	283
	153	××小区业主大会和业主委员会档案管理规定	第四编	287

跋

业主大会和业主委员会作为国家基层社区治理的重要参与者,代表和维护小区全体业主的合法权益。物业服务人能够为小区提供质价相符的物业服务,业主能够在小区充分享有权利、依法承担义务,共享和谐宜居的幸福家园,离不开业主大会和业主委员会的规范有序运行。然而,实践中不少业主大会和业主委员会在成立和运行过程中,面临着成立难、运行难、议事难等问题,这一定程度上与业主、业主委员会委员不熟悉相关的法律法规,不重视小区的管理规约、议事规则和相关流程有关。用一本可操作的规范化、格式化和可视化“作业指导书”为解决上述问题提供“技术支持”,或许有其必要性和可行性。

《业主大会业务指导手册》正是在这样的背景下编写的。我们组织了一批从事相关法律业务的律师,结合自己的业务实践编写了本书,为业主大会和业主委员会的成立、运行,提供相关文件和操作流程的参考范本与使用说明,提供可视化的借鉴和参考。

本《手册》共分为五编,第一编为业主大会,重点在于明确业主的权利和义务,明确业主大会会议的召开流程;第二编为业主委员会,重点在于明确业主委员会的基本制度,明确业主委员会与其他主体的关系,明确业主委员会的换届流程;第三编为物业管理委员会,重点在于明确物业管理委员会的组建和运行;第四编为重要文件范例,为小区制定诸如《管理规约》和《议事规则》等重要的制度文件提供参考范本;第五编为重要法律法规汇编,将与业主大会、业主委员会相关的重要法律法规进行汇编,以供读者学习。

本《手册》的编写工作自 2021 年 5 月开始,各编由赵中华律师、张文姬律师、庄宇聪律师、许飞律师、刘阳根据实践经验编写而成;陈鑫教授、董冬冬主任和王晓增律师作为专家顾问,为完善本《手册》提出了诸多宝贵意见;北京展康物业服务评估监理有限公司对本《手册》的出版提供了大力支持。本《手册》从初稿到成型出版,经过了数次研讨、修改和完善,历时一年。受编者经验和能力所限,本《手册》还有诸多不足之处,恳请各位读者不吝赐教。